滅頂與生還

普利摩・李維 著
倪安宇 譯

目次

導讀

灰色地帶的光與塵

楊翠*

我想從這裡談起。

一九六二年，一名巴伐利亞的年輕學生，給普利摩．李維寫了一封信，信上這麼說：

作為滿身罪孽的那一代人的子女，我們要有自覺，努力削減昨日的恐懼與傷痛，以避免同樣的事在明日重演。

一九六〇年，普利摩．李維的納粹集中營見證《如果這是一個人》譯成德文出版，其後幾年，李維收到四十幾封德文讀者的來信，這位年輕學生便是其中一位。李維認真回應每一封信，因為，尋求聆聽、回應、對話、討論，正是李維書寫《如果這是一個人》的目的：

> 我只有一個目標既明確卻又自覺，就是這個：寫下見證，讓我的聲音被德國人聽見，「回應」在我肩膀上擦手的那個卡波，也回應給我考試的潘維茲博士，以及把那個起義被捕、行刑前放聲高喊「我是最後一個」的人吊死的那些人，還有他們的後代子孫。

李維對「回應」的企求，是為了想更看清事件、乃至「惡」的本質，藉以釐清自己與傷痛的關係，重新找到一個與世界建立關係的支點。因此，距離《如果這是一個人》首次出版將近四十年後，李維又出版了《滅頂與生還》，在他辭世前一年。可以說，從集中營倖存之後，李維終生都奉獻給對這個課題的思考。

因為，創傷是一種獨特的存在，創傷的後延性，嵌入事件後的每一個日常中。它既抽象又實存，見不到血肉模糊，但每一次呼吸，都能讓傷口疼痛；引發傷痛的事件早已成為過去，但傷痛的感知，卻永遠在當下，在每一個生命呼吸的當下，也在每一個將成為當下的未來。

就是這點讓人無法忽視。政治暴力創傷，更是永恆的現在進行式，因為當施暴者是國家，是社會，是整個體制，當事人身在其中，傷痛源沒有消失，仍在四面八方，根本無路可逃。除非你找到直面它的方法，除非你找到與它協商共處的路徑。

然而，李維在尋找的，不僅是個人的創傷療癒路徑，更是人類集體的未來之路。他體認到：「這件事既然曾經發生過，就有可能再次發生，……不但有可能發生，而且有可能發生在任何地方。」

二十世紀發生在歐洲的這場浩劫，不只是歐洲的，更是全體人類的浩劫。二十世紀，世界迎向一個新紀元，現代科技發展，當代思潮勃興，民主與自由廣受謳歌；但另一個側面，卻是充滿了殘酷殺戮，兩次世界大戰，無數的獨立戰爭與內戰，極權國家的政治壓迫與整肅……。

更可怕的，是暴力與殺戮被正當化。二十世紀的血腥氣味，不獨屬於歐洲，不獨屬於德國，不只縈繞在集中營、滅絕營，更在世界各處，甚至在我們的家園四方，包括台灣。這種殘暴浩劫，在二十世紀之前有過，在未來，也可能再次發生。全體人類無法置身事外。

確實，有越來越多人將這場浩劫視為人類的集體經驗，試圖在其中尋找人類的共痛與共感。很長一段時間，我們閱讀這些經驗與見證，以及傷痛見證的各種藝術再現文本，我們悲憫受害者的遭遇，譴責加害者的行為，藉此確認自己的良知與正義，相互提醒，未來永不再犯。

這種見證，是正面、熱血、清晰的，我們會感到憤怒與痛苦，但沒有太多猶疑。然而，閱讀《滅頂與生還》，卻無法如此流暢，它挑戰我們的一些既定思考與想像，這些挑戰，其實我們都曾模糊感知到過，但大多迴避不敢深入碰觸，而李維逼我們直面它們。

在《滅頂與生還》中，李維寫出各種「灰色地帶」。記憶的灰色地帶、集中營內群體關係的灰色地帶、加害與被害的灰色地帶、妥協與反抗的灰色地帶、善意與惡意的灰色地帶……，甚至是人性的灰色地帶。

各種灰色地帶，揭露了我們對於集中營記憶的刻板化、簡單化、公式化，甚至我們不敢面對的那些區塊，提醒我們，銘記與訴說非常重要，但歷史比我們所知、所想像更複雜。而如果我們宣稱要真誠面對歷史，還原歷史真相，就不得不面對這些惱人的灰色地帶，並且，「用批判的角度」解讀記憶。

相較於《如果這是一個人》召喚我們的感性神經，讓我們感到憤怒、悲憫，《滅頂與生還》截然不同。閱讀《滅頂與生還》，你無法只是純粹地感到憤怒或悲憫，你無法輕易地歸類這些關於集中營的記憶，也無法清楚地判定，書中的某人有罪或無罪、罪刑該當如何。

閱讀《滅頂與生還》，過程並不愉快，而是不斷面對難題，你的情感或思考，也都會隨之陷入灰色地帶。情緒感受不會流暢，而是一再被灰色地帶的各種現象干擾，思考線圖也不會順暢，總是磕磕絆絆，或是巡迴往復。像是觀賞一齣後現代史詩劇場，充滿各種干擾，你正感動流涕時，編劇現身問你，你覺得沒有第二套劇本嗎？你正循線思考時，導演現身發問，你相信我們說的嗎？

從這個角度看，《滅頂與生還》與其說是見證，不如說是拋問。李維沒有想要提出唯一的、明確的解答，而是讓我們不斷遭遇問號，以這些問號帶領我們進入一層又一層的灰色地帶，目的不是為了再次釐清黑與白，從而廓清白色、灰色、黑色的疆界，恰恰相反，而是為了引發更多問號與討論。

李維筆下的灰色地帶，甚至不是一個統一的「地帶」，而是複雜、差異、矛盾的集合地帶。某個事件、群體、個人，甚至某種行為、情緒，都可能沾染不同層次的黑與白，以及混雜的各階灰色。他提醒我們，簡化歷史，無視於歷史與人性的複雜性，也許可以暫時解決歷史難題，可以迴避掉那些從歷史擱延到現實來的課題，眼不見為淨，但無助於讓創傷者真正獲得療癒，更無益於思辨問題的核心，避免未來永不再犯。

李維所拋出的第一組灰色地帶，是關於記憶的。時間會對主體的記憶帶來不一樣的結果，沉澱、模糊、公式化，或者受到後來聽聞的影響……。創傷者過濾記憶，扭曲記憶，選擇不相信，藉以自我保護，假裝自己早已遠離傷痛；迫害者則可能以記憶空白做為一種辯護策略，最後變成真正的遺忘：「扭曲犯罪記憶做到極致就是壓抑……，刻意讓自己從記得變成不記得，而且很成功，因為藉由再三否認記憶存在，就可以像排泄或驅蟲，把有害的記憶排出體外。」因此，「用批判的角度」解讀記憶，就無比重要。

李維所拋出的第二組灰色地帶，是一個更大的難題，是關於人與行為的。在集中營中，在加害體制的運作中，在日常加害行為的實際發生中，納粹親衛隊、集中營警衛、特遣隊、囚犯兼管理者、特權囚犯、一般囚犯……，他列舉了各種灰色地帶，質問我們，加害者與被害者真的涇渭分明嗎？善與惡真的分處兩極嗎？這個灰色地帶，是更複雜、更刺目，更難凝視的，以往我們或多或少都知道一些，但選擇逃避略過，這次，李維把我們帶進裡面。

事實上，李維真正想提出的，是第三組灰色地帶：善與惡，並不是如上帝與撒旦那樣分明。把惡人蓋上戳印，無助於我們認識歷史，思索未來。因為，惡人，並不是另一個品種的人類，更不是天生的異類。惡，不是獨特存在的，相反的，它是普通、一般、平凡的變形，而激發平凡變形為惡的觸因，隨時隨處，有可能作用在任何人身上。當暴力體制與迫害行為加諸身上，激發人性的幽暗面，每一個人，都有可能變形。

但李維也不是要訴諸一種鄉愿的、無用的濫情，而不去思辨是非，他是要告訴我們，真相是複雜的、矛盾的，但必須面對它。當我們說，「我們都是受害者」時，不應是在抹除受害者的獨特經驗，而是為了理解與同感；當我們說，「我們都有責任」時，不是為了淡化、模糊化，甚至抹除惡與暴力，而是為了思考與反省。

所以，《滅頂與生還》扣問的，是我們每一個人。閱讀《如果這是一個人》，你會傷痛悲憫，提煉正義的力量；然而，閱讀《滅頂與生還》，你會陷入各種難題，你越讀越知道，這些難題無法被跳過，你知道歷史無法被簡化、類型化，你知道我們從各種紀錄片與電影中所看見的那場悲劇，不是不真實，但都不能代表全部真相。

這個閱讀的過程很痛苦。你可能滅頂，可能對人性失去信心，對所有的見證與言說失去信賴。但你也可能生還，透過走進人性更幽微、更複雜、更多面的網羅之中，觀察到，在灰色地帶中，無論是受害者，或各種不同層次的所謂「加害體制的共犯者」，都有可能為了自求生存而沾染血腥，但也都有可能冒著生命危險而拯救了誰、撫慰了誰、支持了誰。

前者當然多了一些，多了許多許多許多，但是，後者也並非不存在。灰色地帶，有黑暗不斷生成，但也有微光，暗暗伏流。

喬治・歐威爾的《一九八四》中，老大哥的記憶洞，其實是竄改與遺忘，讓所有的歷史都如重複使用的羊皮紙，不斷被刮淨重寫。而溫斯頓卑微的主體與反抗，就是從寫自己的日記開始。

李維也一樣。他提醒我們，灰色地帶，就在我們的靈魂之中。靈魂之死，隨時會發生，但是，靈魂感光重生，也隨時都有可能，無論是在納粹集中營，在極權統治者的牢房，或是在我們的平凡日常中。

一九六二年，那名巴伐利亞的年輕學生寫信給李維時，我剛出生。我相信這樣的反省與自覺，以及那種尋光的靈魂，可以在每一個世代中聚集，攜手煉造未來之光。

＊楊翠，台灣大學歷史學研究所博士，現任東華大學華文文學系教授，借調促進轉型正義委員會主任委員。

推薦文

抵抗簡化——文學見證的生還

湯舒雯*

於一九八六年書寫《滅頂與生還》時，橫亙在普利摩・李維與他曾見證的「集中營宇宙」之間，已經是四十年不曾稍停的時間之河，挾帶著世人的各種後見之明，年復一年遠離著生還者持存的記憶。旁觀者對於集中營與大屠殺惡行「不合時宜的錯誤認知」，「無知與健忘，導致時間久遠後與事實脫節」的「簡化」、「刻板印象」、「制式畫面」、「公式化」……等問題，不只遮蔽、甚至侵蝕了生還者的見證，使其「下意識的仿效，讓約定俗成的說詞凌駕於原始記憶之上」。對此，普利摩・李維寫道：「那不是一片處女地，而是過度開墾的田，被踩踏蹂躪的地。……我希望能築起一道屏障擋下這個趨勢。」

當又一個四十年就要過去，今日世界裡，除了大規模的政治暴力創傷仍隨處可見，陳腔濫調、媚俗空洞的歷史再現仍所在多有，更清楚的是，讓普利摩・李維念茲在茲的負面趨勢，已隨時間擴大：如今對我們此一世代重要的道德課題，已然是如何集體性地克服對歷史教訓的「無感」與「厭煩」。

正是在這樣的當代背景下，「歷史見證」天生具有的文學本質，讓我們可以明確指出，讓普利摩・李維希望築起的那道屏障，除了是道德的，更是語言的、文學的。換句話說，什麼樣的文學見證方式，可以在抵抗「無知」的同時，抵抗「工具化」；在抵抗「健忘」的同時，抵抗「公式化」？唯有找到一種作法抵抗受眾的「虛無」、「厭煩」，才有可能抵抗歷史重演。

我至今仍然記得多年前第一次打開這本書的那個下午，我在離開大學校園的捷運上，匆匆下在了一個不是目的地的車站，站了不知多久，只為在一個不晃動的地方安靜將它讀完。人的一生中總有一兩本那樣的書，會讓你對人說：讀完這本書，讓我成為跟以前有點不一樣的人。本書中收錄的其他名家評論，已經精彩闡釋這本書在反思政治暴力及其創傷議題上的價值，而我作為「下一代」讀者，只是在此回想它對我影響深遠的方式，再次深刻體會《滅頂與生還》的作法無他，即「抗拒簡化」：「要避免事情過度簡化。……集中營是一個錯綜複雜、層次分明的小世界。」然而簡化究竟如何避免？

我們能看見，普利摩・李維示範的，除了是身陷極端處境、或面對道德難題時，也努力持守的一種「科學精神」（「他們是人，但也是『樣本』，是裝在密封袋裡等待辨識、分析、估量的樣本。奧許維茲集中營送到我面前的樣本數量龐大。」），更重要的，是以「光譜」的觀念式，取代任何二元對立的思維，從而鍛鍊出的一種公正的寬容精神。在光譜上，善惡總是並存，但絕非和稀泥式地混淆，才可能對抗簡化，也對抗虛無。這種精神尤其展現在他如何堅持將同一件事、在同一個文明裡最墮落和最高雅的表現區分開來，例如語言：「於是我知道集中營裡毫無修飾、大吼大叫、夾雜污言穢語和辱罵的德語，跟我化學課本裡精確嚴謹的德語，以及我的同學克拉拉讀給我聽的海因里希·海涅詩句悠揚典雅的德語之間，只有遙遠的臍帶關係」；例如制度：「……點名加上點名過程中的疲憊、寒冷、飢餓和挫折一起，成為集中營的表徵。點名讓人感到痛苦，冬日裡每天點名導致有人崩潰或死亡，但點名是制度的一環，符合普魯士以降傳統定義的軍事訓練，也是軍事化精神的實踐，而且在德國作家格奧爾格·畢希納的劇作《沃伊采克》中成為不朽。」；例如哲學：「希特勒的思維和實踐跟尼采十分不同。」

努力直視文明與人性隙縫，不厭其煩將其細細分層、分類，並且不放棄給出公允評價的見證方式，如此具有超越性，有時幾乎要讓人忘卻普利摩·李維雖是集中營的生還者，但最終也是滅頂者。這是普利摩·李維的最後一本書。在極端思想重新滋長，社會對立重新激烈的今日世界裡重讀，曾經發生過的事情正如普利摩·李維生前所擔心的，沒有遠離，只是持續改頭換面。然而或許人的一生中總會有一兩本那樣的書，會讓你下在不同的車站，會讓你不厭其煩去對人說：請讀這本書。因此而讓許多事不同。我真心這麼想。

＊湯舒雯，台大政治系學士，政大台灣文學研究所碩士，目前為德州大學奧斯汀分校亞洲研究博士候選人。

序

茨維坦・托多洛夫[1]

普利摩・李維是歐洲歷史上最令人髮指事件的見證代表：他被德國納粹遣送至集中營，與上百萬人同淪為奴隸。李維年輕時便加入義大利反抗軍，一九四四年被捕，因其猶太人身分，被遣送至奧許維茲集中營[2]，一年後蘇聯紅軍解放集中營，李維重獲自由，返回義大利後，於一九四六年完成《如果這是一個人》，除提供見證外，也就其親身經歷進行剖析。這本書最初並未受到重視，數年後卻成為經典。因為《如果這是一個人》與讀者面對面，多次再版，並翻譯成多國語言，諸此種種都促使李維再三回到同一個議題。《滅頂與生還》是他反覆沉思後的新作，一九八六年出版，隔年李維過世，結束了四十年前開始的文學創作生涯。今日讀來，此書儼然是作者的心靈遺言。

李維在《滅頂與生還》第一章便自陳，基於兩個理由，這本書跟《如果這是一個人》有所區別：《滅頂與生還》以省思為主，不乏敘事，但敘事為輔；本書以李維閱讀或聆聽被關押在集中營內其他人的故事所發掘的經驗為主，自身經驗次之。然而，這兩本書要傳達的訊息十分雷同。李維在兩本書中都極力肯定的是，不管我們的信仰或作為如何，同樣擁有人性。《如果這是一個人》著重於集中營內囚犯的人性面，雖然他們被管理者視為奴工和次等人。《滅頂與生還》談的則是集中營警衛、納粹親衛隊及德國人的人性面。這便是李維獨到之處，他不會對善與惡之間難以逾越的鴻溝視而不見，同時也不忘所有可能的灰色地帶。李維能夠堅守並不容易的持平態度，不偏向虛無主義，也不偏向善惡二元論，他提出不同的價值判斷，但不會流於僵固的道德訴求。他不會把受害者理想化，不會把加害者妖魔化，但他也絕不會讓受害者和加害者有所混淆。

《滅頂與生還》是一部長篇答辯書，討論複雜性，拒絕信手拈來的答案，談仔細檢視正面和反面意見之必要，每一章選定一個不同主題，使其「更為複雜化」。第一章提醒我們記憶可以編造，盲目信任並不值得稱許，即使記憶擁有者並未為了證明自己無辜對記憶進行任何竄改。第二章探討同時存在於集中營內的各種人類行為，從全然的純真無邪到絕對的罪孽深重，以及介於這兩個極端之間難以數計的細微差異。李維在《滅頂與生還》出版接受訪談時說道：「這本書的核心，最重要的章節，就是『灰色地帶』」。就不同等級「合作」之間的差異進行分析後，李維在下一章對集中營倖存者感到羞愧的動機提出質疑，認為有的反應過當，有的則有合理動機。而在最後一章，李維讓我們看見他第一本書《如果這是一個人》的德國讀者來信，呈現截然不同的立場。

為什麼這些記錄我們黑暗歷史的文字必須被銘記在心？因為人類激情和行為沒有任何本質上的

變化，儘管體制和科技在變，但歷史卻不斷重演。想到那些令人痛心的時刻有可能再現，李維難以忍受。「這件事既然曾經發生過，就有可能再次發生，這是我們要表達的核心意旨」，他在這本書的結語（頁二三三）中寫道。李維擔憂的（而且他顯然是對的）不是同一件事死灰復燃，納粹極權在中歐再度崛起，他擔憂的是那些讓駭人聽聞成為事實的成因持續擴大，甚或以不同名義、不同理由擴散到其他國家，不會達到同樣高峰，但帶來的屠殺和無止境苦痛不會少。李維認為，要想阻止惡壯大，回顧過往有所助益，歷史上的悲劇應該牢記在心，永不遺忘。那正是他離開奧許維茲集中營之後，終其一生努力不懈的目標。

李維在《滅頂與生還》開頭便陳述他和許多其他集中營倖存者始終糾結的一個想法，認為自身的苦難會被無視，歷史上這一頁不會留下紀錄。李維和其他倖存者經常做同一個噩夢，他們在夢中看到自己在說話的時候，跟他們對話的人不發一語轉身離開。這卻是納粹軍官的期望，他們期望這樣的反應能抹去他們犯下的所有罪行痕跡。第二次世界大戰結束六十年後，我們可以說無論是前者的擔憂，或是後者的心存僥倖，都落了空。大概沒有任何一個歷史事件能像這場戰爭一樣讓人持續不斷回憶，相關專文至少寫就了數百萬頁，每一個西歐國家都製作過電影或每週播出的電視專輯探討納粹的瘋狂。希特勒這個名字無人不曉，很難被人遺忘。然而，即便絕無可能再有另一個如出一轍的納粹主義崛起，但是實踐納粹主義本質的行為並不罕見。李維說得對，回憶是必要的。但今天我們更要說，光是回憶不夠。

為什麼？因為我們每個人都有為自身利益利用記憶的傾向。我們若自視為無辜受害者，記憶便會讓我們理直氣壯要求補償。我們若自詡為無懈可擊的英雄人物，記憶會對我們的罪行避而不談。只要改變地點、名義、情勢，我們就再也找不到需要記取過去教訓以警惕自己切勿重蹈覆轍的理由。第二次世界大戰的法國反抗軍和英勇戰士對納粹的暴行不可能不知情，但這並未阻止他們在法國解放後，以軍隊指揮官或政府要員身分血腥鎮壓要求享有多一點自治權的殖民地百姓：一九四五年，阿爾及利亞塞提夫市（Sétif）有一萬五千人喪命；一九四七年，馬達加斯加有四萬人死亡；一九五四年起，法國人在阿爾及利亞獨立戰爭中常態性使用刑求。以色列當局對於猶太人在大戰期間受到的迫害瞭若指掌，這一點無庸置疑，但他們近年來多次迫害巴勒斯坦人，只因為巴勒斯坦人身在不再屬於自己的那片土地上。幸好不到滅絕大屠殺的地步，但是如果非要等事態發展到奧許維茲集中營那樣不人道才感到氣憤填膺，那麼大家大可以心安理得，對人間苦難繼續裝聾作啞。

不需要具備極權國家的所有條件，就能讓舊事捲土重來。李維對此心知肚明：非法暴力（或「無用的」暴力）不是納粹和共產極權政體專屬，在第三世界專制國家和民主議會制國家也有。只要政治領袖言談間表露出非法暴力有其必要，甚或有其迫切性的訊息，無所不在的媒體便會立刻拋出相關議題，緊接著意見領袖和知識分子會加入聲援，他們知道如何為當權者的選擇找到合理藉口。而這些選擇總是高舉「捍衛民主」或「弱勢族群」的旗幟。見證過美伊戰爭的讀者可以在李維的提醒中找到新的關聯性：用「預防性暴力」（頁二三四）和「剝光衣服全身赤裸」對付敵方囚犯以達到讓他們「反抗能力瞬間瓦解」的目的（頁五六），以及發生在關塔那摩灣拘押中心（Guantanamo）和巴格達阿布格萊布監獄（Abu Ghraib）內的美軍虐囚事件。固然無法由此認定美國和納粹親衛隊具有同質性（US=SS），但是證明了惡在這個世界上確實隨處可見，即便不是大惡；甚或還有以反法西斯和反共的往日榮光之名所行的惡。

所以，僅靠惡的記憶並不足以防堵惡之再起，必須持續對惡加以闡述，並說明他人如何使用惡，而那正是李維的《滅頂與生還》要告訴我們的。李維並未止步在回顧過去的恐怖悲劇，而是耐著性子不厭其煩地就那些駭人聽聞的事件對今日的我們有何意義提出質疑。他以這個態度面對過去，才是最寶貴的教誨。而跟他保持相同觀點的，還有其他歐洲新人文主義（奧許維茲集中營和蘇聯科雷馬勞改營[3]之後）的幾位代表人物，包括瓦西里·謝苗諾維奇·格羅斯曼[4]和潔曼·緹昂[5]，他們不因自己曾經親臨惡的深淵而流於偏激，堅信理性並未因這個世界的瘋狂而淪喪。

像李維這樣行過低谷，避開了處處陷阱、無孔不入之惡，又善於描述惡的人，能讓《滅頂與生還》的讀者受到鼓舞，畢竟他曾經歷過人間苦難，且在閱讀的同時，因作者揮不去的愁緒漸增而受到觸動。《如果這是一個人》雖然大篇幅描述李維在奧許維茲集中營內的個人悲慘經驗，相較於《滅頂與生還》給人的印象，抑鬱感反而較低。這不只是因為李維由要求公道轉向反思，也是因為他在第一本書中呈現的是一種極端但特定之惡；在《滅頂與生還》中談的則是此惡的來源（或轉移），雖無異常之處，但須臾間已經擴散蔓延開來。而他見證過的這個惡之所以如此容易擴散，不僅是因為納粹高層授意，也是因為事實證明德國人民覺得事不關己。李維不得不對此提出控訴，但他也知道綿綿不絕的同情只有聖人才能做到，而聖人極少。「我們如果必須或能夠承受所有人的痛苦，恐怕活不下去」（頁七二）。我們其實跟波蘭羅茲猶太隔離區（Łódź Ghetto）那位守成的猶太委員會主席盧姆科夫斯基[6]一樣，隨時有可能被權力蒙蔽心智，接受莫名所以的妥協。李維建議的那條路，對他來說雖是無可迴避，但他自己也覺得窒礙難行。凡是認清事實的透徹剖析都難免讓人心灰氣餒。

但是只有那條路值得一試。而且李維從來不選容易走的路，他不會把「壞人」蓋上戳印，劃分成與我們截然不同的次等人。不，正好相反。集中營的警衛，即便是最窮凶惡極的那些警衛，也不是惡魔，但可悲之處正在於他們是正常人，是普通人，只是受到環境左右。這就是為什麼建議用外科手法將我們和他們徹底切割開來的做法純屬空談。他們之所以墮落並非出自本性，而是因為「被教導作惡」（頁二三六）。可想而知，需要從廣義角度思考「教育」，不單指學校，還有家庭、媒體、政黨和體制，所有這一切層層建構了極權體系。活在極權體系外、夢想殲滅一切惡的人請記得，路已經指明：必須要落實更完善的「教育」。李維終其一生以書寫、口傳及身教告訴我們，他從未被這個讓自已滅頂的惡汙染；他全力以赴用故事和反思讓讀者得以將自身代入他們未曾經歷過的處境。李維的書暢銷，他的名字為人所熟知，說明他做到了。他不只成功地讓人擁抱更好的信念，用睿智見解與西方國家元首對話，更重要的是他讓他的百萬讀者認識了惡，無論惡是否在他們之中。

李維遲遲看不到他的戰役有太多戰績，有時候心中應該頗感挫折，而且戰績還往往會因為後退失守形同抵銷。讓他同樣感到挫敗的，還有好不容易蓄積的道德勇氣既無法感染他人，也無法傳承，對每一個人都必須從零開始重頭努力。有時候他回歸現實，知道自己面對的是一場「看不到盡頭的戰爭」（頁五九），但也正因為這場戰爭永無止盡，我們更需要普利摩·李維。

譯注

1 茨維坦·托多洛夫（Tzvetan Todorov, 1939-2017），法籍保加利亞裔歷史學家、哲學家、文學評論家，主要論述主題包括狂熱主義、大屠殺及虛構作品中的幻想。著有《失卻家園的人》、《野蠻人的恐懼》。

2 奧許維茲（Auschwitz）集中營，位於波蘭南部，是納粹為執行猶太滅絕計畫所建立規模最大的集中營，受害人數估計超過一百一十萬人。奧許維茲共有三個營區，除奧許維茲集中營外，另有以快速大量撲殺囚犯為主的比克瑙（Birkenau）滅絕營，及以提供勞動力為主的莫諾維茨集中營。二〇〇七年聯合國教科文組織正式將此定名為奧許維茲—比克瑙德國納粹集中暨滅絕營。

3 科雷馬（Kolyma）勞改營，是蘇聯史達林時期大量建立的勞改營之一，位於遠東邦聯區，主要關押政治犯、知識分子和異議分子，利用其勞動力進行開礦、開路及伐木等。

4 瓦西里・謝苗諾維奇・格羅斯曼（Vasilij Semyonovich Grossman, 1905-1964），蘇聯作家兼記者，其小說作品如《生活與命運》、《一切都是流動的》被蘇聯當局視為對體制的質疑與批判，屢遭查禁。

5 潔曼・緹昂（Germaine Tillion, 1907-2008），法國人類學家，投入法國反納粹地下組織，抵抗當時法國親納粹的維琪政權，被捕後遣送至柏林東北方的拉文斯布呂克集中營。戰後參與記憶保存工作，一九四六年完成系列訪談，出版《拉文斯布呂克集中營回憶錄》（*Ravensbrück*）。也將集中營所見記錄下來，出版札記《地獄裡供差遣的奴工：拉文斯布呂克輕歌劇》（*Le Verfügbar aux Enfers: Une opérette à Ravensbrück*）。

6 盧姆科夫斯基（Chaim Mordechai Rumkowski, 1877-1944），於一九三九年被納粹任命為羅茲猶太委員會主席。他認為猶太人只能以高度勞動生產力換取生存機會，在羅茲猶太隔離區內建立了一套為德國軍事需求服務的工業生產系統，持續到一九四四年，是波蘭境內最後關閉的猶太隔離區。但高工時低報酬的惡劣條件，加上物資匱乏，因飢荒和疾病死亡者不計其數。而存活的猶太人最終全部被送至奧許維茲集中營屠殺殆盡。

從此以後，不知何時
這苦痛便會出現；
若不將這故事訴說，
我的心便熊熊燃燒。

——塞繆爾・泰勒・柯立芝，《古舟子詠》*

*《古舟子詠》（*The Rime of the Ancient Mariner, vv. 582-585*）是英國詩人塞繆爾・泰勒・柯立芝（Samuel Taylor Coleridge, 1772-1834）的敘事長詩，描寫一名老水手在一場婚禮上攔住某位賓客，開始陳述自己許久以前在一趟遠航之旅中草率地殺死一隻信天翁，之後歷經種種磨難，直到老水手改變他對海上生靈的態度，才終於得到靈魂的救贖。

前言

關於納粹滅絕營[1]存在的消息，最早是在二次世界大戰至為關鍵的一九四二年開始流傳。消息很籠統，但是很一致：都提及遭到屠殺的人數如何龐大、手法如何殘暴、動機如何複雜，以至於大眾因為這些訊息超乎尋常而拒絕相信。值得關注的是，這個反應早就為加害者所預見，許多倖存者（包括西蒙·維森塔爾[2]，在他的《凶手就在我們身邊》書末也提及此事）都記得納粹親衛隊的軍官以輕佻語氣警告集中營囚犯為樂：「不管這個戰爭最後結果如何，對付你們的這場仗我們贏定了。你們沒有人能夠活下來作證，就算有人倖免，這個世界也不會相信他。或許會有人懷疑，會有討論，歷史學家會做研究，但是沒有人有十足把握，因為我們會把證據連同你們一起銷毀。即便保留了部分證據，即便你們之中有人倖存，其他人也會說你們陳述的那些事太可怕令人難以置信。他們會說那是同盟國的誇大宣傳，不會相信你們，會相信我們，而我們會否認一切。集中營的歷史將由我們書寫。」

奇怪的是，集中營囚犯在絕望中以夢境形式表達了同一個想法（「即便我們開口說，也沒有人會相信我們」）。幾乎所有倖存者，無論是用口述或筆錄，都說到自己在被集中營囚禁期間常常做一個夢，細節各有所異，但本質不變：回到家後，鬆了一口氣的他們慷慨激昂地把他們經歷過的種種苦難說給親近的人聽，沒有人相信，甚至不願意聆聽。最典型（也是最殘忍）的夢境畫面是對方不發一語轉身離開。這部分我們之後再談。此刻的重點在於受害者和加害者雙方都清楚知道在集中營內發生的事罪大惡極，因此叫人難以置信。我們應該說，不只是集中營，還有發生在猶太隔離區內、蘇聯東方戰線[3]後方、警察局內和智能障礙患者收容中心裡的事皆如此。

幸好事情並未往受害者擔心、納粹希望的方向發展。再縝密的組織規劃也必有一疏，更何況希特勒領導的德國，特別是在他垮台前最後那幾個月，實在稱不上組織縝密。許多大屠殺的證明文件被銷毀，或盡可能進行銷毀。一九四四年秋天，納粹炸毀奧許維茲集中營的毒氣室和焚化爐，留下廢墟，納粹的追隨者再如何狡辯也難以用空洞的假設解釋其功能。華沙的猶太隔離區在一九四三年春天那場著名的暴動結束後被夷為平地，但是有幾位鬥士型文史工作者（研究自己的歷史！）以超凡努力，讓其他歷史學家在數公尺深的斷瓦殘壁間，或牆垣以外的地方挖掘出證據，重現那個猶太隔離區內日復一日的生與死。所有集中營的文獻檔案都在戰爭結束前最後幾天被燒毀殆盡，這確實是無法彌補的損失，以至於時至今日對於集中營受害者人數是四百萬、六百萬或八百萬人仍然未有定論，只知道有數百萬人之多。在納粹將無以計數被殺害或因操勞、疾病而死的受害者屍體送進巨大的焚化爐之前，這些屍體就是證據，必須以某種方式滅跡。最早的解決之道過於令人髮指，幾乎讓人難以啟齒：把所有屍體，上萬具屍體丟進大型坑洞堆疊掩埋。在特雷布林卡滅絕營[4]是如此，在其他規模較小和設置在蘇聯境內的集中營也是如此。但那是臨時措施，當時德軍在前線所向披靡，勝利在望幾成定局，所以草率粗暴行事，想等戰後再決定如何處理，因為勝者為王，歷史真相也操控在勝利者手中，可以隨意擺弄，可以為這些萬人塚找到某種說法搪塞，或銷毀，或推給蘇聯（反正卡廷大屠殺[5]事件說明蘇聯的手段冷血凶殘不亞於納粹）。但是史達林格勒一役後局勢扭轉，想法有所改變：最好立刻銷毀所有證據。同集中營內的囚犯被迫起出萬人塚內遺骸，露天架起柴堆進行焚燒，以為如此大規模的異常行動，可以瞞天過海不為人知。

納粹親衛隊指揮部及國家安全部門人員隨即盡一切努力，不留任何活口作證。因此才有了（否則實在想不出其他理由）看似瘋狂且致命的囚犯大遷徙，並在一九四五年年初關閉所有納粹集中營。當時波蘭盧布林（Lublin）一帶的馬伊達內克集中營[6]倖存者被遷移至奧許維茲，奧許維茲的倖存者被遷移到布亨瓦德集中營[7]和毛特豪森集中營[8]，布亨瓦德的倖存者被遷移到貝爾根—貝爾森集中營[9]，拉文斯布呂克集中營[10]中的婦女被遷移到施威林[11]。總而言之，不能放任何人自由，全部要轉往德國內陸，因為東、西線戰事都失利。至於這些人會不會在途中死亡不重要，重要的是不能讓他們開口說話。從政治迫害中心、死亡工廠，到後來（或同時）變成永不匱乏且時時更新的勞動奴工供應鏈，納粹集中營對苟延殘喘的德國而言極具危險性，因為那裡藏有集中營的祕密，是人類歷史上最大的罪行。這群行走的幽魂是Geheimnistrdger，是握有祕密的人，必須想辦法擺脫。進行種族滅絕的硬體設備已經摧毀，現在輪到這些能開口說話的人，納粹選擇把他們遷往內陸，荒唐可笑地希冀能將他們再度關進集中營，遠離敵軍不斷推進的前線，繼續剝削他們剩餘的勞動力，同一時間，相對合理的盤算則是希望在這如同《聖經》〈出埃及記〉的遷徙途中種種磨難能削減這些人的數量。事實上，倖存者人數的確大幅減少，但有人運氣好，體力足以撐到最後，為歷史做見證。

較少人關注，也較少人研究的是，在另一個陣營裡，亦即在加害者之中，也有許多祕密知情者，雖然他們大多數所知不多，只有少數幾人無所不知。永遠沒有人能夠確認，在納粹之中有多少人可能知道集中營內各種可怖凶殘的行為，有多少不是全然被蒙在鼓裡的人卻假裝完全不知情，又有多少人明明可以了解一切，卻選擇謹言慎行，把眼睛和耳朵（特別是嘴巴）都閉上。儘管如此，由於無法假設大多數德國人都不把大屠殺當一回事，那麼集中營真相被掩蓋無法廣為揭露，就是德國人民最嚴重的一次集體犯罪，也說明他們在希特勒的恐怖統治下已淪為懦夫。這份懦弱深入民間，深入肌理，讓丈夫不敢開口對妻子說，讓父母不敢開口對子女說。不懦弱，大多數極端行為就不會出現，今天的歐洲，以及全世界也會大不相同。

可想而知，那些對駭人真相知情且難辭其咎的人，有足夠理由緘默不語。然而他們既然握有祕密，即便保持沉默，也未必能安穩度過餘生。特雷布林卡滅絕營指揮官法蘭茲・保羅・施坦格爾

（Franz Paul Stangl）和滅絕營內其他劊子手便是如此，在營區發生暴動遭到拆除後，他們被派到義大利最危險的抗戰游擊隊占領區。

刻意視而不見加上畏懼，讓很多對集中營惡行知情的重量級「民間」見證人也選擇沉默。特別是戰爭結束前那幾年，集中營構成一個龐大且複雜的體系，深入滲透德國的日常生活中，因此「集中營宇宙」一說其來有自。而且那不是一個封閉的宇宙。大大小小的工業公司、農場、軍工廠都受惠於集中營提供幾近免費的勞動力。其中有些企業全然接受納粹親衛隊不人道（且愚蠢）的管理準則，剝削奴工毫不手軟，這個囚犯跟那個囚犯並無不同，如果一個累死，馬上就有另一個遞補。少數企業則謹慎行事，試著減輕他們的負擔。還有一些可能跟前兩者重疊的企業，以提供集中營物資而獲利，包括木材、建材、囚衣的條紋布料、煮湯用的脫水蔬菜等等。多座焚化爐是由位於德國中部威斯巴登（Wiesbaden）的一間工廠Topf負責設計、建造、組裝和試車（直到一九七五年左右，這間工廠仍然維持正常運作，建造民用焚化爐，而且從未想過是否需要更改公司名稱）。很難理解這間工廠的工作人員沒有思考過納粹親衛隊指揮部訂製焚化爐設備及物資的要求或數量背後的意義為何。同樣應該質疑，且已經遭受質疑的，還有供應奧許維茲集中營毒氣室毒藥的公司。多年來，以氰化氫為主要成分的這種毒氣用途是船艙消毒，自一九四二年突然訂單大增，不可能毫無所察。應該要起疑，肯定有人起疑，但是他們掐住自己的喉嚨，因為害怕，因為追求獲利，或如之前所說，因為裝傻又裝瞎，也有人（可能只有少數）則是因為對納粹狂熱盲從。

想還原集中營真相，最有說服力的資料自然且當然是倖存者的回憶。但是在同情和氣憤填膺之餘，我們需要用批判的角度解讀這些記憶。集中營不一定是認識集中營的最佳觀測點，關押在裡面的囚犯面對不人道的生活條件，很少有人能夠綜觀集中營全貌。特別是不懂德文的囚犯，有可能他們連自己所在的集中營位於歐洲何處都不知道，因為他們是被關在密閉列車車廂裡，經過精疲力竭、漫長曲折的過程才抵達集中營。說不定相隔短短數公里外就有其他集中營，他們也不知道。他們不知道自己為誰勞動。他們不知道某些條件突然改變，大量人員遷移有何意義。死亡無所不在，被遣送到集中營內的人無法評估在他們眼前發生的屠殺規模有多大。今天跟自己並肩勞動的夥伴，明天不見人影，有可能去了隔壁工地，或已經從這個世界上消失，他無從得知。他能感覺到自己被暴力和脅迫結構支配，卻無法重現那個結構，因為為了生存，他的眼睛只能時時刻刻盯著基本需求。

這些「一般」囚犯的見證，無論是口語或文字，都受限於這樣的先天不足，他們沒有特權，他們是讓集中營運轉的主力，能夠死裡逃生單純是因為各種不可思議的巧合使然。他們是集中營裡的多數，卻是倖存者中的少數。倖存者主要是那些關押期間享有某種特權的人。事隔多年，我們可以斷言，集中營的歷史幾乎都是由像我這樣從未觸及底層的人所書寫。但觸及底層的那些人或是無法活著回來，或是因為飽受折磨和不解，喪失了觀察能力。

另一方面，「享有特權」的見證人肯定有比較好的觀察點，至少觀察點較高，視野比較遼闊，但是也可能因為特權的緣故，觀察或多或少有些失真。關於特權這個議題（不只在集中營內！）很敏感，我之後會盡可能秉持客觀加以闡述，此刻我只想說，真正的特權分子，亦即那些依附集中營主事者以換取特權的人，基於顯而易見的理由，根本沒有出來作證，要不就是提供漏洞百出，或歪曲事實，或全然造假的見證。最優秀的集中營史學家是那些在極少數中脫穎而出，有能力也有運氣取得有利觀察點，而且沒有做出任何妥協的人，他們以稱職編年史家的謙卑態度陳述自身所見、所承受、所為，且不忘顧及集中營現象的複雜性，以及在那裡的人類命運多樣性。而像這樣的歷史學家幾乎全部都是政治犯，實在情理之中，因為集中營本來就是政治現象，而且政治犯相較於猶太人和一般罪犯（眾所周知，這是集中營囚犯的三大類別）更具備文化涵養，可詮釋他們目睹的事件；因為他們原本是鬥士，或應該說今天依然是反法西斯鬥士，自然知道見證本身就是反法西斯的一種抗爭行為；因為他們更容易取得統計數據；也因為他們在集中營內不僅擔任重要職務，同時也是祕密反抗組織的成員。至少在戰爭最後那幾年，他們的生活條件尚可，因此得以書寫並保存筆記，這一點猶太人難以做到，一般罪犯則對此沒有興趣。

基於上述原因，歷經迢迢長路，穿過窄門，集中營真相才終於見光，而「集中營宇宙」仍舊有許多面向尚待深入挖掘。解放納粹集中營至今超過四十個年頭，這段不短的時間帶來正反不一的結果，以下我會一一羅列闡明。

首先是沉澱，這是必要且正常的過程，歷史事件落幕後唯有經過數十年的沉澱，才能分出明暗，展現全貌。第二次世界大戰結束時，無法得知納粹在集中營和其他地方關押及屠殺的人數，而且這個數據的重要性和特殊性也不易為人所理解。直到最近這幾年大家才開始意識到，如果未來沒有更悲慘的事件發生，納粹大屠殺這個極其駭人的「範例」，會是這個世紀之恥，會被銘記於心。

然而，時間流逝也對這段歷史帶來其他負面結果。無論是辯方或控方，大多數證人已經凋零，在世者之中仍願意（克服悔恨，或面對傷疤）作證的人，其記憶總是越來越模糊且流於公式化。他們的記憶往往在不知不覺中受到後來聽聞的消息，或其他人的書寫和口述影響。還有些例子，可想而知，則是假裝失憶，而且多年下來大家開始信以為真，包括在法庭上。今天有太多德國人說「我不知道」或「我當時不知道」，已經不再引發議論，而當大屠殺事件歷歷在目時，這個說詞會令人感到憤慨，或至少有可能令人感到憤慨。

另一個公式化問題，是我們這些生還者的責任，或者應該說是我們之中選擇用最簡單、最不帶批判方式生活的那些人的責任。不是說我們應該隨時隨地用儀式、慶典、紀念文字和旗幟以振聾發聵。但是要讓記憶留存，一定程度訴諸於言行是必要的。陵墓和「強者骨灰匣」可以激發心靈追求卓越，或至少可以將「已竟之功業」的記憶保存起來，在福斯科洛[12]那個年代是如此，今日亦是如此。但是要避免事情過度簡化。每一位受害者都應該被憑弔，每一位生還者都應該被幫助並賦予同情，但不是他們的所有行為都應該被稱道。集中營是一個錯綜複雜、層次分明的小世界，我之後會細談的「灰色地帶」，是指集中營囚犯或許出自善意，與營區主事者之間建立的某種合作關係。這條灰色地帶並不窄，這個現象對歷史學家、心理學家和社會學家而言都具有重要研究價值。沒有一個囚犯會忘記這件事，更不會忘記當時的錯愕：最初的威嚇、最初的辱罵、最初的毒打都不是來自納粹親衛隊，而是來自其他囚犯，來自「同僚」，來自跟剛換上黑白條紋囚衣的新報到者穿著相同制服的那些神祕人物。

這本書希望能夠釐清集中營現象幾個晦暗不明的面向，同時還有更大的野心，希望能夠回答較具有急迫性的問題，回答那些讓閱讀我們見證的所有人感到焦慮的問題。例如，集中營哪個部分跟奴隸制度和決鬥法典一樣已經被廢止，不會捲土重來？有沒有可能某個部分已經捲土重來，或正在蠢蠢欲動？在這個充滿各種威脅的世界裡，我們每個人可以做什麼，以化解這些威脅？

我無意，也無法扮演歷史學者的角色，去審視所有文獻史料。我幾乎只研究德國國家社會主義潮流下的集中營現象，因為我只有這方面的親身經驗。透過閱讀書籍、聆聽口述，以及與我頭兩本書[13]的讀者面對面，我也累積了可觀的間接經驗。除此之外，在我撰寫此書的同時，儘管這個世界經歷了廣島和長崎遭投擲原子彈、可恥的蘇聯古拉格勞改營悲劇[14]、無濟於事的血腥越戰、柬埔寨大規模自我屠殺[15]、阿根廷失蹤者事件[16]，以及許多我們後來陸陸續續目睹的殘酷愚蠢戰爭，納粹集中營制度就規模和性質而言，依然難以被超越。歷史上無論任何時候、任何地方，都沒有出現過如此讓人驚愕又複雜的現象，在如此短的時間內結合創新技術、狂熱心態和殘暴手法扼殺了這麼多生命。沒有人能為整個十六世紀都在美洲大陸進行屠殺的西班牙殖民者開脫罪名，他們造成至少六千萬原住民死亡。但是這些殖民者並非聽從或違背政府命令，而是自行其是。他們百年來的惡行其實稱不上「計畫性」犯罪，部分助力來自於他們無意間帶去美洲大陸的流行傳染病。我們可沒有把他們拋諸腦後，說那些都是「過去的事」，不是嗎？

譯注

1 滅絕營（Vernichtungslager）是納粹專為大量屠殺猶太人以達到種族滅絕目的建置的營區。集中營則是關押監禁被視為「國家敵人」的營區，將囚禁者當作奴工，或進行非法人體實驗，因生存條件低劣，仍然有極高死亡率。納粹實施種族隔離政策早期，猶太人主要被送往集中營，但自一九四二年起，則多被遣送至滅絕營，以毒氣進行快速且大量的屠殺。

2 西蒙・維森塔爾（Simon Wiesenthal, 1908-2005），奧地利籍猶太裔工程師，二次大戰期間曾被囚禁在多個納粹集中營內。一九四五年獲救後積極蒐證指認在逃的納粹戰犯，有「納粹獵人」之稱。為紀念二戰期間被納粹殺害的猶太人，一九七七年在美國洛杉磯成立西蒙・維森塔爾中心，關注種族滅絕、人權、新納粹組織等議題。《凶手就在我們身邊》（*Doch die Mörder leben*，Droemer Knaur出版社，慕尼黑，一九六七年），紀錄他如何在世界各地查探納粹戰犯蹤跡。義大利文版（*Gli assassini sono fra noi*）由噶爾臧提（Garzanti）出版，米蘭，一九七〇年。

3 東方戰線是一九三九年九月至一九四〇年八月間，蘇聯考慮西線戰事可能帶來的威脅，以保衛邊界安全為藉口，陸續向西侵略東歐各國建立的帶狀防備緩衝區域。但東歐各國大多反對蘇聯統治，在德國入侵時反而發起暴動與德軍聯手對抗紅軍。

4 特雷布林卡（Treblinka）滅絕營，位於華沙東北方，死亡人數估計約七十萬至九十萬人，僅次於奧許維茲集中暨滅絕營。

5 卡廷（Katyn）大屠殺。一九四〇年四月至五月間，蘇聯祕密警察對紅軍入侵波蘭時逮捕關押在卡廷森林戰俘營內的軍人、知識分子、警察及公務人員進行大規模屠殺。其他戰俘營或監獄也同時進行大批處決，但以卡廷受害人數最多，估計約有兩萬多人。

6 馬伊達內克（Majdanek）集中營，亦是滅絕營，位於波蘭東南方，死亡人數估計約十五萬人。

7 布亨瓦德集中營（Konzentrationslager Buchenwald），距離威瑪八公里，是德國境內最大的勞動集中營，除猶太人外，也關押政治犯和戰俘。死亡人數估計約五萬六千人。

8 毛特豪森（Mauthausen）集中營，位於奧地利北部，關押囚犯性質與布亨瓦德集中營相同。死亡人數估計超過十二萬人。

9 貝爾森—貝爾根（Bergen-Belsen）集中營，位於德國中北部，關押囚犯性質與布亨瓦德集中營相同。受害人數約五萬人，其中包括寫下《安妮日記》的猶太少女安妮．法蘭克。

10 拉文斯布呂克（Ravensbrück）集中營，位於柏林北方九十公里處，以關押婦女為主，包括共產黨員、反納粹人士。同時成為親衛隊訓練女性監管人員的中心。死亡人數估計約九萬人。

11 施威林（Schwerin），德國北方城市。

12 福斯科洛（Ugo Foscolo, 1778-1827），義大利新古典主義及前浪漫主義時期代表詩人兼作家。詩集《墓地哀思》（*Dei sepolcri*, 1807）抒發對已故者的哀思，認為墓穴和葬禮儀式是死者和生者之間的一種連結，也代表對死者的懷念，而死者的品德可以給生者有益的啟示。不過他又說，詩比墓穴更能讓品德永流傳，因為詩能留存在記憶中，永遠不會隨時間消逝。

13 李維的頭兩本著作分別是《如果這是一個人》（*Se questo è un uomo*，初版於一九四七年由德希瓦出版社（De Silva）發行；自一九五八年起則由艾伊瑙迪出版社發行），記錄他關押在奧許維茲集中營的親身經驗，以及《休戰》（*La tregua*，艾伊瑙迪出版社，一九六三年出版），描述李維從一九四五年一月隨紅軍離開集中營，到同年十月才返回義大利的歸鄉之旅。

14 古拉格（GULAG）是指蘇聯勞改營管理總局，一九三〇年成立，以勞改營取代監獄關押異議分子、政治犯和一般罪犯，以剝削其勞動力，在戰時遞補支應國內工業化所需之生產力，戰後則多用於開礦。因生活條件低劣、飢餓、勞動過度，到五〇年代中葉死於勞改營的受害者約兩百萬人左右。

15 自我屠殺（autogenocide）是指一九七五年至一九七九年間赤色高棉時期的柬埔寨為實踐共產主義，模仿中國實施大躍進等政策，導致大量人口死於疾病、過度勞動和營養不良，同時共產黨對內進行清算，屠殺大批高層和軍隊。有別於納粹是對其他種族進行滅絕，這是對自己人民進行的大規模屠殺，造成當時兩百萬人死亡，約占總人口百分之二十五。

16 失蹤者事件（Desaparecidos）是指一九七六年至一九八三年間，阿根廷軍政府將所有被視為左翼顛覆分子的人逮捕入獄後殺害，屍體或遭焚化，或丟棄至亂葬崗，估計約有四萬人受害。其中懷孕婦女生產後，被匿名送養、抹去真實身分的嬰兒約有五百名。

第一章　創傷的記憶

人的記憶很奇妙，但作為工具並不可靠。這是老生常談，不光是心理學家知道，但凡留意過身邊其他人的行為，或留意過自身行為的人都知道。留置在我們心裡的記憶並未鐫刻在石板上，不僅會隨著時間漸漸消失，而且常常會自行修正，或自行增生，吸納他人觀點後內化為自身所有。法官對此最清楚：同一件事幾乎不會有兩個目擊證人用同樣方式、同樣詞彙描述事件經過，即便事情發生不久，即便兩個證人皆未因個人利益扭曲事實。我們若能知道要用何種語言、何種文字書寫，以何種形式發表在何種媒介上，記憶不可靠這個問題才有可能得到令人滿意的解釋。然而直到今天為止，我們距離這個目標依然遙遠。大家都知道在特殊情況下，有些機制反應會讓記憶失真，例如創傷，但不限於腦部創傷，也有可能是受到其他「競爭」記憶的干擾，認知狀態反常、壓抑或解離。然而，即便是在正常狀態下，記憶也會逐漸退化，輪廓越來越模糊，只有少數記憶能抵擋生理性遺忘。或許這跟偉大的大自然力量有關，讓秩序退化為失序，讓青春退化為老邁，讓生命漸滅，迎接死亡。當然，練習（頻頻回想）可以讓記憶永保如新，跟常常鍛鍊才能維持肌肉效能的道理一樣。但是過於頻繁回想，並透過陳述來表達，記憶有被僵化定型的可能，會傾向用閱歷加工、去蕪存菁，變得完美無瑕、美輪美奐，在原始的質樸記憶裡扎根，將其慢慢消耗掉之後成長茁壯。

我想在此檢視關於極端經驗、承受傷害或造成他人傷害的記憶。所有（或幾乎所有）因素都有可能導致記憶被遺忘或扭曲。無論對受害者或加害者而言，創傷記憶本身就是一種創傷，因為重溫記憶使人痛苦，或難免讓人覺得不適。承受傷害者傾向於壓抑記憶，以免再度感到苦痛；傷害他人者則傾向將記憶深埋心底以求解脫，同時減輕自己的負罪感。

跟其他現象一樣，我們討論的受害者和迫害者之間也有荒謬的相似之處。然而需要釐清的是，二者固然身陷同一困境，可是架設陷阱又踩到陷阱的人是迫害者，受苦是罪有應得。受害者受苦並不公平，而且即便事隔數十年，他們依然飽受折磨。十分遺憾的是，必須再一次言明，這個創傷無法癒合，不會隨時間消褪，而我們不得不信其有的復仇女神不但會折磨施虐者（通常會借由他人之手予以折磨，作為懲罰），也會折磨受虐者，讓他永世不得安寧。奧地利哲學家讓・埃默里（Jean Améry）在比利時被納粹占領期間是十分活躍的抗戰分子，被捕後遭到蓋世太保[1]嚴刑拷打，因為他是猶太裔而被遣送至奧許維茲集中營。閱讀他留下的文字每每令人感到驚懼：

凡受過酷刑的人，終其一生都走不出來。……遭受過折磨的人再也無法融入這個世界，

> 心中對於被消滅的恨永無終日。對人類的信任，在被打第一記耳光的時候已經出現裂痕，在遭受折磨時徹底崩塌，再也無法修補。

這個折磨對他而言是反覆循環的死亡。埃默里於一九七八年自殺身亡。我在第六章會再談到他。

我們不接受混淆視聽，不拿片段的佛洛伊德學說搪塞，不用病態當藉口，也不談寬大為懷。迫害者就是迫害者，受害者就是受害者，兩者無法互相替換。前者應該被懲罰、被咒罵（當然，如果可能的話，也應該被了解），後者應該被同情，並給予協助。然而，面對無法挽回的不當既成事實，兩者都需要庇護及保護，他們會出於本能尋找庇護和保護，不是所有人都這麼做，但是絕大多數會，而且終其一生不放棄。

我們有無數來自迫害者的懺悔、證詞和口供（我說的不只是德國納粹黨人，還包括所有那些為服從命令犯下多起可怖罪行的人）：有人在法庭上供述，有人在訪談中透露，有的則寫進了書裡或回憶錄裡。我認為，這些都是極為重要的文獻資料。一般而言，內容若是記述集中營所見所為，大致與受害者的陳述相符，很少會被質疑，定案後就成為**歷史**的一部分，通常會被視為事件註解，比較不受關注。動機和理由就重要許多：你為何做了那件事？你當時是否意識到自己在犯罪？

這兩個問題，或詢問其他類似問題所得到的答案十分相似，不管被詢問者的人格特質為何，是像亞伯特·施佩爾[2]那樣野心勃勃的智慧型專業人士，或是阿道夫·艾希曼[3]那樣鐵石心腸的狂熱分子，又或者是像特雷布林卡滅絕營指揮官施坦格爾及奧許維茲集中營指揮官魯道夫·霍斯（Rudolf Höss）那般短視近利的官員，或發明各種酷刑的威廉·伯格（Wilhelm Boger）及奧斯華·卡杜克（Oswald Kaduk）等醜陋愚鈍之人。他們表達方式不同，根據個人的心智和文化水平展現不同程度的傲慢，但是他們說的話基本上並無不同：我之所以那麼做是為了服從命令；其他人（我的上級長官）做的事比我更糟糕；因為我受的教育及身處的環境使然，我別無選擇；我如果不做，換另一個人來做會比我更殘暴無情。看完這些辯解之詞的第一個反應是厭惡：這些人說謊，他們不可能以為有人會相信這套說詞，他們不可能看不出這些藉口完全無法解釋他們造成的巨大傷痛和死亡人數。他們說謊，而且心知肚明，充滿惡意。

只要是對處理人的事務有足夠經驗的人都知道，想將善意與惡意區隔開來（語言學家會說「對立」），是過於樂觀、屬於啟蒙時代的想法，更何況對象是上述那些人，就更是如此，或更有理由作如是想。假設心智澄明者本就是少數，不管為了什麼原因，只要發生在過去或眼前的事實讓他們感到焦慮或不自在，為數不多的他們就會立刻失去澄明心智。在這個情況下，有人會有意識地造假說謊，但是有更多人會選擇起錨，或暫時、或永遠地離開真實的記憶，捏造一個對自己有益的記憶。往事是沉重負擔，因為對自己所做或所承受的事覺得反感，所以傾向用其他記憶取而代之。剛開始做此替換時完全出於自覺，用虛構、捏造、修補後讓人不那麼難過的情節取代真實記憶，等到對其他人和自己反覆描述後，真與假之間的區別漸漸模糊，到最後會一邊修潤可信度不足、前後不一或不符合變造事件的細節，一邊全然相信自己常常且持續訴說的那個故事，於是最初的惡意變成了善意。從欺人默默過渡到自欺是有用的，因為出於善意說謊的人，更容易欺騙他人，演戲演得更好，也更容易被法官、歷史學家、讀者、妻子和子女相信。

距離事件發生的時間越久，變造事實的建構就越發茁壯和完美。我想唯有這樣的心理機制，才能解釋一九四二年在法國維琪政府[4]內負責掌管猶太人事務，一手主導將七萬名猶太人遣送至集中營的貝勒波（Louis Darquier de Pellepoix）於一九七八年接受《快訊》雜誌（*L'Express*）訪問時，為何做出那樣的聲明：他否認一切，說照片中堆疊成山的屍體是造假，數百萬人死亡的數據則出自猶太人杜撰，是為了廣為宣傳，用以博取同情和求償。將猶太人遣送至集中營一事或許有（他很難辯駁，因為太多下令將包括孩童在內的猶太人運往集中營的文件下方都有他的簽名），但是他對目的地和目的都不知情。在奧許維茲集中營有毒氣室沒錯，但那是用來殺蝨子的，而且毒氣室根本是在戰後為了宣傳才建造的（請注意前後矛盾之處！）。我無意為這個懦弱愚蠢的人辯駁，想到他在西班牙高枕無憂安享晚年尤其讓我憤怒，但我認為他是習慣公然說謊，最後私底下也說謊、甚至對自己說謊的典型代表，從而建構出一個讓人感到自在的真相，同時讓他活得心安理得。要讓善意與惡意保持明確劃分需要付出心力，必須真心誠意面對自己，必須持續努力不懈，無論是理性面或道德面。怎麼可能期待像貝勒波這樣的人做此努力呢？

如果看過阿道夫．艾希曼在耶路撒冷受審期間的聲明，或魯道夫．霍斯（奧許維茲集中營倒數第二任指揮官，發明了氰化氫毒氣室）在自傳中所言，能看出他們對過去那段經歷的加工遠比我們之前說的更為細膩。基本上，這兩個人是用納粹那一套標準模式為自己辯護，或者應該說他們是用軍人的標準說詞為自己辯護：我們被教育要絕對服從，謹守階級分際，信奉國家主義；我們已經被口號洗腦，沉迷於各種儀典和集會難以自拔；我們被灌輸的觀念是，為人民謀福利是唯一正義，服從首領是唯一真理。你們到底想要我們怎麼樣？那些事，你們怎麼能奢望我們，還有其他那些跟我們一樣的人，能夠以不同方式處理那些事？我們是勤奮的執行人員，因為勤奮所以我們得到褒獎和升遷，做決定的不是我們，培養我們的那個極權政府不允許我們自主做決定，都是別人在為我們做決定，不可能有其他選擇，因為我們被剝奪了決定權。我們不僅不准做決定，我們連做決定的資格都沒有。所以我們無須負責，也不該被懲罰。

就比克瑙滅絕營那些焚化爐煙囪來看，很難得出那是單純寡廉鮮恥所致的結論。現代極權國家施加於個人身上的壓力確實令人害怕，其利器無非以下三種：直接了當的政治宣傳，或以教育、指導、大眾文化之名作掩護的政治宣傳；築起防堵資訊多元化的圍牆；恐嚇。但是，要說這樣的壓力難以抵擋站不住腳，更何況納粹德國僅十二年便告終。面對如此重大的罪責，艾希曼和霍斯在認罪和脫罪的同時誇大了記憶，更顯而易見的是他們對記憶做了手腳。兩人早在第三帝國[5]真正變成極權國家之前已經出生，並完成教育，他們加入納粹是個人選擇，與其說是出於熱誠，不如說是出於投機心態。他們對自己的過往進行事後加工，節奏緩慢且（可能）並無章法。想深究他們這麼做是出於善意或惡意，恐怕過於天真。當命運將面對他人苦痛不為所動的他們帶到法官面前，面對罪有應得的死刑判決時，他們捏造了對自己有利的過往，而且深信不疑，特別是霍斯，他本來就不是一個心思細膩的人。就他的自傳來看，他是一個欠缺自制力和反省能力的人，沒有意識到他在捨棄並否定自己有嚴重反猶太主義傾向的時候坐實了這個指控，也無法發現他為自己建立的好官員、好父親和好丈夫的形象已經不攻自破。

在進一步討論變造過往記憶（以及其他記憶，這個觀察適用於所有記憶）之前，必須知道扭曲事實往往受限於事件本身的客觀性，例如旁觀證人、文獻資料、「犯罪證據」和歷史背景。一般而言，我們很難否認自己做了某個行為，或否認這個行為發生，但是很容易捏造促使我們做出該行為的背後動機，以及行為發生當下的情緒反應，竄改這樣的事實輕而易舉，不費吹灰之力。「你為什麼做那件事？」或「你做那件事的時候，心裡在想什麼？」這類問題的答案向來不可靠，因為心境本就易變，而要記住當時的心境無異於天方夜譚。

扭曲犯罪記憶做到極致就是壓抑。這個情況下，善意與惡意的界線也可能很模糊。在法庭上說「我不知道」和「我不記得」，有時候是擺明蓄意欺瞞，但有時候則是食古不化、公式化的制式謊言，刻意讓自己從記得變成不記得，而且很成功，因為藉由再三否認記憶存在，就能像排泄或驅蟲一樣，把有害的記憶排出體外。辯護律師清楚知道他們建議被告說自己記憶空白會成為推定事實，而且有可能變成真正的遺忘和實際的真相。無須跨足心理病理學就能找到讓我們感到無奈的案例，法庭上的說辭當然是假的，我們無法判別的是說話的人是否知道自己在撒謊。就算我們做一個荒謬的假設，說謊者突然間變成老實人，恐怕他也搞不清楚自己是否在撒謊，因為他在說謊的當下，完全融入自己扮演的角色，不再能區辨真偽。最明顯的案例，是企圖刺殺若望保祿二世的土耳其人穆罕默德·阿里·阿賈[6]這幾天在法庭上的表現。

自我保護不讓沉重記憶入侵橫行的最好方式，是在大門口拉起警戒線不准進入。禁止記憶進入遠比擺脫已經紀錄在案的記憶容易許多。基本上，要做到這一點，納粹高層為了避免執行不堪工作內容的人員受到良心譴責，確保他們能夠完成就連冷血刺客都會感到不舒服的任務，而構思出很多可以派上用場的手法。在納粹攻入蘇聯境內之後，主要執行屠殺任務的納粹突擊隊立即執行小組擁有喝酒無限暢飲的待遇，好讓組員在酒後神智不清狀態下抓捕平民，先逼迫他們自己挖坑，再讓他們站在坑洞邊緣用機關槍掃射完成大規模屠殺。那些委婉的用語，如「最終解決方案」[7]、「特殊處理」以及

「立即執行小組」，都是為了掩蓋恐怖真相，不僅用來欺騙受害者，預防他們群起反抗，同時也是想要在可能範圍內，阻止輿論及未直接參與屠殺的其他軍隊單位發現納粹德國占領區內正在發生的事。

所以，妄想「千年盛世」，結果卻曇花一現的納粹德國歷史可以被視為一場對抗記憶的戰爭，一如喬治・歐威爾《一九八四》書中描述，捏造記憶，捏造事實，否定事實，甚至徹底逃避現實。所有關於希特勒的傳記著作，對這名難以歸類的人物一生各有不同詮釋，卻有志一同認為他在世最後那幾年都在逃避現實，時間是從進攻蘇聯第一年那個冬天開始。他禁止並拒絕身邊的人接觸事情真相，主導他們的士氣和記憶。後來他的偏執問題越來越嚴重，索性住進地下碉堡，切斷自己與現實世界之間的連結。希特勒跟所有賭徒一樣，在自己周圍建構了一個充滿迷信和謊言的場景，最終沉迷於他希望每一個德國人都信奉的狂熱信念。他的垮台不僅拯救了全人類，也證明了當一個人企圖操控真相時，必須付出怎樣的代價。

即便在受害者人數最多的奧許維茲集中營裡，也可以看到記憶錯亂現象，不過顯然無關欺騙。遭到不當對待或受到創傷的人不需要編織謊言為自己洗刷不存在的罪名（雖然基於某個弔詭的心理機制，他們會感到羞愧，這部分我們稍後再談），但是不能排除他們的記憶有變質的可能。舉例來說，有人發現許多戰爭生還者，或曾經有過多重創傷經驗的人，會不自覺地試圖過濾他們的記憶，不管是在一起回憶的時候，或說給第三者聽的時候，他們會仔細講述晚上或勞動休息時間的事，各種滑稽可笑、奇奇怪怪、不著邊際的事，卻對真正令人痛苦的事避而不談。既然痛苦的事很少被人從記憶庫裡叫出來，便漸漸隨著時間越來越模糊，看不清楚輪廓。所以《神曲》地獄篇中烏戈利諾伯爵原本不願對但丁重提自己慘死之事，之所以開口說不是為了抱怨，而是為了闡述自己在死後如何報復他永遠的敵人[8]，從心理層面來看情有可原。當我們受到嚴重傷害，但是這個傷害並未在我們身上或周圍留下無法抹滅的痕跡或永久的缺憾時，說「我們永遠不會忘記」是過於輕率的發言。因為即便是在「平常」生活中，我們也樂於遺忘已經痊癒的重大病痛或一次成功的外科手術種種細節。

為了自我保護，我們不僅會在記憶中扭曲事實，還會在事情發生的當下就予以扭曲。我被關押在奧許維茲集中營那一年，亞伯特．D是我情同兄弟的好朋友，這個壯碩勇敢的年輕人比一般人頭腦更清楚，因此對很多人編造空話互相安慰（「再過兩個星期戰爭就會結束」、「不會再有人被篩選淘汰了」、「英軍在希臘登陸了」、「波蘭游擊隊就要來解放我們集中營了」等等，每天傳言不斷，卻又無一不被現實否決），十分不以為然。亞伯特跟他四十五歲的父親一起被遣送到奧許維茲集中營，在一九四四年十月那次大篩選[9]前夕，亞伯特和我談起這件事，感到恐懼、憤怒、無力、抗拒，到最後聽天由命，但我們從未互相安慰試圖逃避。大篩選結束，亞伯特「年邁」的父親被挑中送進毒氣室，短短幾小時內，亞伯特就變了。他聽到一些傳言，認為可信，說是俄國人快來了，德國人不可能繼續大屠殺，所以那次篩選跟之前不同，不是要把人送進毒氣室，而是要挑出體弱但還有利用價值的囚犯，就像他父親那樣，疲憊不堪但是並沒有生病的囚犯，而且他還知道那些囚犯會被送去哪裡：亞沃日諾（Jaworzno）集中營，距離奧許維茲不遠，專門關押休養中、可以從事輕度勞動的囚犯。

可以想見亞伯特的父親從此下落不明，亞伯特也在一九四五年一月納粹淨空奧許維茲集中營後的大遷徙中沒了音訊。奇怪的是，亞伯特其他家人躲在義大利逃過追捕，對亞伯特當時的反應並不知情，卻跟他的表現一樣，拒絕相信令人難以接受的事實，自行杜撰了一個版本。我一返回國內，覺得有義務去亞伯特的家鄉，把我知道的一切告訴他母親和弟弟。他們熱情接待我，但是我才開始說到亞伯特，他母親就請我打住：她說她都知道，至少亞伯特的事她都知道，所以我不需要重複那些可怕的事。她知道她兒子，只有她兒子一個人，成功逃離了行軍隊伍，沒有被親衛隊射殺，他躲在森林裡，被紅軍所救，他還沒能寫信回來，但是肯定很快就會這麼做，她有把握。所以，她請我換話題，告訴她我是如何倖免於難活下來的。一年後，我碰巧經過那個城市，再度造訪亞伯特家。這次聽到的故事版本略有不同：亞伯特住在蘇聯一間醫院裡，他人沒事，但是失去了記憶，連自己的名字都不記得，但是病情逐漸好轉中，很快就會回來，她的消息來源很可靠。

亞伯特始終沒有回來。已經過了四十年，我再也沒有勇氣登門拜訪，也不願以我所知的痛苦真相挑戰亞伯特家人互相幫助、一點一滴建構起來的那個令人寬慰的「事實」。

我得在此致歉。這本書充滿了回憶，而且是年代久遠的回憶。記憶的來源難免叫人生疑，更必須面對自我質疑。所以，這本書談省思多過於談記憶，多著墨於今日面對的問題，而非回顧往事。除此之外，這本書的參考資料主要來自以滅頂者（或生還者）為主題慢慢累積的大量文獻，也來自當年的加害者出於自願或非自願的配合。這個資料庫的內容大多一致，極少數不一致可略過不計。至於我的個人記憶，以及少許我曾提過或之後會提到的未公開軼事，我全都一一仔細審視過。雖然這些記憶不免隨時間褪色，但是並未背離歷史背景，而且看來也未受到我之前描述的干擾因素影響。

譯注

1 蓋世太保（Geheime Staatspolizei，縮寫GESTAPO），納粹德國時期的祕密警察，隸屬親衛隊。

2 亞伯特．施佩爾（Albert Speer, 1905-1981），建築師，德國高速公路、石化工業、噴射機及飛彈的催生者。一九四二年至一九四五年間擔任納粹德國的裝備與軍火部長，為提高德國軍火工業產能，嚴重剝削集中營勞力。戰後審判庭上，他堅稱自己對集中營內不人道慘況毫不知情，但是對於自己的錯誤評估坦承不諱，判刑二十年。七〇年代陸續發現的文獻資料顯示，擴建奧許維茲集中營內的比克瑙滅絕營區是由施佩爾下令，焚化爐、停屍間和警衛眺望塔等興建工程公文也由他簽名核可。

3 阿道夫・艾希曼（Adolf Eichmann, 1906-1962），德國納粹推動猶太人滅絕計畫的主腦之一，負責安排猶太人遣送至各集中營的鐵路交通，但並非納粹高層決策核心人物。戰後潛逃阿根廷，一九六〇年遭以色列情報特務局綁架祕密運送回以色列接受審判，判處死刑。美籍猶太裔政治學者漢娜・鄂蘭記錄審判現場觀察，加以歷史分析，完成《平凡的邪惡：艾希曼耶路撒冷大審紀實》一書，提出任何人若放棄是非善惡的判斷力向威權低頭，再平庸的人也會導致最極端的惡，其殺傷力並不亞於希特勒等邪惡狂徒。

4 維琪政府，一九四〇年至一九四四年間，在納粹德國控制下於法國中部維琪成立的政府，治理權僅限於維琪以南的「自由區」（以北為納粹占領區），施行獨裁，協助捉捕境內猶太人，以換取納粹和義大利法西斯不瓜分法國領土的承諾。

5 第三帝國（Drittes Reich）為希特勒納粹黨執政時期德國的名稱之一。一九三三年至一九四三年間正式國名為德意志國（Deutsches Reich），一九四三年至一九四五年間國名為大德意志國（Großdeutsches Reich），一般通稱納粹德國。因納粹自詡為神聖羅馬帝國（962-1806）和德意志帝國（1871-1918）的繼承者，故而以第三帝國自居。

6 穆罕默德・阿里・阿賈（Mehmet Ali Agca），於一九八一年五月十三日開槍射殺在羅馬伯多祿廣場上公開演講的教宗若望保祿二世，教宗身中兩槍，送醫後脫離險境。阿賈曾加入土耳其極右派民族主義運動黨的灰狼組織，主張泛突厥主義，鼓吹建立突厥帝國，視庫德人、亞美尼亞人、希臘人和基督徒為敵人。阿賈被捕後，在法庭上宣稱刺殺教宗背後主謀是保加利亞共產黨情治單位，然查無實證，保加利亞共產黨亦始終否認。辯護律師則堅稱他有妄想症，想當伊斯蘭世界的英雄。最後法庭認定阿賈的犯案動機是「精神並無異常，遣不明組織策動」，判處無期徒刑。二〇〇〇年經教廷同意後，義大利批准阿賈申請，遣返土耳其。

7 「最終解決方案」（Endlösung der Judenfrage）是納粹德國自一九四〇年底開始實施的系統化猶太人種族滅絕計畫，希特勒稱之為「猶太人問題的最終解決方案」。早期方案內容是強制遷移並淨空德軍占領區內的猶太人；一九四一年起，則改以大屠殺方式進行實質的系統化滅絕。納粹一方面以這個「委婉」用詞掩蓋他們的猶太種族滅絕行動，另一方面則是從意識形態切入，藉此辯解自己確實是在解決重要問題。

8 烏戈利諾伯爵（Ugolino della Gherardesca, 1210-1289），在中世紀聖職任命權歸屬之爭中原為支持皇帝的吉伯林派（Ghibellini），但為爭取比薩的統治權，倒戈與支持教宗的圭爾佛派系（Guelfi）同謀造反，事敗後遭放逐。比薩大主教烏巴爾迪尼（Ruggieri degli Ubaldini, 1220-1295）挫敗圭爾佛派系勢力後，答應為伯爵和吉伯林黨調解嫌隙，卻在伯爵一家人返回比薩後囚禁塔內活活餓死。所以在《神曲》地獄篇中，烏戈利諾伯爵啃噬大主教烏巴爾迪尼的頭顱，是為報應式的懲罰。

9 一九四四年德國攻打蘇聯戰事失利，西方戰線也節節敗退，年底納粹開始銷毀集中營相關文獻資料及物證，並計畫性篩選集中營內關押的人犯，將具有勞動力者遷至德國內陸，被淘汰者則集體屠殺，淨空所有集中營。

第二章　灰色地帶

我們作為集中營倖存者，有能力理解並讓他人理解我們經歷了什麼嗎？一般而言，我們認知的「理解」等同於「簡化」，如果不徹底簡化，我們周遭的世界會是無邊無際且理不清的混亂，有礙於我們找到方向，也有礙於我們決定採取什麼行動。所以我們不得不將所知化約為「示意圖」。為了達到這個目的，我們在演化過程中發展出專屬於人類的偉大工具：語言和概念思維。

我們也傾向簡化歷史。但是簡化後的示意圖未必能以單一明確的方式排列展現所有事件，所以不同歷史學家理解、建構的歷史有可能各說各話。然而，或許追本溯源，人類天生就屬於社會性動物，對於劃分「此」與「彼」之間的地盤有強烈需求，所以敵／我二分路線勝過了其他選項。大家普遍所知的歷史，以及自古在學校裡教授的歷史，都有善惡二元論的傾向，不喜歡黑白不分或過於複雜，多將人類事蹟的長河由繁化簡為衝突，把衝突簡化為對峙，簡化為此與彼、雅典人和斯巴達人、羅馬人和迦太基人。顯然也是因為這個原因，精彩的運動比賽如足球、棒球和拳擊特別受歡迎，因為競爭者是兩支隊伍或兩個人，立場鮮明，一目了然，而且比賽最後會有失敗者和勝利者。如果比賽結果打成平手，觀眾會覺得自己受騙而感到失望，基本上觀眾下意識希望看到有贏家和輸家之分，並且將之分別等同於好人和壞人，因為好人應該要獲得獎賞，否則世界會大亂。

渴望簡化無可厚非，簡化未必就是簡化。簡化其實是預做一個假設，只要認清那是簡化，不錯將簡化當成事實，那麼簡化就有其用處。大多數歷史和自然現象都不簡單，或者應該說不像我們希望的那麼簡單。舉例來說，集中營內部的人際關係網絡並不簡單，不能簡化為受害者和迫害者兩個陣營。但是今天閱讀（或書寫）集中營歷史的人卻有這個傾向，或有此需要，想把壞人和好人分開，想知道自己應該支持哪一方，想仿效基督在末日審判時將萬民分開：這邊是義人，那邊是被上帝遺棄的惡人。特別是年輕人，他們喜歡事情清清楚楚，黑白分明，因為處世經驗不足，所以不喜歡模稜曖昧。然而，他們的期待，與所有人剛到集中營那時候的期待如出一轍。除了已經有過類似經驗的人之外，剛到集中營的人不分老幼，都預期自己會進入一個恐怖但可以理解的世界，一個符合我們自古以來認同的簡單模式的世界：「我們」在內，敵人在外，敵與我之間隔著一條涇渭分明的地理界限。然而進入集中營後受到的衝擊教人猝不及防。我們被扔進一個不只恐怖，而且難以理解的世界，一個無法套用任何模式的世界，敵人不僅在周圍環伺，也在我們之中，「我們」失去了界限，競爭者不再是對立的兩方，也不再有明確的單一邊界，取而代之的是模糊不清的諸多邊界，甚或是每一個個體與個體之間不計其數的邊界。進入集中營的人都期望至少有來自其他患難之交的扶持，結果除少數例外，這些被寄予厚望的盟友根本不存在，只有數以千計的封閉「單子」，以及彼此之間隱而不顯、持續不斷的絕望爭鬥。這個當頭棒喝，往往在被關押進集中營數個小時後，就因為你以為是未來盟友的那群人毫不掩飾的集體攻擊而暴露，這個不堪發現太殘酷，足以讓所有人的反抗能力瞬間瓦解。對很多人而言，這是間接或直接的致命一擊，在毫無準備情況下遭到痛擊，確實難以招架。

這種挑釁攻擊可以分幾個面向來看。不要忘記，最初建立集中營制度（從納粹在德國掌權開始）的首要目的就是瓦解敵人的反抗力。對集中營指揮部來說，所有新來者都是敵人，無論他原先被貼上什麼標籤，都應該立刻被撕掉，以免他成為榜樣，或成為某個反抗組織的新血。納粹親衛隊對此有清楚認知，所以要從這個角度詮釋每個集中營看似不同，但本質相同的那套入營邪惡儀式：立刻對新來者拳打腳踢，而且大多直接攻擊臉；以或真或假的暴怒咆哮，下達一大堆指令；讓新來者脫光衣服全身赤裸，剃光他們所有毛髮，換上破爛囚服。很難說這些細節是否由某位專家制訂，或是根據經驗做過系統化修正，但絕對是刻意為之，不是心血來潮。肯定有人在背後主導一切，這一點顯而易見。

但是，在入營儀式和因為入營儀式導致新來者心態崩潰的背後，或多或少有集中營這個世界裡其他因素，也就是一般囚犯和特權囚犯有意識地推波助瀾。新來者很少會被視為難友而被接納，更不可能會被視為朋友。在大多數情況下，「老鳥」（入營後三、四個月就會變成老鳥，因為汰換速度驚人！）會對「菜鳥」表現出不耐，甚或是敵意。「新人」（德語 Zugang 是一個抽象名詞，行政管理用語，意思是「初階」、「新進」）受人嫉妒，是因為他身上似乎還帶著家的味道，說來其實很荒謬，實際上被關押頭幾天的煎熬更甚於往後，等到習慣、有了經驗之後，人自然會懂得保護自己。新來者被嘲笑，遭受殘酷譏諷，跟所有社群裡的菜鳥和新生待遇一樣，必須面對原始部落才會有的成年儀式。毫無疑問，集中營的生活會導致退化，讓人做出原始行為。

對新來者的敵意，很可能本質上跟所有排除異己的行為動機相同，是下意識想以犧牲「他人」為代價鞏固「我們」，在被迫害者之間營造出一種團結氛圍，因為如果不團結日子會更難熬，即使難熬與否未必有鮮明感受。敵意背後還有另一個動機，那就是建立威信，這在人類文化裡似乎是無法消弭的需求。被欺壓的老鳥將新來者當成目標，發洩自己受到的屈辱，為求心理補償，把新來者打入更低下的階層，才能將自己從高層受到的傷害轉嫁到他人身上。

至於特權囚犯，這個問題更複雜，也更重要。就我而言，這其實是一個根本性的問題。認為國家社會主義那樣一個不人道的制度能讓受害者有所淨化提升，是天真荒謬的想法，是自古以來便存在的假議題。事實正好相反。沒有政治或道德框架束縛的受害者越傾向於配合，越是白紙一張，這個制度就讓他們越墮落，同化程度越深。諸多跡象顯示，是時候該細究將受害者和迫害者劃分開的那塊空間（不只在納粹集中營裡！），但是要比某些電影採用的手法更輕巧，態度也不能過於嚴苛。只有浮於表面的制式觀點會認定那片空間空無一物，但那裡從來都不是空的，齊聚各式卑劣可憎或可悲之人

（有時候他們兼具兩種特質），我們若想了解人類，若想知道未來萬一必須重新面對類似試煉該如何保護自己的靈魂，或只是想了解一間大型工業廠房內部發生什麼事，都必須一探究竟。

特權囚犯在集中營人口生態中是少數，卻占了倖存者的絕大多數。撇開勞動、虐打、嚴寒、疾病不談，無論一名囚犯如何節制飲食，他能分配到食物分量絕對不足，而人體組織內的各類生理儲備在二到三個月內就會消耗殆盡，死於飢餓，或死於因飢餓衍生的疾病，是囚犯的必然命運。唯有獲得額外的食物，才能逃過一劫，而想要得到額外的食物，就需要有特權，或大或小的特權。換句話說，需要找到讓自己可以超越常規的方法，不管那個方法是經過他人授權或是爭取來的，是靠耍詐或使用暴力，是合法或不合法。

切勿忘記，集中營生還者的記憶，無論是口述或筆錄，大多是這麼開始的：集中營的真實面讓人受到衝擊，主要來自超乎預料也無法理解的攻擊，攻擊你的是奇怪的新敵人，這個新敵人是囚犯兼管理者，他非但沒有握著你的手安撫你，為你指引道路，反而衝上來用你不懂的語言對你大吼大叫，往你臉上甩耳光。他想掌控你，想踐踏你或許還有但他已經失去的些許尊嚴。萬一你為了捍衛尊嚴挺身反抗就麻煩了。集中營有一條不成文的鐵律，以牙還牙（zurückschlagen）是不被容許的嚴重違紀，只有「新生」才會動這種念頭。違紀的人必須成為殺雞儆猴的箭靶，管理者會積極捍衛受到破壞的秩序，暴怒之下對犯錯者拳打腳踢，直到對方被馴服或死亡。所謂特權，就是捍衛並保障特權。我想到意第緒語和波蘭語的「特權」一詞是protekcja（保障），顯然源自義大利文和拉丁文。有人跟我說過一個義大利「新生」的故事，他是游擊隊成員，身強力壯的他以政治犯身分被分發到一個勞動營。在分配食物的時候，被粗暴對待的他竟然大力推了分派熱湯的工作人員一把，其他工作人員趕來幫忙，將這名新來者的腦袋壓進湯桶裡活活溺死，以儆效尤。

特權分子崛起並非集中營所獨有，可見於所有人類群居社會，這是令人焦慮的必然現象，只有烏托邦才沒有特權問題。向所有不該存在的特權宣戰，是每個義人的職責，但是不要忘記，這是一場看不到盡頭的戰爭。當權力由少數人或僅由一人把持，多數人被排除在外的時候，便形成了特權，甚至會違反當權者意願，持續擴權。而當權者容忍特權，或鼓勵特權是很正常的事。我們姑且把範圍限縮在集中營（包括蘇聯勞改營），將其當作某種「實驗室」：囚犯兼管理者這個龍蛇混雜的階級，是集中營的主要結構，也是集中營最令人不安的部分。那是一個灰色地帶，輪廓模糊不清難以界定，將發號施令者和聽令者隔開，同時也是兩者之間的樞紐，結構完整複雜，內部盤根錯節，足以混淆我們的判斷力。

之所以會有特權和通敵勾結這個灰色地帶出現，原因不一而足。第一，勢力所及範圍越狹窄，就越需要外援。二次大戰末期，納粹政權必須維持歐洲占領區的秩序，還要向遭遇敵軍日益頑強抵抗的失血前線提供補給。納粹不僅需要從被占領國家獲取勞動力，還需要有人維護治安、代表德國當局執行代理和行政管理事務，因為德國已經左支右絀資源耗盡。這些外援勢力的性質和重要性各有不同，可以大概區分如下：挪威總督轄區吉斯林政權[1]、法國維琪政府、華沙猶太委員會[2]、義大利薩洛共和國[3]，以及四處執行骯髒任務的烏克蘭和波羅的海傭兵團（從未上戰場打仗）和我之後會談的納粹德國特遣隊[4]。至於那些來自敵對陣營的通敵者，既然原本是敵人，自然不可能獲得信任。他們背叛過一次，就有可能再次背叛。光打發他們負責無關緊要的工作不夠，約束他們最好的方法是讓他們滿手血腥、罪孽深重，受牽連程度越深越好。如此一來，他們跟主事者建立了共犯關係，再也無法回頭。自古以來，所有犯罪組織對此一手法都十分熟稔，義大利黑手黨就始終奉行不悖，這也是義大利七〇年代恐怖分子極為活躍的唯一理由，否則難以解釋緣由。

第二，跟某些浮誇的歌功頌德說辭正好相反，被迫害者受到的壓迫越大，與當權者配合的意願就越高。這個配合有程度上的細微差異，動機也各有不同：因為驚恐、意識形態掛勾、對勝利者的模仿依附、短視近利渴望握有任何形式的權力（即便有荒謬的時間和空間限制）、怯懦，或是經過清楚算計後刻意迴避各種強制命令和規定壓迫。所有這些動機，無論是單獨成立，或搭配組合，都是灰色地帶成形的主因，相對於那些沒有特權的人，灰色地帶的組成分子共通之處是努力保持並鞏固他們享有的特權。

在進一步討論某些囚犯與集中營管理階層展開不同程度「合作」的動機之前，我必須嚴正聲明，貿然對這些案例做出道德審判有欠妥當。需要言明的是，該負最大罪責的是體制，是極權政府這個結構，至於（絕對不討喜，也絕對一眼看不穿的）或大或小個別通敵者的共犯責任很難評估。我們只能讓有過類似經歷，親身體會過在受壓迫情況下那麼做是什麼感受的人來做裁決。義大利作家曼佐尼[5]深諳此理：「教唆者、壓迫者及所有那些以某種方式讓他人做錯事的人，都是罪人，不只是因為他們多行不義，也是因為他們讓被迫害者的靈魂墮落」。我們不能因這些被迫害者的處境為他們開脫罪行，而且客觀來說，他們所犯的往往是重罪，但我真的不認為有任何一個人間法庭能為這樣的被迫害者量刑。

如果由我做主，如果我不得不做出裁決，我會毫不猶豫赦免所有那些在高度壓迫下，做出最微不足道共謀行為的人。在我們這些無特權囚犯身邊出沒的都是低階的工作人員，他們是十分生動有趣的族群：清潔工、洗碗工、夜班警衛、鋪床工（多虧德國人堅持要把床鋪整理得平坦方整，才有了鋪床工這個職缺）、蝨子和疥瘡檢查人員、傳令員、口譯、助理的助理。其實，他們跟我們一樣可憐，工時跟所有人一樣長，不過為了能夠多領取半公升的熱湯才去做這些或其他「服務性」工作。這些工作無害於任何人，或許有時候有用，但大多可有可無。這些人很少使用暴力，但是會漸漸發展出一種典型的集體意識，極力捍衛他們的「工作崗位」，以免被上層或下層的人陷害而失去這個機會。享有特權為他們帶來的好處微乎其微，卻必須為此額外付出辛勞和內心煎熬，而且跟其他人一樣必須遵守紀律，痛苦並未減少分毫。他們生存下來的希望基本上跟沒有特權者並無二致。他們粗鄙而傲慢，但不該被視為敵人。

更加棘手，意見更紛紜的是評斷那些擔任指揮職務的人，也就是「卡波」（「卡波」德語 Kapò 一詞直接沿用義大利文 capo，是領導的意思，這個尾音被截斷的詞最早是由集中營內的法國囚犯開始使用，多年後才因為義大利導演彭特科爾沃拍攝同名電影[6]而廣為人知，義大利人有所偏好則是因為這個詞有意涵上的差異）。有勞動小隊卡波、營房卡波、文書卡波，甚至囚犯之中也有各種卡波（當時的我毫無所悉）在集中營行政辦公室裡的政治部門（實際上隸屬於蓋世太保）、勞動部門或懲戒禁閉牢房執行不同工作，而且有時候是十分敏感的工作。他們之中有人因為能力佳，或運氣好，得以在各自的集中營內接觸到機密資料，例如奧許維茲集中營的赫爾曼．朗貝因[7]、布亨瓦德集中營的尤金．科貢[8]、毛特豪森集中營的漢斯．馬薩雷克[9]，這幾個人後來都成為文史研究工作者。無論是他們的個人勇氣或機智狡猾都令人佩服，他們會仔細觀察自己接觸的親衛隊軍官，判斷可以賄賂哪些人，或說服哪些人取消太過殘酷的決定，可以勒索、欺騙哪些人，可以用戰後清算來嚇唬哪些人等等，用各種方法提供集中營同伴實質的幫助。他們之中有人（例如上述三個人）還是各自所屬集中營的祕密反抗組織成員，因職務享有權力的同時，也背負了極高風險，因為他們既是「反抗者」，也是祕密知情者。

上面談到的這些工作人員絕對不是納粹的共犯，或者應該說他們只有表面上是，其實是經過偽裝的反抗者。但是大部分握有指揮權的人不是，他們是人類平庸、低劣的代表，權力未必消磨心志，但是會使人腐化。而且因為他們擁有的權力特殊，腐化的程度更為嚴重。

各式各樣由人管理的社群組織都存在權力問題，權力大致上受到控制，可以被篡奪，被高層授意，或被下層認可，或因為功勳或團隊精神或血汗付出或財富而被賦予權力。人對人擁有某種程度的控制欲望，彷彿銘刻在我們這種群居動物的基因裡。沒有證據顯示權力會對群體造成本質上的傷害，但是先前談到的那些工作人員，即便是低階工作人員，例如勞動小組卡波，他們握有的權力沒有上限，但是對他們的暴力行為卻設有下限，意思是如果他們不夠冷酷強硬，會被懲罰或被撤職，不存在上限。換句話說，他們可以隨意對受他們管轄的人施以殘酷暴行，因為違紀，或沒有任何理由，都可以施以懲罰。直到一九四三年年底為止，被卡波打死的囚犯不知幾許，而且卡波不用擔心受到任何處分。後來是因為對勞動力的需求激增，虐打行為才比較收斂。卡波還是可以處罰囚犯，但是不能對他們的勞動能力造成永久性傷害。然而惡習難改，大家未必時時刻刻遵守規定。

集中營複製了極權國家的階級結構，規模較小，但特性被放大，權力完全來自上級授予，幾乎不可能由下而上管理。「幾乎」這兩個字很重要：不可能真有這樣一個「極權」國家存在。任何一個專制政體都會做某種形式上的調節和修正，納粹德國和史達林時期的蘇聯也不例外。輿論、司法制度、外國媒體和教會都或多或少發揮了煞車作用，十年或二十年的獨裁專政也不足以將人道精神和正義感連根拔除。唯獨在集中營裡，由下而上的管理不成立，那些地位卑微的暴吏擁有絕對權力。可以想見如此大的權力對渴望權力的人而言，有多麼強烈的吸引力。即便是本性溫和的人，也會受到隨職務而來的諸多實質利益所吸引，而他們一旦握有權力，注定會被權力腐化。

誰能當上卡波？我們必須再一次做出區分。第一，集中營指揮官或指揮官代理人（通常是優秀的心理學家）發現某些人有潛力，主動提供合作機會，包括：來自監獄的一般囚犯，過往的暴戾經驗讓他們擁有絕佳的管理囚犯能力；以及經過五年或十年煎熬、精神衰弱的政治犯。後來猶太人也被納入考慮，他們從卡波這個位置看到逃過「最終解決方案」的唯一機會。但是如先前所言，有很多人是主動追逐權力，特別是那些虐待狂，這樣的人不多，但是令人畏懼，因為這些人享有特權意味著他們有機會讓居下位者飽受凌虐和羞辱。心靈受創的人也會追逐權力，集中營再一次成為極權社會的縮影，兩者都不論能力和功勳，慷慨地把權力交給願意向階級式威權效忠的人，讓他們以這個方式得到除此之外不可能得到的社會地位。最後還有一種人會追逐權力，很多受迫害者因為受到迫害者影響，有樣學樣，無意識地向他們看齊。

關於這些模擬、認同、仿效或加害者與受害者之間的角色交換，有諸多討論。提出的看法有真，也有無中生有，有的直指核心，也有平庸老調，有的敏銳，有的愚鈍。那不是一片處女地，而是過度開墾的田，被踩踏蹂躪的地。義大利導演莉莉安娜．卡瓦尼[10]在被詢問到她拍的某部美好但虛假的電影作品有何意涵時說：「我們都是受害者，或都是殺人犯，而我們欣然接受這些角色。這一點只有薩德[11]和杜斯妥也夫斯基[12]清楚明白」。她還說她相信「在每一個情境、每一段關係裡面，都或多或少會出現受害者發展成加害者的過程，只是大家身在其中沒有意識到。」

我不懂無意識和深層意識，我知道有少數人懂，而且這些人很謹慎。我不知道，也沒有興趣知道是否有一個殺人犯隱藏在我的深層意識裡，但我知道我曾經是無辜的受害者，不是殺人犯。我知道殺人犯曾經存在，不只存在於德國，如今依然存在，或許已經退休，或許持續活躍，把他們跟他們的受害者混為一談是道德敗壞，是美學的裝腔作勢，是共犯心態作祟，是（有意或無意）向那些否定事實的人提供難能可貴的助力。我知道在集中營裡，以及在人性舞台上，什麼事都會發生，所以單一案例不能證明什麼。除了釐清這一點，並重申將受害者跟加害者混為一談等於從根本混淆我們追求正義的需求外，還有幾點我想補充。

無論是在集中營內或外，都有黑白難辨、立場不明、隨時可能妥協的人。在集中營的高壓狀態下，這樣的人有增無減。他們自己會有罪惡感（選擇的自由越大，罪惡感就越大），除此之外他們也是那個罪惡體系的載體和工具。大多數迫害者在迫害過程中或（更多是在）迫害結束之後，會意識到他們正在做的或做過的事是不道德的，或許會覺得良心難安，或許會被處分，但是他們承受的苦痛並不足以讓他們成為受害者。同樣的，集中營囚犯會犯錯或屈服，不能因此把他們跟看守管理他們的那些人畫上等號。集中營內數十萬囚犯來自歐洲各國，來自不同社會階層，代表的是未經篩選的人性平均樣本。即便不考慮他們是被驟然扔進那個人間地獄裡，奢求或堅持他們的言行在當下和之後都應符合聖人及斯多噶[13]哲學家的標準，不但不合情理，毫無意義，而且虛偽。事實上，絕大多數案例中，囚犯的行為是不由自主的，在短短幾個星期或幾個月內，他們面臨的艱困處境讓他們陷入只求生存的境地，日復一日對抗飢餓、寒冷、疲憊和暴行，選擇的空間（特別是道德方面的選擇）被壓縮到幾近於零。他們之中，只有極少數的人因為各種匪夷所思的事件加總起來才通過了生存考驗，也可以說他們之所以得救是因為運氣，所以想找出他們的命運共同點沒有太大意義，或許唯一相同之處是他們進入集中營的時候健康狀況良好。

一個特殊的「共犯」案例，是奧許維茲集中營和其他滅絕營的特遣隊。這個案例恐怕連特權都談不上，因為特遣隊隊員唯一享有的特權（但付出了何等代價！）不過是有幾個月可以吃飽而已，絕對不是為了讓自己成為令人羨慕的對象。親衛隊口中這個名稱被刻意模糊化的「特遣隊」，是指一群奉命管理焚化爐的囚犯。特遣隊要負責維持即將被送進毒氣室（卻對自己的命運毫不知情）的新來者秩序，再從毒氣室把屍首搬出來，拔出口中的金牙，剃掉女性死者的頭髮，將衣服、鞋子和行李分門別類，把屍首載去焚化爐確認焚化作業運作無誤後，將骨灰移出滅跡。奧許維茲集中營的特遣隊人數，因不同時期，從七百人到一千人不等。

這些特遣隊員也逃不過其他人的相同命運。親衛隊竭盡所能防堵任何人活下來說出真相。在奧許維茲集中營前後一共有十二個特遣隊，每一隊執行任務數個月之後就被滅口，每一次手法都不同，以免特遣隊員有所預備起而反抗。新小隊接手後的「開工儀式」，就是焚燒前任小隊隊員的屍體。一九四四年十月，奧許維茲集中營最後一個特遣隊密謀起義，炸毀了其中一個焚化爐，在我之後會談到的一場寡不敵眾衝突中，這個小隊幾乎如數被殲滅。所以曾經任職特遣隊的倖存者少之又少，都是因為難以預料的命運捉弄才能逃過死劫。他們之中沒有人在重獲自由後願意主動開口，更沒有人願意談及他們駭人聽聞的經歷。對於這個特遣隊，我們僅有的資訊來自少數生還隊員的貧乏證詞、在各個法庭接受審判的特遣隊「業主」的供詞、碰巧跟特遣隊有過接觸的德國或波蘭「平民」證詞中的三言兩語，以及奧許維茲集中營幾位特遣隊員在萬分緊張中寫下的幾頁日記，小心翼翼埋在焚化爐附近，是留給後世的記憶。這些資料互相吻合一致，但我們依然很難（幾乎無法）還原他們當初如何一天又一天撐過來，眼睜睜看著自己接受那樣的處境。

早期，親衛隊是在已經登記入營的囚犯中挑選特遣隊員，有證人說體格健壯不是中選的唯一標準，親衛隊會仔細研究他們的相貌。有極少數案例是因為受到懲處，才被徵召加入特遣隊。後來則多是在列車進站時，直接在月台上選人。因為親衛隊的「心理學家」發現，在經過長途旅行筋疲力竭，毫無反抗能力，滿心絕望茫然失措的新來者剛步下火車的時候進行招募比較容易。那時候，每一個新來者都覺得自己遠離了人類世界，隨時可能跌入黑暗和恐懼的深淵。

特遣隊的主要組成分子是猶太人。從一方面來說，這其實並不令人意外，因為成立集中營的主要目的就是消滅猶太人，自一九四三年起，奧許維茲集中營內百分之九十至九十五的囚犯都是猶太人。另一方面，讓人不禁對納粹的極端冷血與仇恨感到不寒而慄：必須要由猶太人把猶太人送進焚化爐，必須證明猶太人這個次等種族、次等人遇到屈辱就會低頭退讓，甚至可以做到自我毀滅。再者，有人作證說不是所有親衛隊都樂於將屠殺視為每日功課，把部分工作交給受害者執行，而且是最骯髒的工作，應該有助於（很可能有助於）減輕良心譴責。

若是把這個「逆來順受」態度歸因於猶太人獨有的某些特殊性有失公允，因為特遣隊成員除了猶太人之外，也有德國人和波蘭人，但他們是工作性質「比較高尚」的卡波。特遣隊裡還有蘇聯俘虜，納粹認為他們是僅高於猶太人的種族。不過蘇聯人很少，在奧許維茲集中營裡蘇聯人本來就少（絕大多數在逮捕後立刻進行處決，讓他們站在大型坑洞邊緣直接用機關槍掃射），而他們的行為表現跟猶太人並無差別。

特遣隊既然承載駭人聽聞的祕密，故而被嚴加看管，跟其他囚犯和外面的世界完全隔離。但是有過類似經驗的人都知道，沒有一道圍牆沒有裂縫。相關訊息有強大的滲透力，或許不完整，或許失真，但總會有些風聲不脛而走。關於這個特遣隊，在我們被關押在集中營的時候就有模糊的片段傳言流出，後來被先前提及的消息來源證實，但是那樣的處境實在太過匪夷所思，讓所有見證人都有某種程度的保留。所以，今天很難還原在那幾個月的時間裡被迫執行那些工作「是什麼感受」。有證人說在那慘絕人寰過程中，集中營提供特遣隊大量的酒，讓他們保持一種不理性的全然消沉狀態。其中一名倖存的隊員說：「做這個工作，如果第一天沒發瘋，你就會慢慢習慣。」另一個則說：「對，我可以自殺，或被殺，但是我想活下去，我想報仇，想有一天出來作證。你們不該把我們當怪物看，我們跟你們一樣，只是比你們不幸的多。」

當然，這些說詞，以及許許多多他們或在他們彼此之間可以說，但最終沒有說出口的那些話，都不能只從字面上來看。我們不能期待這些曾經親歷絕境之人說出符合法律標準的證詞，他們其實是在抱怨，在詛咒，是贖罪，也是想為自己開罪，試圖找回自己。我們聽到的是自我解放的情緒宣洩，不是讓人難以正視的事實真相。

組織特遣隊，是納粹這個國家社會主義政權最邪惡的罪行。在貌似實用主義至上的包裝背後（讓有用的人貢獻經濟，安排其他人去執行殘暴任務），還有其他更細膩的面向需要深究。利用特遣隊這個組織，將罪惡感轉嫁到其他人身上，也就是受害者身上，即便這些受害者有一天能夠倖免於難，也不會意識到自己是無辜的。在惡的深淵裡挖掘不容易，也不愉快，但我認為必須做，因為昨日犯的錯，明日有可能再犯，進而禍及我們自己或我們的子孫。我們會想要轉過頭去，忘掉一切，但我們必須壓抑這個念頭。因為特遣隊之所以存在有其意義，而且傳達了一個訊息：「我們是主的子民，我們是你們的毀滅者，你們並不比我們優秀。如果我們想要，而且我們確實想要，我們有能力摧毀的不只是你們的身軀，還有你們的靈魂，就像我們摧毀了我們自己的靈魂那樣。」

匈牙利籍的猶太醫生米克羅斯・尼茲利（Miklos Nyiszli）是奧許維茲集中營最後一個特遣隊的少數生還者之一。他是知名的病理解剖學家，是屍體解剖專家。比克瑙滅絕營的親衛隊醫官約瑟夫・門格勒[14]（數年前死亡，逃過司法審判）負責親自查核他的工作成果，給他優惠待遇，幾乎視他為同僚。尼茲利專攻雙胞胎研究，而比克瑙滅絕營是世界上唯一一個有可能解剖同時死亡的雙胞胎遺體的地方。順帶一提，尼茲利對這個特殊職務似乎並沒有非常牴觸，他是特遣隊的醫生，跟特遣隊成員有密切接觸。我認為他提到的一件事很重要。

如我先前所說，親衛隊是在集中營內，或在剛步下火車的新來者之中仔細遴選特遣隊的成員，如果遇到有人拒絕或表現出不稱職的時候便會毫不猶豫當場處決。親衛隊面對剛被遴選進入特遣隊的成員，態度輕蔑冷漠，跟他們面對集中營內所有囚犯，特別是猶太囚犯的時候一樣。親衛隊接受的教育是，這些人都是卑鄙無恥之徒，是德國的敵人，根本不配活著。最優待他們的方式就是強迫他們勞動，直到筋疲力竭而死為止。但如果面對的是特遣隊的老鳥，態度就大不相同：親衛隊在某種程度上視他們為同僚，因為他們跟自己一樣已經喪失人性，大家都在同一條船上，因為骯髒的共犯行為被綁在一起。尼茲利說他目睹了親衛隊和特遣隊在「勞動」休息時間踢的一場足球比賽，或者應該說是親衛隊的焚化爐警衛隊代表和特遣隊代表比賽。在現場觀賽的是親衛隊其他將士和特遣隊其他成員，他們各自支持自己的球隊，下賭注，鼓掌叫好，為球員加油打氣，彷彿在他們眼前的不是地獄之門，比賽場地是鄉間的一座足球場。

集中營其他階級的囚犯從來沒有發生過這樣的事，也無法想像會發生這樣的事。但是親衛隊可以下場跟特遣隊這些「焚化爐禿鷹」踢球，近乎稱兄道弟。在這個短暫休兵握手言歡的背後，有撒旦在微笑：達陣，我們成功了，他們不再是另一個種族，不再是被排斥的種族，也不再是第三帝國的頭號敵人。你們不再是拒絕膜拜偶像的民族，我們擁抱你們，腐化你們，還拖著你們跟我們一起沉淪。你們跟我們一樣，原本驕傲的你們如今跟我們一樣，手上沾滿了你們猶太人的血。你們跟我們一樣，跟該隱一樣，殺死了自己的手足。來吧，我們可以一起玩耍。

尼茲利還說了另外一個發人深省的故事。毒氣室裡擠滿火車剛載來的一批新來者，特遣隊正在進行每天的恐怖工作，整理毒死之後堆疊的屍體，用強力水柱清洗完畢再載往焚化爐焚燒，結果他們發現有一名年輕女孩還活著。這件事太離奇，之前從未發生過，或許是因為倒在她身邊的其他人形成一個屏障，保留了一點空氣讓她得以呼吸。特遣隊員不知如何是好，他們時時刻刻面對死亡，死亡是常態，因為「如果第一天沒發瘋，你就會慢慢習慣」，問題是那名女孩活著。他們把她藏了起來，讓她取暖，帶肉湯給她喝，問她問題。女孩十六歲，沒有空間和時間概念，不知道自己身在何方。從密閉的列車、殘忍粗暴的初步篩選、脫衣服，到進入從未有人活著出來的毒氣室，她不明白自己經歷了什麼。她不明白，但是她都看見了，所以她必須死。特遣隊的人知道，而且知道自己因為同一個理由也必須死。那些被酒精和日復一日悲劇麻痺折磨得不成人形的奴隸蛻變了，因為這一次在他們面前的不是一群沒有姓名的人，不是剛下火車、排成長長隊伍的慌張失措的人龍，而是一個活生生的人。

不禁讓人聯想到曼佐尼《約婚夫婦》中小女孩伽琪莉亞死於瘟疫後，「收屍人」帶著「不尋常的敬意」站在屋前，站在小女孩面前，因為懷抱著她的母親拒絕讓收屍人接手將小女孩丟到已經堆滿其他屍體的馬車上。這樣的行為反應叫人感到意外，因為跟深植在我們心中的既定印象有所衝突：他們內心不該有掙扎，應該始終如一，冷酷無情。他們不該有那樣的反應，因為他們不是那樣的人。但是憐憫和殘暴可以同時並存，在同一個人身上，出現在同一個時刻，違反所有邏輯。更何況，憐憫本來就沒有邏輯可言。在我們感到憐憫和引發憐憫感受的他人痛苦程度之間沒有任何比例關係。一個猶太少女安妮·法蘭克感動人心的程度遠高於成千上萬跟她一樣受苦、但待在陰暗處未曾現身的人。或許本該如此，我們如果必須或能夠承受所有人的痛苦，恐怕活不下去。大概只有聖人才能得到上天授予可怖恩賜，苦眾生之苦。眾生包括收屍人和特遣隊員。至於我們，最多是對有血有肉站在我們面前、即便天生視力不佳但睜眼就看得見的某個個人或夥伴，偶爾興起一絲惻隱之心。

總之，特遣隊員找來醫生，幫女孩打針讓她清醒過來。毒氣室沒有發揮功能，有人活下來，問題出在哪裡，怎麼發生的？這時候親衛隊中負責管理焚化爐設備的艾里希．姆斯費爾特[15]出現了，醫生把他請到旁邊說明這個情況。姆斯費爾特起先猶豫不決，後來做了決定：不行，女孩必須死，如果她更年長一些或許有所不同，她會有判斷力，說不定可以說服她對自己發生了什麼事閉口不談，但是她只有十六歲，不能相信她。但是姆斯費爾特沒有自己動手殺她，他叫來一名下屬，朝女孩後腦杓開了一槍。姆斯費爾特不是一個有同情心的人，每天上演的殺戮悲劇裡有他各種獨斷獨行、任意而為的決定，還有他精心發明的各種酷刑。他於一九四七年受審判處死刑，在波蘭克拉科夫執行絞刑。這個判決是對的，但他也不是鐵石心腸。如果他生長在不同環境、不同時代，說不定他的行為跟任何一個普通人沒兩樣。

在《卡拉馬助夫兄弟們》小說裡女主角格魯仙卡說了一個小洋蔥的寓言故事：一名壞心的老婦人死後下地獄，她的守護天使不忍心，努力搜尋記憶，想起老婦人有一次，僅有那麼一次，她把自己從菜園裡拔起來的一顆小洋蔥送給了一名乞丐。於是天使將小洋蔥遞給老婦人讓她緊緊抱著，然後將她從地獄火海中拉出來。我對這個故事始終很反感，哪個禽獸不如的人終其一生不曾送出過一顆小洋蔥？就算不是送給陌生人，也會送給自己的孩子、妻子或小狗。那個轉瞬即逝的悲憫之心並不足以赦免姆斯費爾特的罪，但是足以讓他踏進灰色地帶，踏進建立在恐怖和順服之上的極權政體中那個無所不在的黑白難辨區域，即便僅限於邊緣角落。

給姆斯費爾特定罪不難，我想判處他極刑的法庭未曾有過絲毫猶豫。但是面對特遣隊，我們對審判的期待和裁斷能力不再那麼理直氣壯。問題立刻浮現，各式各樣紛雜混亂的問題，而關於人類天性這個問題很難找到令人安心的答案。為什麼他們會答應接下那份工作？為什麼他們不反抗？為什麼他們不求死？

某個程度來說，我們可以就我們所知的部分試著提出答案。不是所有人都接受那份工作，有人明知會送命依然起而反抗。我們至少知道其中一個案例：來自希臘科孚島的四百名猶太人，一九四四年七月被指派到特遣隊工作，他們全體一致拒絕接受，立刻被送進了毒氣室。紀錄在案的還有其他起而反抗的個人，無一例外都立刻遭到殘酷處決（菲利普・穆勒〔Filip Müller〕是奧許維茲集中營特遣隊員碩果僅存的生還者之一，他說親衛隊把他的一個同伴活生生推進焚化爐中燒死），以及許多在被招募的當下，或是隨後就自殺的案例。而且，我們不能忘記，之前談到一九四四年十月奧許維茲集中營歷史上唯一一次孤注一擲的起義行動，就是由特遣隊密謀發起。

我們對這次起義行動所知有限，而且訊息混亂。只知道起義者（奧許維茲—比克瑙集中滅絕營五組焚化爐之中的兩組特遣隊員）裝備不齊，跟集中營外的波蘭游擊隊和集中營內的祕密反抗組織都沒有聯繫，自行動手炸掉了第三號焚化爐，並且跟親衛隊開戰。這場衝突持續不久就結束了，有幾名起義者剪斷倒刺鐵絲網逃了出去，很快就被抓回。沒有人生還，大約四百五十名特遣隊員立即遭到親衛隊處死。親衛隊三人被殺，十二人受傷。

我們清楚知道的，是其他那些在殺戮悲劇中地位卑微的勞工，那些一次又一次寧願再多苟活（生不如死！）幾個星期也不想立刻赴死的人，他們從來沒有想過，也從來沒有親手殺過人。我再說一次：我認為沒有人有權批判他們，親身經歷過集中營的人不能，沒有經歷過的人更不能。我誠摯邀請所有想站出來批判他們的人對自己做一個概念性實驗：想像自己在猶太隔離區裡度過數個月或數年的時間，常態性挨餓、體力透支、男女混雜、飽受羞辱，眼睜睜看著身旁的親人一個一個死去，與世隔絕，訊息進不來也出不去，最後被送上火車，每節貨車車廂裡塞進八十個或一百個人，駛往不知名的目的地，所有人一無所知，整日整夜不能眠，然後被扔進一個難以形容的人間地獄。有人給你活下去的機會，是提議，不，是強迫，強迫你接受未曾言明內容的冷血工作。我認為，這才是真正的Befehlnotstand，「不得不聽命」；至於被拖上法庭的納粹軍官千篇一律、恬不知恥的那套說詞，以及後來許多其他國家的戰犯（因循納粹）的那套說詞都是狡辯。前者是別無選擇，或服從命令或送命。後者是權力中心內部問題，只要調解一下就能解決（的確大多數問題都能獲得解決），也許升遷時間延後，也許略施懲戒，最糟的情況是把不從命者調去前線。

我提議的這個實驗並不容易。法國作家韋科斯在他的《暗夜之戰》[16]一書中提到「靈魂之死」，我今天再讀，覺得那本書充滿令人難以忍受的美學瑕疵和流於文藝的感官享受。不過靈魂之死卻是一語中的。沒有人知道自己的靈魂在屈服或碎裂之前可以撐多久，又經過哪些磨難與考驗。每一個人都擁有自己不知道的潛在力量，這個力量可大可小，或是沒有，唯有在艱困逆境中才有機會衡量。撇開特遣隊那樣極端的案例不談，我們這些集中營生還者常常遇到的情況是，當我們說完我們的故事，對方會說：「如果換成我是你，恐怕一天都撐不下來」。這句話意義不明，因為我們永遠不會是另一個人。每個人都是一個複雜的個體，以為可以預測其行為是不切實際的想法，更何況是在如此極端的條件下。我們就連自己的行為也無法預測。所以我希望大家能以慈悲胸懷和嚴謹態度看待這些「焚化爐禿鷹」的歷史，不要急於批判他們。

同樣讓我們躊躇不前、「難以裁斷」的案例，還有盧姆科夫斯基。盧姆科夫斯基的故事雖然結束在集中營，但是主要發生在猶太隔離區，對於迫害行為會激發人性幽暗面這個重要議題也具有說服力。不過再往下談就離題了。接下來這個故事，雖然我在其他地方已經說過[17]，但我在這裡再說一遍。

我離開奧許維茲集中營返回家鄉的時候，在口袋裡找到一枚很輕的合金代幣，一直保存到現在。那枚代幣磨損腐蝕得很厲害，其中一面是猶太星（也就是「大衛之星」），日期一九四三年，以及「猶太隔離區」字樣（getto，德文讀ghetto）[18]；代幣另一面則有QUITTUNG UBER 10 MARK和DER ALTESTE DER JUDEN IN LITZMANNSTADT字樣，意思分別是「十馬克收據」和「利茲曼隔離區猶太長老」。那是一枚僅限於在隔離區內使用的貨幣。我多年來已經忘記這枚代幣的存在，直到一九七四年才重建了這個既迷人又詭異的故事。

為紀念第一次世界大戰中擊退俄軍奪取波蘭羅茲市的利茨曼將軍，納粹把羅茲市更名為利茨曼。一九四四年年底，羅茲猶太隔離區最後一批倖存者被遣送至奧許維茲集中營，我應該是在集中營地上撿到這枚已經失去用途的代幣。

一九三九年，羅茲市有七十五萬居民，是波蘭第一工業大城，也是最「現代化」、最醜陋的城市。以紡織業為主的羅茲市，跟英國曼徹斯特和義大利比耶拉一樣，市區內有大大小小無以計數的廠房，大多破舊不堪。一如所有其他被納粹占領的東歐國家重要城市，羅茲很快就設立了一個猶太隔離區，仿效中世紀時期及天主教會反宗教改革時期的隔離管制，而且殘暴程度比以往有過之而無不及。羅茲猶太隔離區早在一九四〇年二月就已經成立，以時間順序來說是第一個，以人數來說，僅次於華沙的猶太隔離區，一度有超過十六萬名猶太人住在裡面。羅茲隔離區直到一九四四年秋天才關閉，是納粹建立的猶太隔離區中最長壽的，主要原因有二：其一是因為羅茲的經濟價值，其二則是因為該隔離區委員會主席的人格特質。

羅茲猶太隔離區委員會主席盧姆科夫斯基原是一名經商失敗的小企業家，他四處旅行，經歷了不少波折，於一九一七年定居羅茲。一九四〇年，他年近六十歲，喪妻無子嗣，頗受到大家敬重，是猶太慈善會會長，精力無窮，個性直率霸道。猶太隔離區的委員會主席（或長老）這個職務就本質而言令人畏懼，但那是一個職務，能得到社會認可，提升社會階級，被授予權力和特權，等同擁有威權。而盧姆科夫斯基對威權趨之若鶩。為什麼會選擇他，不得而知，或許跟納粹一貫的戲謔作風有關（盧姆科夫斯基是，或者應該說看起來是一個正派的傻瓜，是理想的笑柄）；或許他做了什麼手腳讓自己雀屏中選，因為他內心有強烈的權力欲望。在擔任委員會主席的四年期間，他行事獨裁，做了很多狂妄自大的美夢，展現了莽撞的生命力，以及實實在在的外交手腕和組織能力。盧姆科夫斯基很快便自視為至高無上但明理的君王，當然背後肯定有德國「業主」存心逗弄他的推波助瀾，不過他們對於盧姆科夫斯基的管理才能和一絲不苟態度確實頗為讚賞。盧姆科夫斯基獲得德國人批准鑄造代幣，有金屬代幣（像我手上那枚），也有紙幣，而且是用官方提供的防偽浮水印紙張印製的。猶太隔離區就是用代幣支付筋疲力竭的勞工酬勞，勞工可以用代幣在食堂購買他們分配的食物，當時一天平均攝取的熱量是八百卡洛里（我記得我看過有人說，在完全不動的狀態下，一天至少需要攝取兩千卡洛里才能存活）。

盧姆科夫斯基不但期待這些飢腸轆轆的臣民對他服從和尊重，還希望大家敬愛他。現代獨裁跟古代獨裁政體在這一點上並不相同。盧姆科夫斯基手下有一群只要他一點頭，就會為了搶奪四分之一個麵包撲上前去的優秀藝術家和手工藝匠，他讓這些人用他的肖像設計印製郵票，雪白的頭髮跟鬍子散發出希望和信仰的光芒。盧姆科夫斯基有一輛馬車，拉車的馬骨瘦如柴，他坐在馬車上巡視他的小小王國，街道兩旁擠滿了乞丐和有求於他的人。盧姆科夫斯基披著華美的長斗篷，身邊環繞著奉承諂媚的幕僚和雇用的殺手。那些舞文弄墨的侍臣為他譜寫了一首又一首詩歌，讚美他「堅定有力的手」，說因為他品德高尚，讓猶太隔離區得以享有和平與秩序。他下令讓那些在居心叵測的學校裡就讀，每天受傳染病、營養不良和德軍欺凌危害的孩子們寫作文，主題是讚揚「我們敬愛的睿智的主席」。跟所有獨裁者一樣，盧姆科夫斯基也迫不及待建立了一支高效率的警察組織，名義上是為了維持秩序，實際上是為了保護他的人身安全，並嚴格執行他要求的紀律。這個組織有六百名持警棍的警力，以及數目不明的祕密警察。他發表了多次演說，其中有些演講內容被記錄下來，他的風格很突出，沿用墨索里尼及希特勒的演說技巧，用激動人心的表演假裝與群眾對話，透過恫嚇和掌聲建立共識。或許他是故意模仿，也或許是他是下意識想要向當時風靡歐洲、鄧南遮[19]也曾經謳歌過的「時勢英雄」典範看齊。更有可能盧姆科夫斯基如此作風是因為他這個小小的專制君主對上固然卑躬屈膝，對下卻擁有無上權力。坐在寶座上握著權杖，不擔心被人反駁或激怒的人，就會這麼說話。

其實盧姆科夫斯基這個人物比他截至目前為止表現出來的更為複雜。他不只是叛徒和通敵共犯，就某個程度而言，他除了要讓別人相信，也得慢慢說服自己，相信自己是彌賽亞，是他子民的救星，所以他應該偶爾也想過要行善。因為必須施恩於人，才能覺得自己是個善人，即便貪官汙吏也樂於享受自己是大善人的感覺。弔詭的是，從心理上以加害者身分自居的他，有時候會改以被迫害者自居，或兩種心態同時並存。對此，湯瑪斯．曼[20]說，那是因為人類是混亂的生物。我們可以補充說明：面對的壓力越大，人就會變得更混亂，然後失去判斷能力，跟羅盤在地磁南北極會失控亂轉一樣。

雖然德軍常常鄙視戲弄盧姆科夫斯基，但是他可能不覺得自己是奴僕，反而認定自己是一方之霸。他顯然很把自己的威信當一回事，所以當蓋世太保無預警拿下「他的」委員會成員時，他大無畏地前去救援，面對冷嘲熱諷和羞辱唾棄面不改色。盧姆科夫斯基還曾經跟德軍討價還價，因為德軍要求羅茲隔離區內的工廠提高布料產量，要求他提高送往特雷布林卡滅絕營和奧許維茲集中營毒氣室的無用人口數（老人、小孩和病人）。他鎮壓隔離區內反抗運動毫不手軟（羅茲猶太隔離區跟其他猶太隔離區一樣，都有冒進的政治反抗勢力，包括猶太復國主義激進組織、猶太社會主義分子或共產黨）不是為了向德軍宣誓效忠，而是因為他們犯了「大不敬罪」，因為尊貴的自己被冒犯而感到氣憤。

一九四四年九月，紅軍逐步逼近，納粹開始淨空羅茲隔離區，上萬名男男女女被運送到奧許維茲集中營，這是「世界的出口」，也是德國宇宙的最終洩洪處。筋疲力竭的他們幾乎全數立刻遭到處決。隔離區裡還留下一千人左右負責拆卸工廠裡的機器設備，湮滅所有血腥證據。這些人被不久後抵達的紅軍解放，這裡所談的資訊都來自於他們。

關於盧姆科夫斯基的下場有兩個版本，他似乎不僅活在我說的灰色地帶裡，就連死亡也同樣晦暗不明。第一個版本是，在淨空隔離區的時候，他反對他弟弟被遣送至集中營的安排，不願兄弟分開，一名德國軍官提議說盧姆科夫斯基可以自願跟弟弟一起走，他同意了。另一個版本則是，漢斯・比博（Hans Biebow）有意救盧姆科夫斯基一命。比博是另外一個善於玩兩面手法的人物，這個患有斜視眼疾的德國企業家當時是隔離區的納粹行政督導，同時身兼承包商，他這個位置並不好坐，因為羅茲隔離區內的紡織工廠供貨的對象是軍隊。比博不是喪心病狂的人，他無意因為猶太人是猶太人而為難或懲罰他們，他只想透過供貨合約獲利，不管是合法或非法。他為隔離區內的苦難感到觸動，不過是間接感受，因為他需要那些奴工好好工作，所以不希望他們餓死。比博的道德感僅止於此，事實上他才是羅茲隔離區真正的主事者。比博跟盧姆科夫斯基是建立在業主和供應商關係之上的泛泛之交。比博是一個發國難財的利己小人，不會認真對待種族這個邪惡論述，希望隔離區越晚解散越好，因為那是一筆好生意；想保住盧姆科夫斯基不讓他被遣送集中營，是因為他是可以信賴的合作夥伴。由此得知，客觀來說，務實的人比理論派好。不過親衛隊的理論派不這麼想，而他們勢力強大，思想激進，要劃除隔離區，也要剷除盧姆科夫斯基。

比博無法扭轉大局，但是他有不錯的人脈關係，於是他寫了一封信交給盧姆科夫斯基，收件人是奧許維茲集中營指揮官。比博向盧姆科夫斯基保證這封信可以保護他，而且會讓他享有優惠待遇。盧姆科夫斯基則向比博要求，從隔離區到奧許維茲集中營這段旅程，在運送那些無特權猶太人的貨運車廂最後面要加掛一節特殊車廂供他和他的家人乘坐，以維持原本的體面，獲得比博應允。然而落在德國人手中的猶太人，無論你怯懦或英勇，卑微或驕傲，命運都一樣。那封信和那節車廂都沒能讓猶太人之王盧姆科夫斯基逃過毒氣室的結局。

這樣一個故事並未結束，還有很多意在言外，留下來的疑問多過於答案。這個故事本身完整呼應了灰色地帶這個主題，但沒有定論。它叫囂呼喚，渴望被理解，渴望有人能像解夢和觀天象一般，從中看出端倪。

盧姆科夫斯基是誰？他不是妖魔鬼怪，但也不是普通人，我們身邊有許多像他那樣的人。發生在他「飛黃騰達」之前的失敗經驗很重要，能在失敗中重拾道德勇氣的人是少數，我認為盧姆科夫斯基的故事堪稱典型範例：在政治壓迫下因應而生、難以捉摸的曖昧和妥協態度幾乎是一種生理反應。我們說的匍匐在極權王座之下的那些人，互相推擠著想要抓住屬於他們的些微權力，這樣一幕戲時時刻刻在上演，回想第二次世界大戰結束前最後幾個月，希特勒的核心幕僚如何鬥得你死我活，義大利薩洛共和國內閣官員也不遑多讓。原本只是盲目，但後來淪為罪犯的這些人同樣身處灰色地帶，為了爭奪即將倒下的殘餘邪惡權勢互相撕殺。權力就像毒品，沒有嘗試過的人不懂別人為何有此需要，一旦自己碰觸，即便（跟盧姆科夫斯基一樣）是出於偶然，也會開始依賴，而且劑量會越來越高，同時會開始排斥現實，重新做起無所不能的兒時美夢。如果把盧姆科夫斯基醉心於權力比擬為毒癮這個詮釋成立，必須承認吸毒這件事不是因為在猶太隔離區這個環境才突然發生，而是即便身處在猶太隔離區，依然會發生。也就是說即便在看起來應該會讓任何個人欲望都受到壓抑的條件下，對權力的強烈渴望依然存在。事實上，盧姆科夫斯基和他崇拜的幾個名人身上都有顯而易見的權力症候群，追求無限期、無異議的絕對權力，擁有扭曲的世界觀，符合教條主義路線的狂妄自大，需要他人阿諛奉承，歇斯底里緊抓指揮權不放，藐視法律。

所有這一切都不能讓盧姆科夫斯基卸責。他從羅茲隔離區的苦難中崛起，這是沉痛且傷人的事實。就算他逃過一劫，他在隔離區造成的傷害，加上他裝腔作勢的形象，沒有一個法庭會判他無罪，而我們自然也不會赦免他道德層面的罪。但是他可以獲得減刑：在國家社會主義那個非人體制裡，腐化的力量太驚人，讓人難以自省。這個體制讓人墮落，與體制同化，因為它需要或大或小的共犯才能運作。要跟這個體制對抗，必須擁有堅實的道德防禦工事，而羅茲商人盧姆科夫斯基和他那整個世代的人築起的道德防禦工事不堪一擊。我們歐洲人今日的道德防禦工事夠強嗎？如果今天在受需求驅使的同時又受到誘惑，我們會如何表現？

盧姆科夫斯基的故事跟集中營那些卡波和工作人員令人遺憾且不安的故事一樣：有些下層階級為極權服務，他們的罪名是自我矇蔽；有些下屬簽署所有文件，因為簽名的代價很小；有些人雖然搖頭但默許一切；有些人說「我如果不做，換成別人做會比我更狠」。

盧姆科夫斯基也屬於這種良知未泯的人，他是綜合性代表人物。至於他的良知是多或少，很難下定論，只有他自己可以釐清。如果他能對我們開口，就能幫助我們理解他，即便他說謊也無妨，或許他已經習慣說謊，包括對他自己。即便不情願，即便說謊，每一個被告也都對他的法官有幫助，因為人的演戲能力有限。

然而這一切並不足以解釋這個故事隱含的急迫性和危機感。這個故事的意涵應該不止於此，我們每個人都可以在盧姆科夫斯基身上看到自己，他的曖昧不明我們也有，表現在生理及心理狀態上，而且根深柢固；他的狂熱我們也有，是我們西方文明「敲鑼打鼓下地獄」[21]的狂熱；他可悲的虛偽假面是我們這個特權社會扭曲形象的象徵。他的瘋狂正符合莎士比亞《惡有惡報》劇中伊莎貝拉形容的那個野心勃勃的男人：

男人一旦披上權勢的華服，
便以為無知的他無所不知，
他的存在如玻璃般脆弱，卻像
暴跳如雷的猴子，
光天化日下裝瘋賣傻，
讓天使也落淚。

我們跟盧姆科夫斯基一樣，也被權力名利迷惑，忘記我們本質多麼脆弱。我們出於自願或非自願向權力低頭，忘記我們自己其實也在隔離區裡，隔離區雖有高牆圍繞，但隔離區外有死神在徘徊，不遠處則有列車在等待。

譯注

1 挪威總督轄區吉斯林政權（Reichskommissariat Norwegen, Quisling regime），是一九四二年二月至一九四五年五月間，納粹占領挪威期間由主張國家社會主義的國民聯盟黨魁吉斯林（Vidkun Quisling, 1887-1945）擔任總理的極權政府，與德國結盟，施行相對溫和的猶太種族政策，堅持戰後必須讓挪威獲得完全獨立。但當時在挪威真正握有實權的是德國派任的挪威總督特博文（Josef Terboven, 1898-1945）。

2 猶太委員會（Judenrat），納粹德國在歐洲占領區大型猶太隔離區內設置的行政管理機構。

3 義大利薩洛共和國（Repubblica di Salò）正式名稱為義大利社會共和國（Repubblica Sociale Italiana）。一九四三年七月，德軍對蘇聯戰事失利，盟軍在西西里島登陸，義大利反法西斯聲浪高漲，墨索里尼遭罷黜關押。九月義大利向盟軍投降，墨索里尼被德軍救出，在納粹扶植下於義大利北部薩洛成立法西斯傀儡政權，領土包括義大利拿坡里以北。一九四五年四月共和國政府宣告解散。

4 納粹德國特遣隊（Sonderkommandos），主要由滅絕營囚犯中的猶太人組成，協助處理毒氣室大屠殺後的遺體。因為是「祕密知情者」，跟其他囚犯隔離居住，擁有較好的生活條件，部分特遣隊員得以記錄真相，埋在焚化爐底下，這些手稿成為今日重要文獻。

5 曼佐尼（Alessandro Manzoni, 1785-1873）義大利作家，著有《約婚夫婦》（*I promessi sposi*, 1840）。以十七世紀被西班牙占領的北義大利為背景，描述一對勞工階級的年輕人訂下婚約後，因女方受地方仕紳覬覦從中阻撓婚事，兩人被迫分離，最後惡人死於瘟疫，約婚夫婦才得以重聚。書中對民間習俗、傳統、社會事件多所著墨，是義大利文學史上第一部歷史小說。

6 彭特科爾沃（Gillo Pontecorvo, 1919-2006），義大利導演、編劇兼演員。電影作品《阿爾及爾之戰》（*La battaglia di Algeri*, 1966）贏得威尼斯金獅獎。《卡波》（*Kapò*, 1959）敘述年輕猶太女子伊迪絲為能在集中營求生存，假冒他人身分逃過毒氣室後，積極爭取成為卡波，冷酷無情更勝納粹軍官而遭到囚犯唾棄。伊迪絲愛上一名蘇俄囚犯薩沙，為協助他逃離集中營，不惜冒生命危險切斷集中營電源，並在臨死前撕下納粹臂章。此片獲一九六一年奧斯卡最佳外語片提名。

7 赫爾曼・朗貝因（Herman Langbein, 1912-1995），奧地利共產黨員，一九四二年至一九四四年間關押在奧許維茲集中營，以非猶太人政治犯身分擔任集中營首席醫官愛德華・維爾特斯（Eduard Wirths）助理，為後來集中營歷史重建提供了極為珍貴的文件和對話紀錄。他也是奧許維茲集中營祕密反抗組織成員。一九五二年與其他奧許維茲集中營倖存者共同成立奧許維茲集中營國際委員會，擔任祕書長，打擊種族主義和反猶太主義，並為倖存者向利用集中營勞力獲利的企業爭取賠償。

8 尤金・科貢（Eugen Kogan, 1903-1987），猶太裔德國記者，天主教徒，因「反社會國家主義」罪名遭逮捕，一九三九年九月至一九四五年間關押在布亨瓦德集中營，擔任醫官歐文・丁—舒勒（Erwin Ding-Schuler）助理，曾為多名囚犯與死於斑疹傷寒患者交換身分協助他們逃過死劫。科貢在丁—舒勒協助下逃離集中營後，加入美軍的集中營歷史書寫工作，並創辦《法蘭克福筆記》（*Frankfurter Hefte*），是具天主教色彩的左派文化與政治雜誌。

9 漢斯・馬薩雷克（Hans Marsalek, 1914-2011），奧地利反抗軍成員，一九四二年九月至一九四五年五月間關押在毛特豪森集中營。一九四三年起在集中營辦公室協助行政工作，同年年底加入集中營祕密反抗組織，多次利用職務之便拯救囚犯性命。毛特豪森集中營國際委員會共同創辦人，另成立了毛特豪森文史資料中心及毛特豪森紀念館。

10 莉莉安娜・卡瓦尼（Liliana Cavani, 1933-），六〇年為義大利國家電視台RAI拍攝多部社會及政治議題紀錄片如《第三帝國史》（*La storia del Terzo Reich*）、《抗戰中的女性》（*La donna nella resistenza*）、《維琪大審判：菲利浦·貝當》（*Philippe Pètain. Processo a Vichy*）等。劇情長片則有《狂愛》（或譯《暗夜守門人》，*Il portiere di notte*, 1977）描述戰後前親衛隊隊員在飯店當夜班櫃檯人員，與被他強暴的集中營女囚重逢後發展出性虐戀關係，探討受害者與加害者之間的矛盾衝突關係；《皮囊》（*La pelle*, 1981）描述二次大戰後盟軍在義大利南部的諸多失序亂象。

11 薩德（Marquis de Sade, 1740-1814），法國貴族、哲學家及作家，通稱薩德侯爵。作品中有大量情慾及性虐描述，認為人有不顧一切追求快樂的自由權利，真正的道德是服從大自然的意志，追求快感與享樂。著有《索多瑪一百二十天》、《閨房哲學》（*La Philosophie dans le boudoir*, 1795）等書，曾多次遭到查禁。

12 杜斯妥也夫斯基（F. Dostoyevsky, 1821-1881），俄國小說家，作品多探討個人與集體、盲從與自然規律的關係，揭示上帝與魔鬼的對立，光明和黑暗的衝突。著有《地下室手記》、《罪與罰》、《卡拉馬助夫兄弟》等。

13 斯多噶學派（Stoic School）是希臘哲學家芝諾創立，強調德行，認為自然是宇宙運行的準則，受理性支配，而人既是自然的一部分，理性便是人的主要特徵。

14 約瑟夫·門格勒（Josef Mengele, 1911-1979），人稱「死亡天使」，負責篩選遣送到奧許維茲集中營的新來者，決定他們下一站是毒氣室，或留下來當奴工。他對集中營囚犯進行殘忍的人體試驗。戰後逃亡南美洲，在巴西意外溺斃後檢驗DNA才確認其身分。

15 艾里希·姆斯費爾特（Erich Muhsfeldt, 1913-1948），是一九四三年十一月三日納粹德國在占領區內單日大規模屠殺人數最多的「豐收節行動」（Aktion Erntefest）馬伊達內克集中營行刑負責人。當時波蘭盧布林地區各集中營共有四萬兩千名左右波蘭猶太人同時遭到殺害，藉此杜絕蘇聯反攻時，波蘭境內猶太人聯合起義的機會。之後姆斯費爾特調至奧許維茲集中營，負責指揮特遣隊。

16 韋科斯（Vercors, 1902-1991），本名讓・馬塞爾・阿道夫・布魯勒（Jean Marcel Adolphe Bruller），法國作家兼插畫家。父親是匈牙利籍猶太裔。一九四六年出版的短篇小說《暗夜之戰》（*Les armes de la nuit*），描述集中營倖存者對自己身而為人的價值感到質疑，進而得出道德一旦淪喪便無法挽回的結論。出版後接到許多有相同經歷的倖存者來信，對於韋科斯認為無法找回人的品德、也無法重新開始生活的結尾安排不表認同。

17 最早發表在《新聞報》（*La Stampa*，一九七七年十一月二十日），標題是〈猶太人之王〉（*Il re dei Giudei*）。

18 ghetto一詞可指基於文化或宗教因素自動形成的猶太社區，或指在極權統治下強迫群居的猶太隔離區。最早出現在十四世紀的威尼斯島上，當時猶太人集中居住在名為geto的小廣場周圍，形成猶太社區。geto的意思是「爐渣」，因為早年那個區域是威尼斯島上的煉銅鑄造廠原址。原籍德意志的這群猶太人以德文發音讀geto，遂成了ghetto。後世便沿用ghetto之名。

19 鄧南遮（Gabriele D'Annunzio, 1863-1938），義大利詩人、小說家，頹廢主義文學的代表人物。一次大戰期間從軍，戰爭結束後，聯軍未遵照協議將義大利、南斯拉夫邊境的菲烏美市（Fiume）交給義大利，眼見義大利政府態度軟弱，一九一九年九月鄧南遮號召民兵出其不意占領了菲烏美市，直到一九二一年二月才撤退，被視為國家英雄。

20 湯瑪斯・曼（Thomas Mann, 1875-1955），德國作家，一九二九年獲得諾貝爾文學獎。

21 語出德國表現主義小說家阿爾費德・德布林（Alfred Döblin）的長篇小說《柏林亞歷山大廣場》（*Berlin Alexanderplatz*, 1929），藉由柏林的猶太移民搬運工人的再三沉淪墮落與最終覺醒，及作為故事背景的大都會中種種畸形現象如酗酒、賣淫、吸毒等鋪陳，呈現一九二〇年代德國的政治動亂和經濟危機。

第三章　羞愧

有一個制式畫面反覆出現在文學、詩歌和電影裡：動亂結束，「暴風雨後的寧靜」[1]來臨，人人心中雀躍。「走出苦難，我們欣喜若狂」。不再疾病纏身，恢復健康；解放者高舉旗幟到來，讓我們掙脫禁錮；士兵返鄉，回歸家庭後重獲平靜。

從許多生還者的陳述和我自己的記憶來看，悲觀的里歐帕迪在這首詩中並沒有說真話，而是努力展現他樂觀的一面。在獲得解放那一刻，大多數倖存者既沒有感到開心，也沒有鬆一口氣，因為同時要面對的是毀滅、屠殺和煎熬。在那一刻，感覺到自己重生為人，有責任感的人，也重新擁有身為人的痛苦：為家庭全毀或破碎而苦，為身旁眾人傷痛而苦，為自己看似無藥可醫、無法挽回的形銷骨立而苦，也為人生要從廢墟中重新開始，而且恐怕必須獨自一人重新開始而苦。憂怖之人心生憂怖，不可能讓「憂怖之人心生喜悅」。走出苦難的欣喜若狂只有少數幸運兒才擁有，或只能擁有須臾片刻，或只有心靈極其單純之人才能擁有，但焦慮幾乎必定隨之而來。

焦慮感大家都有，自小便有，大家都知道那種感覺通常是一片空白，是無以名之，很少貼上標籤，載明其緣由，如果有，大多是捏造的。很可能你自認為或宣稱你是為了這個原因感到焦慮，實際上讓你焦慮的另有其因：你或許會認為自己是為未來而苦，實際上折磨你的是過去；以為自己是為他人所苦，因為悲憫，因為同情，實際上是為了我們可以傾吐或已經傾吐的深層原因感到焦慮。有時候那個原因埋得太深，只有專業人士透過精神分析，才能將它挖掘出來。

當然，也不能說我一開始描述的那個畫面全然是假的。很多解放時刻確實充滿了喜悅，真心真意的喜悅，特別是將士、軍人或政治人物，在那一刻看到他們付出生命為之奮戰的期盼終於實現，還有受苦較少、較短，或只為自身之苦而苦，不為家人、朋友或所愛之人而苦的那些人。幸好，不是所有人都一樣。我們之中也有人有能力、有條件將那些歡樂的瞬間劃分切割出來，就像從礦石中開採出黃金一樣，並由衷感到喜悅。還有，那些書寫及口述證詞中，也有一些出於下意識的仿效，讓約定俗成的說詞凌駕於原始記憶之上：「從奴役狀態中被解放的人都滿心喜悅，我被解放了，所以我也滿心喜悅。所有那些電影、那些小說，還有貝多芬歌劇作品《費德里奧》[2]裡的人物在掙脫鐵鍊束縛的那一刻都歡欣感恩或欣喜若狂，所以我的反應也是如此。」這就是我在第一章提到的記憶扭曲特殊案例之一，會因為年代久遠，且把他人或真或假的經驗跟自身經驗加疊在一起而更為明顯。不過那些或刻意為之或個性使然，與他人夸夸而談的言論保持距離的人，通常會發出不一樣的聲音。以我先前提到的奧許維茲特遣隊倖存者菲利普·穆勒為例，他的經歷比我的更加慘痛，他在回憶錄《奧許維茲見證：

在毒氣室那三年》最後一頁如此描述他重獲自由的那一刻：

說來或許令人難以置信，在那一刻我覺得心灰意冷。三年來我念茲在茲、切切盼望的那一刻到來，我既感覺不到開心，也沒有任何其他感受。我從床板上滾下來，匍匐爬到門口。到了戶外，我拼命想要前進卻無能為力，於是我就這樣躺在樹林裡，沉沉睡去。

我要引述一段《休戰》中的文字。這本書一九六三年才出版，但是這段文字寫於一九四七年，描述第一批蘇聯士兵出現在遍地是屍體和垂死之人的集中營景象：

他們沒有跟任何人打招呼，臉上沒有笑容，看起來很壓抑，不光是因為同情，也是因為不知所措，所以謹慎自持開不了口，眼睛緊盯著一幕幕死亡景象。那是我們熟悉的羞愧，每次「篩選」過後，每次目睹或經歷凌辱後，在我們心中浮現的羞愧。那種羞愧德軍不懂，是正直之人看到其他人犯下罪行時會有的感受，他感到內疚，因為那罪行發生了，因為在這個世界發生了無可挽回的罪行，而他的意志力無濟於事或過於薄弱，無力抵抗。

我想這段文字不需要刪減或修正，倒是可以做一些補充。很多人（包括我在內）在集中營關押期間或之後都曾覺得「羞愧」，有罪惡感，這一點獲得諸多見證人肯定確認。看似荒謬，卻是千真萬確。我會從我個人角度出發做說明，同時對其他人的詮釋提出看法。

如同我一開始所言，隨解放而來、難以解釋的不適感未必一定是羞愧，卻被認為是羞愧。為什麼？我們可以從不同角度解釋。

首先我要把幾個特殊案例排除在外。集中營內幾乎所有政治犯都有能力和機會保護並捍衛他們夥伴的利益。我們這些普通囚犯可以說完全不知道集中營裡面有他們這些人，也從未懷疑過這一點，這很正常，考慮到政治和警察（奧許維茲集中營政治部門就是蓋世太保的下屬單位）因素，他們必須祕密行動，不只要提防德軍，還要提防所有人。我被關押在奧許維茲集中營這個中央集權帝國裡的時候，百分之九十五的囚犯是猶太人，政治反抗組織的網絡應該剛剛形成。我曾經親眼目睹過一個事件，但我當時被日復一日的勞動折磨得筋疲力竭，沒有看出端倪。

一九四四年五月左右，我們原來那位個性溫和的卡波被換掉，新上任者看起來令人畏懼。所有卡波都會打人，這顯然屬於他們的職權範圍，是他們的共同語言，基本上大家都接受，更何況在那個亙古不變的巴別塔裡，打人恐怕是真正能讓大家理解的語言。根據打人的各種細微差異，可以理解為督促工作、告誡或懲罰，就凌虐痛苦指數而言排名在後面。但是新來的卡波打人方式不同，他會突如其來出手打人，帶有惡意，下手凶狠，打鼻子、脛骨和生殖器。他打人是為了讓人受傷，讓人痛苦並感到屈辱。大多數卡波是基於盲目的種族仇恨而動手，他不一樣，他是存心讓人受苦，沒有任何理由，對付所有人一視同仁。或許他有精神疾病，我們今天理所當然認為應該給予精神病患包容，但是在當時那樣的環境下自然不可能做到。我跟一個猶太裔克羅埃西亞共產黨員說起這件事：該怎麼辦？要如何保護自己？應該集體抗爭嗎？他露出一個奇怪的笑容後，只回答我一句：「你等著看，他不會做太久。」果然，不到一個星期新卡波就消失了。多年後，在一場集中營生還者研討會上，我才知道幾個在奧許維茲集中營勞動部門工作的政治犯握有生殺大權，可以更改送進毒氣室的囚犯名單編號。有辦法也有意願這麼做，可以用這種或其他方法阻撓集中營運作的人，不會感到羞愧，或者應該說不會感到我所說的那種羞愧，也許會有別種感受。西瓦迪安（Sivadjan）就是這樣一個人，我在《如果這是一個人》的〈尤利西斯之歌〉中提過他，在那次研討會中我才知道沉默寡言、個性溫和的他為了一次醞釀中的起義行動，把炸藥運進集中營。

在我看來，每一個人重獲自由後的羞愧或罪惡感受極其複雜，夾雜了不同因素，而且比重不一。那是因為我們每一個個體，無論客觀或主觀而言，都是以自己的方式經歷那段集中營生活。

走出幽暗後，因重新意識到自己曾經被摧殘而感到痛苦。我們不是出於自願，不是因為懦弱，也不是因為犯罪，被當作牲畜對待數月或數年之久。我們從清晨到黑夜都處於飢餓、疲累、寒冷、驚恐的狀態，任何省思說理或感受溫情的空間都被抹去。我們忍受骯髒、雜亂和匱乏，感覺到的痛苦卻遠低於我們正常生活時面對同樣處境所感受到的痛苦，因為我們的道德標準變了。而且，我們每一個人都曾經淪為竊賊，在廚房、工廠、集中營偷竊，向「他人」偷竊，向敵人偷竊，不管怎麼說，確實是竊盜行為，有些人（少數人）甚至墮落到去偷同伴的麵包。我們不僅遺忘了我們的國家和文化，還遺忘了家庭、過往和我們心中描繪的未來，因為我們跟牲畜一樣，被壓縮到只能活在當下。我們僅能在罕見的休息時刻，在難得停工的週日，在昏睡前短暫的幾分鐘時間裡，在空襲轟炸的混亂中擺脫那個被壓榨的狀態，然而這些時候特別難受，因為讓我們有機會站在外面看見自己的渺小。

我想解放後之所以有這麼多自殺案例（有的甚至立刻自殺），正是因為回顧那差點將我們淹沒的「險惡浪濤」。那一刻至為關鍵，因為內省和抑鬱會一股腦湧上來。與之相反的是，在被關押期間很少有人自殺，所有研究納粹集中營和蘇聯勞改營的歷史學家都注意到這個現象。對此，各方提出了不同詮釋觀點，我認為原因有三，彼此之間沒有排他性。

第一，自殺是人類行為，而非動物行為，是經過深思熟慮，而非出於直覺的選擇，也與天性無關。但在集中營裡很少有機會選擇，像被奴役的動物一樣活著，有時候會失去求生欲望，但不會自殺。第二，普遍說法是，大家在集中營裡忙著想其他事，每天都很忙碌。要想辦法解決飢餓問題，要想辦法偷懶跟禦寒，還要想辦法避免挨打。正因為死亡威脅無時無刻如影隨形，所以沒有時間思考死亡。伊塔洛．斯韋沃的觀察十分直白貼切，他在《季諾的告白》[3]書中冷靜描述父親的臨終狀態：「一個人快死的時候，有很多事要做，不會思考死亡，會全心全意專注於呼吸」。第三，大多數案例的自殺動機源自於罪惡感，無法因任何懲罰而減輕的罪惡感。由於關押期間的磨難被視為懲罰，所以罪惡感（有懲罰，表示有犯罪）會退至第二線，等到解放後再重新浮現。換句話說，被關押在集中營的時候不需要用自殺懲罰自己，因為日復一日的苦難就是在為自己所犯的過錯（不管是真犯罪，或是欲加之罪）贖罪。

我們何錯之有？一切結束後，意識到自己沒有反抗那個將我們吞噬的體制，或反抗得不夠。關於在集中營（某些集中營）內反抗失敗這件事，說得太多，太浮於表面，而且說話的往往是需要為其他罪行負責的人。嘗試過反抗的人知道在某些集體和個人情況下，確實有可能發動反抗；但在其他情況下，或應該說在大多數情況下，不可能發起任何抗爭行動。大家都知道，有數百萬名蘇聯士兵落入德軍手中淪為囚犯，特別是在一九四一年。這些士兵很年輕，而且營養充足、身強體健，軍事和政治訓練有素，通常會形成不同組織，組織內依循軍隊階級分為士官、軍官等。他們痛恨侵略自己國家的德軍，但是也很少反抗。營養不良、衣不蔽體和其他身體上的折磨，都是納粹拿手的伎倆，成本低廉且容易達成，可以快速使人意志消沉，在意志消沉前先讓人麻痺。如果之前經歷過數年隔離、凌辱、虐待、強迫遷移、家庭破碎、跟世界斷絕一切連繫，效果會更為顯著。而奧許維茲集中營的囚犯大多先待過猶太隔離區或收容所，才被遣送過來。

所以，就理性角度而言，無須感到羞愧，然而羞愧感依然在，特別是當你面對曾經有機會和力量起而反抗的少數那幾個人的時候。我在《如果這是一個人》的〈最後一個〉章節中描述奧許維茲集中營一名反抗者被當眾吊死，其他囚犯的反應有驚恐，有冷漠。那時候我們心裡閃過一個念頭，而這個念頭「之後」會再度浮現：你說不定也可以反抗，你其實應該反抗。這同時也是集中營倖存者陳述自身經歷時，在聽眾（主要是年輕人）眼中看見，或以為看見的評斷，屬於事後諸葛的評斷。有人甚至會覺得自己遭到無情唾棄。因為隱隱約約覺得自己被指控、被定罪，所以不得不為自己辯護、自我保護。

更實際的問題是自我指控，或被人指控缺乏團結互助精神。很少倖存者會因為自己曾經欺負同伴、對同伴動手或偷同伴的東西而有罪惡感。會這麼做的人（例如卡波，但是不只有他們）已經抹去了記憶。與之相反的是，幾乎所有人都因為沒有對同伴伸出援手而感到自責。在你身邊有一名身體虛弱，或行事衝動，或年邁，或太年輕的同伴，他向你求救讓你感到困擾，或者他「存在」這件事本身就是一種懇求，這種情況在集中營所在多有。向人求助，渴望聽到一句仁慈的話、一個建議，或被人聆聽，是普世的常態需求，在集中營裡很少被滿足。因為沒有時間、空間、隱私、耐性，也沒有力氣。更何況被要求的那個人自己也有同樣需求和空虛。

讓我感到欣慰的是，我記得我有一次試著鼓勵（剛好那時候我覺得行有餘力）一名剛進集中營的十八歲義大利青年，他入營後頭幾天一直在無邊絕望中掙扎。我忘記我對他說了什麼，肯定是充滿希望的話，或許還有對「菜鳥」的善意欺騙，我的威信來自於我二十五歲，而且比他資深三個月。總之，我送給他的禮物是短暫的關注。令人困窘的是，我也記得我有更多次對其他人的需求毫無耐心地聳聳肩膀置之不理，那時候我在集中營已經待了快一年，累積了不少經驗，也徹底學會那個地方的生存法則：務必先顧好自己。艾拉・林格斯萊納[4]在她的《恐懼囚徒》書中以醫師身分，直言不諱說出這個法則，不過她說的跟她做的正好相反，慷慨勇敢的她拯救了許多條人命：

我如何在奧許維茲集中營活下來？我的生存法則第一條、第二條和第三條都是自己優先。別無其他。再來還是自己優先，然後才輪到其他人。

一九四四年八月，奧許維茲天氣炎熱。彷彿身處熱帶，風是熱的，風吹過空襲中傾倒的建築物，塵土四處飛揚，風吹乾我們身上的汗，血液也變得濃稠。我所屬的小隊被派去一處工地清掃瓦礫，大家都口乾舌燥。這是新的折磨，加上原本的飢餓，倍感痛苦。不管在集中營或工地都沒有飲用水，那幾天連洗滌槽也常常停水。洗滌槽的水不能喝，但是可以洗去身上塵土，讓人感覺比較清爽。通常靠晚餐大量供應的湯和早上十點提供的咖啡替代品就足以解渴，但是這個時候顯然不夠，口渴讓我們很難受。口渴比飢餓更難以忍受，飢餓感受神經管控，可以減緩，會因情緒波動、疼痛或驚恐暫時被拋在腦後（從義大利坐火車被押送到集中營途中，我們就意識到這一點），但口渴不一樣，會持續困擾我們。飢餓使人疲憊，口渴使人暴躁。那幾天口渴的感覺日日夜夜如影隨形。白天在工地，紀律（紀律是我們的敵人，但是有紀律，至少有明確邏輯可遵循）不再，事情變得一團混亂；入夜後，在沒有通風設備的營房裡呼吸著已經被呼吸過上百次的汙濁空氣。

卡波派我去清空工地某個角落的廢土。旁邊是一間很大的廠房，裡面堆滿待組裝的化工設備，卻遭空襲損毀。有一條兩指寬的管子沿著牆壁垂直固定，最底下裝了一個龍頭，離地板很近。是水管嗎？我試著轉開龍頭，我一個人，沒人看見我。龍頭卡住了，我用一塊石頭當榔頭，把那個龍頭敲動了零點幾公分。幾滴水落下，我用手接住，沒有異味，看來真的是水。我沒有容器，沒有加壓，水滴得很慢，水管裡應該只有一半的水，或許更少。我躺在地上，嘴巴對著龍頭，沒打算再轉開。因為日曬的緣故，水溫熱，無味，或許是蒸餾水，也或許是凝結水，但是我覺得鮮甜無比。

兩指寬、一公尺或兩公尺長的水管能有多少水？一公升？或許不到一公升。我可以一口氣全部喝完，這麼做最保險。也可以留一點明天喝。或是跟亞伯特分著喝。或是跟全小隊分享這個祕密。

我選第三個方案，把私心與自己最親近的人分享，很久以前一個朋友說這叫「自己人主義」。我們輪流躺在水龍頭下，把水喝完，很節制地一小口一小口喝，只有我們兩個，偷偷的沒讓別人知道。但是在返回營區的路上，丹尼爾走在我旁邊，他滿身灰撲撲的塵土，嘴唇乾裂，眼神明亮，我突然覺得很有罪惡感。我跟亞伯特交換了一個眼神，立刻明白對方的意思，希望沒有人發現我們。可是丹尼爾看到我們那個奇怪的姿勢，貼著牆仰躺在滿地瓦礫堆中，起了疑心，而且猜中了。解放後數個月，我們在白俄羅斯的時候，他語氣冰冷地對我說：為什麼只有你們兩個，我不行？那是「文明」的道德標準重新浮現。如果是今天，那個無端動手打人的卡波沒有申訴機會，就被人悄悄地用橡皮擦塗改名單判處死刑，已經擁有自由的我，也會感到不知所措。遲來的羞愧情有可原嗎？我那時候沒有答案，現在依然沒有，我當時感到羞愧，如今同樣感到羞愧，而且感受更具體，更沉重，更揮之不去。丹尼爾已經過世了，我們之前在倖存者聚會場合中數次相見，氣氛友好，表現熱絡，然而沒有跟他共享的那杯水，把他排除在外的那個舉動，讓我們之間始終隔著一層紗，透明，摸不著，但是感覺得到，而且「代價高昂」。

改變道德標準勢必要付出昂貴代價，所有異教徒、叛教者和異議分子都知道。我們再也無法評斷自己或他人的行為，因為我們無法以今天的道德標準評斷在當時那個道德標準下做出的行為。我認為，當我們看到「他人」之中有人自以為是，說我們「變節」或「見風轉舵」，我們有理由生氣。

因為你取代別人活了下來，所以感到羞愧？而且，說不定那個人比你更寬容、更敏銳、更有智慧、更有用、比你更應該活下來？你不能排除這個可能性，於是你自省，爬梳你的記憶，希望能一點不漏地找回來，不讓任何一個記憶被掩蓋或偽裝。結果你沒有找到明顯的過錯，你沒有取代過任何人，沒有打過人（你怎麼有力氣打人？），沒有接受過任何職務（沒有人要求你擔任任何職務……），也沒有偷過任何人的麵包，但你還是不能排除這個可能性。那只是一個假設，或者應該說，是有所疑慮，覺得每個人都有可能是殺死自己兄弟的該隱，我們每個人（我說的是廣義的「我們」，即全人類）都有可能取代別人，竊取他人的人生。那是一個假設，但是讓人備受煎熬，像一隻蛀蟲，藏在深處，外表看不出來，卻在內心啃噬咆哮。

我從集中營返家後，一名比我年長的朋友來看我，他個性溫和但不輕易妥協，堅守他自成一格的信仰，只不過在我看來他的信仰過於嚴苛。他很高興看到我活著，而且基本上毫髮無傷，或許更成熟、更強壯，但肯定更充實。他說我得以倖存絕對不是出於偶然，或是各種因緣巧合使然（這是我從以前到現在的看法），而是天意。他說我是被標記、揀選之人，我這個非教徒，在經歷過奧許維茲之後更不信主的人，是因為蒙主恩寵，所以得到拯救。為什麼偏偏是我？不得而知，他這麼說，或許是要你將那一切寫下來，寫下來成為見證：我可不是在一九四六年寫了一本書記錄集中營嗎？

我覺得這個說法太可怕。彷彿觸碰到一條暴露在外的神經讓我痛徹心扉，也讓我原先的疑慮重新浮現：我很可能是取代了另一個人才活下來的，代價是另一個人付出了生命，是我取而代之。換句話說，是我殺了他。集中營的「生還者」未必比較優秀，天性比較良善，一定有訊息要傳遞。我親眼所見、親身經歷就證明事實正好相反。能在集中營存活下來，更多的是壞人、自私的人、暴力的人、無動於衷的人、屬於「灰色地帶」的通敵分子，還有間諜。這不是定律（集中營沒有定律可言，關於人也沒有定律可言），但確實是一種常態。我覺得我是無辜的，但是既然被納入生還者行列，就得反覆不斷地為我自己，也為他人找出合理解釋。活下來的都是壞人，適者生存，好人全都死了。

哈伊姆死了，他是波蘭第二大城克拉科夫的鐘錶匠，虔誠的猶太教徒，儘管我們有語言障礙，他很努力理解我的同時也讓我理解他，在我剛到集中營面對各種惡意蜂擁而至的那幾天，他向我這個外國人解釋生存法則。薩博死了，他是匈牙利農夫，沉默寡言，身高接近兩公尺，所以比其他人更容易餓，但是只要他有力氣，從不吝於幫助弱小的同伴推拉重物。索邦大學教授羅伯特總是向身旁的人散發勇氣和信心，他會說五種語言，竭盡心力用他驚人的記憶力把一切都記下來，如果他還活著的話，就能回答所有那些我無法回答的問題。巴魯克死了，他是義大利立沃諾的碼頭搬運工人，他到集中營第一天就死了，因為他被打了一拳之後還手，被三名卡波聯手打死。他們，以及其他無以計數的人都死了，不是因為他們不勇敢，而是因為他們太勇敢。

我那位信仰虔誠的朋友對我說，我之所以生還是為了做見證。我做了見證，盡我所能，我不能不做，至今依然持續在做，只要有機會。但是想到我做見證換得我一個人生還的特權，而且這麼多年來沒有大病痛，就讓我於心難安，因為這個特權和這樣的結局之間不成比例。

我必須重申，我們這些倖存者並不是真正的見證。我在閱讀其他人的回憶錄，並且在事隔多年後回頭看我自己寫的回憶錄，才慢慢意識到這個教人覺得如芒刺在背的概念。我們這些倖存者不但是少數，而且是非正規的少數。我們是因為長袖善舞或有專業技能或運氣好，未曾觸及底層的那些人。而觸及底層、見過妖魔面目的人沒能回來開口訴說，或回來後再也開不了口。他們這些滅頂者，這些「穆斯林」[5]，才是真正的見證人，他們的證詞更具有完整代表性。他們是常態，我們是例外。在另一個國度，經歷過類似但不盡相同的奴役後倖存的索忍尼辛[6]也提到這點：

幾乎所有被判長期徒刑能夠活下來、接受你們恭賀的那些囚犯，毫無疑問都是「尖端分子」(pridurki)[7]，或絕大多數曾經是。因為勞改營的目的是滅絕，這一點不容忘記。

在蘇聯勞改營那個世界裡，「尖端分子」指的是那些以某種方式取得特權地位的人，也就是我們所說的「卓越人士」。

受命運眷顧的我們努力發揮所能，除了陳述我們的故事，也陳述其他人的故事：滅頂者的故事。不過我們是以「第三人稱」角度，敘述就近觀察到的事物，而非親身經歷。已經終結的毀滅，已經走到盡頭的人生，沒有人說過，因為從來沒有人回來訴說自己的死亡故事。滅頂者就算有紙和筆，也無法做見證，因為他們的死亡早在軀體死亡之前就已開始。在死亡來臨前數週或數個月，他們已經失去了觀察、記憶、比較和表達的能力。我們是代替他們發言，代表他們發言。

我不知道我們過去或現在那麼做，是不是因為覺得自己對那些永遠緘默的人負有道德責任，抑或是為了擺脫關於他們的記憶，但肯定是出於強烈且持續的衝動。我想就連（向來對我們的各種糾結表現出高度專業興趣的）心理分析師大概也無法解釋這個衝動。心理分析師是在我們簡稱為「文明」的世界裡，也就是集中營的「外面」，建構、檢驗他們所知的一切，他們臨摹那個現象，試圖加以解釋，研究各種偏差行為並試圖治癒。他們的詮釋，包括經歷過集中營試煉的奧地利心理學家布魯諾・貝特罕（Bruno Bettelheim）在內，在我看來都過於粗略簡化，就像是用平面幾何定理去解球面三角形一樣。囚犯的心理機制跟一般人不同，特別的是，他們的生理和病理反應也跟一般人不同。在集中營裡，沒有感冒和流行性感冒，但是有時候會因為醫生來不及研究發現的問題而猝死。胃潰瘍和精神疾病會痊癒（或變成無症狀），可是大家持續感到不適，會影響睡眠，但找不出原因。要說那是「精神官能症」，恐怕過於簡化且可笑。或許應該說那是一種與生俱來的焦慮，是《聖經》〈創世紀〉第一章第二節的延續：當大地「混沌空虛」、宇宙荒蕪空無的時候，就被神的靈刻印在每個人身上的焦慮，那時候人的靈付之闕如，不是尚未生成，就是已經熄滅。

還有另一個更全面的羞愧感，是全世界都難辭其咎。十六世紀英國詩人約翰．多恩（John Donne）有一句詩膾炙人口，被引用了無數次，在這裡或許也適用：「沒有人是一座孤島」，每一次喪鐘響起，都是為你我敲響。然而有人面對他人的過錯，或自己的過錯，會轉過身去假裝沒看見，假裝與自己無關。大多數德國人在希特勒當權那十二年間就是這麼做的，妄想沒看見就是不知情，不知情就能減輕他們身為共犯及默許縱容的罪。可是我們就連想用假裝不知情為自己立起屏障，暫棲於艾略特筆下的「克難庇護所」的機會都被否決。過去和現在的苦難彷彿汪洋，將我們包圍，海平面年復一年升高，最後幾乎將我們淹沒。閉上眼睛轉過身去也無濟於事，因為它無處不在，向四面八方延伸直到天際。當時的我們不可能是孤島，也無意當孤島。我們之中的義人，不比任何一個團體裡的義人多，也不會比較少，他們不是為自己犯的罪，而是為他人犯的罪感到內疚、羞愧和苦痛，因為他們覺得自己無法置身事外，因為他們覺得在他們周遭、在眼前和在他們身上發生的一切，都無可挽回，再也無法洗刷乾淨，而且證明了每一個人，亦即全人類，包括我們在內，都有製造廣袤無邊苦痛的潛力。苦痛是唯一可以無中生有的力量，無須付出代價，不費力氣。只要你不看，不聽，不作為。

常有人以為過往的經歷能讓我們擁有預知能力，問我們「奧許維茲」悲劇會不會重演，會不會再發生其他由政府單方面發動，施加在手無寸鐵無辜百姓身上的制度化、機械化大屠殺，並且用具有侮辱性質的學說將之合理化。幸好我們不是先知，但我們對此有話要說。一九七五年在柬埔寨發生了類似納粹集中營的悲劇，幾乎所有西方國家都視而不見。德國發動種族大屠殺很可能是有幾個因素（戰爭狀態；德國人在科技和組織方面的完美主義傾向；希特勒的個人意願及顛覆傳統的魅力；德國缺乏堅實的民主基礎）加總起來成為誘因，又因為嚮往奴役，加上心靈匱乏而一發不可收拾。這些因素不算多，每一項都不可或缺，但單獨存在不足以導致那個結果。這些因素有可能再度出現，事實上有部分已經在世界上不同地方重現。十年或二十年內（談更遠的未來沒有意義），所有因素同時再度出現的可能性不大，但不是絕無可能。我認為，大屠殺在西方國家、日本和蘇聯重演尤其不可能，因為第二次世界大戰的納粹集中營還留在許多人的記憶中，不僅百姓記得，各國政府官員也記得，所以有某種免疫防衛系統持續運作中，當然，跟我先前談到的羞愧感也有關。

至於其他國家會發生什麼事，或未來會發生什麼事，最好不要妄加揣測。必須由雙方面發動，很可能瞬間就結束一切的核災末日相較於集中營大屠殺是不同、陌生、全新而且更大的錯誤，但超出了我談的這個主題。

譯注

1 〈暴風雨後的寧靜〉（*La quiete dopo la tempesta*）是十九世紀義大利浪漫主義詩人及哲學家里歐帕迪（Giacomo Leopardi, 1798-1837）的長詩。第一部描述暴風雨過後，萬物恢復生氣，看似充滿希望。第二部分則思索人類不幸命運，暫時揮別傷痛是唯一喜悅。

2 《費德里奧》（*Fidelio*）描述弗洛倫斯坦因為得知典獄長皮扎羅的一項罪行，被誣陷捕捉下獄。他太太女扮男裝化名費德里奧潛入監獄營救丈夫的故事。

3 伊塔洛．斯韋沃（Italo Svevo, 1861-1928），義籍猶太裔小說家，在英文老師詹姆斯．喬伊斯（James Joyce）鼓勵下持續創作。最有名的作品《季諾的告白》（*La coscienza di Zeno*）受佛洛伊德學派影響，敘述主角季諾應精神分析師要求寫下自傳，回顧自己一生，作為分析治療基礎，但季諾臨時決定終止治療，心理分析師出於報復將他的回憶錄出版公諸於世。

4 艾拉．林格斯萊納（Ella Lingens-Reiner, 1908-2002），奧地利籍猶太裔醫生，維也納反納粹地下組織成員，曾被關押在奧許維茲集中營及達豪集中營，以醫師身分照顧生病囚犯，或協助囚犯逃過毒氣室。與夫婿柯特．林格斯（Kurt Lingens, 1912-1966）二人皆獲得以色列猶太大屠殺紀念館頒授國際義人勳章，以感念他們甘冒生命危險，多次拯救猶太人免於遭到殺害。《恐懼囚徒》（*Prisoners of Fear*），由倫敦維克多．格蘭茨出版社（Victor Gollancz）於一九五八年出版。

5 在納粹集中營「社會階層」裡，「穆斯林」一詞指那些體力不堪負荷、自我放棄、難逃死劫的囚犯。

6 索忍尼辛（Aleksandr Solzhenitsyn, 1918-2008），蘇聯異議分子，一九七〇年諾貝爾文學獎得主。因批評史達林，一九四五年被判在勞改營服刑八年。著有《古拉格群島》（*The Gulag Archipelago*），自一九五八年起，他彙整新聞報導、文獻資料、採訪勞改營管理局相關人士及親身經驗，耗時十年成書，完整呈現勞改營真實面貌，最初僅以地下刊物形式流傳，於一九七三年正式出版。「古拉格」一詞是蘇聯勞改營管理總局簡稱，而古拉格群島是虛擬地理名詞，索忍尼辛將蘇聯比擬為海洋，勞改營如海上群島無所不在。該書出版後遭蘇聯褫奪公民身分，流亡二十年才返回俄羅斯。

7 根據索忍尼辛在《古拉格群島》書中描述，勞改營的社會階級與現實社會正好相反，裁縫、廚師、醫生、護士、理髮師、倉庫管理員、麵包師傅、水電工被視為「尖端分子」，可以避開一般勞動，同時逃過死亡。

第四章 溝通

我始終不喜歡七〇年代蔚為風潮的「不可溝通性」一詞，一是因為這個詞彙本身怪誕不經，再者有我個人因素。

我們或為了隨俗，或為了對比，有時候說今天這個正常世界是「文明」世界，有時候說它是「自由」世界。在這樣一個世界裡，幾乎不會遇到無法跨越的語言障礙：面對一個人，急需要跟他建立溝通，否則會有生命危險，卻無法成功的那種障礙。最鮮明的例子，是義大利導演安東尼奧尼電影作品《紅色沙漠》[1]中的一個場景，男主角在深夜遇到一名土耳其海軍士兵，士兵只會說自己的語言，雖然努力讓對方理解他，卻徒勞無功。這個例子不算完全符合主題，因為包括士兵在內的雙方都有溝通意願，或是反過來說，都不排斥互動。

「不可溝通性」是人類經驗中，特別是工業化社會生活模式中不可或缺的要素，而且是一種無期徒刑，我們是單子，無法互相交換訊息，或者應該說只能交換出發點是虛偽、最終被誤解的殘缺訊息；啊，我們是如此孤單，儘管（或特別是當）生活中有人陪伴。這是那幾年流行的一個理論，在我看來輕率又令人惱火，而且空洞，無病呻吟，企圖用有色面紗遮掩沉默本質。我認為，這番抱怨之詞其實是出於精神上的怠惰，對不可溝通表達不滿，實則助長它成為危險的惡性循環。除病理因素導致無法溝通外，每個人都可以溝通，而且必須溝通。溝通是能讓他人和自己獲得平靜的簡單有效方法。因為沉默，缺乏示意的沉默固然也是一種示意，可是曖昧不明，而曖昧不明會孳生不安和疑慮。否認人人都有溝通能力是假議題，事實上人人隨時都能溝通。拒絕溝通是罪，從生理和社會結構來看，我們不但準備好要溝通，而且是用高度進化的形式，也就是用語言來溝通。人類不分種族都會說話，所有非人類物種都不會說話。

關於溝通這個議題，或者應該說在溝通不良這個議題上，集中營生還者的經驗很特別。我們有個習慣很討人厭，老是在別人（子女）說冷、說餓或說累的時候打斷對方：你們懂什麼？你們應該嚐嚐我吃過的苦頭。為了保持風度，也為了維繫友好關係，我們通常會忍住打斷別人、吹噓自己的欲望。可是每當我聽到有人談起溝通不良或無法溝通的時候，打斷別人的欲望就分外迫切。「你們應該嚐嚐我吃過的苦頭」。觀光客到芬蘭或日本旅遊，發現當地人說的語言自己聽不懂，但是對方基於職業要求（或是出於本能）表現十分友善、充滿善意，努力想理解觀光客的需求，以提供協助，這不是我在意的溝通問題。更何況不管在世界上哪個角落，總有人能擠出幾句英文吧？觀光客的要求不多，而且大同小異，所以問題不大，就連雞同鴨講也可以變得很有趣，像在嬉鬧玩遊戲。

比較悲慘的是移民。例如一百年前去美國的義大利人，或今天在德國、瑞典的土耳其人、摩洛哥人和巴基斯坦人。移民不同於按照旅行社安排的路線遊走，排除了短期探險的意外狀況，那是一種移植，而且很可能是永久性移植。移民要融入工作體系，而今天很少低階工作不需要溝通，書面或口語溝通能力實屬必備。也不可能避開人際互動，互動對象包括鄰居、店家、同事和上級，也包括在職場上、在路上或在咖啡館裡，跟文化習俗不同，且往往帶有敵意的陌生人互動。當然不乏各種修正措施，因為資本主義社會很聰明，知道自己的獲利與「外來勞工」的效率、福利及融入程度有密切關聯，所以移民可以攜帶家人，不至於孤零零流落異鄉；必須幫移民找房子，好壞不論；移民可以（有時候是必須）上語言學校。「又聾又啞」的移民下了火車就能獲得協助，也許缺乏愛心，但不缺乏效率，讓他很快就能開口說話。

我們所經歷的「不可溝通性」更有衝擊性。我指的是被關押在集中營裡的義大利人、南斯拉夫人和希臘人；法國人情況相對較為緩和，因為他們之中許多人原籍波蘭或德國，還有一些是亞爾薩斯人[2]，所以懂德文，除此之外還有許多來自鄉間的匈牙利人。義大利人早在遣送集中營之前已經遇到語言障礙，因為一九四四年二月，義大利公共安全部官員就被迫把我們移交給接管北義莫德納（Modena）佛索利（Fossoli）中轉營的納粹親衛隊。我們一開始跟那些衣領上別著黑色領章、態度輕蔑的人打交道，就意識到懂或不懂德文是一個分水嶺。懂德文的人，應答如流，跟納粹建立起一種表面化的人際關係。面對不懂德文的人，納粹的反應讓我們呆若木雞、驚恐不已：知道命令會被遵從時，下達指令的人語氣平緩；但是遇到不懂的人，聲音會越來越高亢憤怒，之後變成扯著嗓子嘶吼，彷彿對方是聾子，或是豢養的動物，對語氣的理解敏感度高於訊息內容。

如果有人遲疑不決（所有人都遲疑不決，因為聽不懂又嚇壞了），就會迎來拳打腳踢，顯然是把命令轉化為身體語言。當人被當作人對待的時候，用話語溝通思想這個機制是必要且足夠的，但是這個機制遭到棄置。那是一個徵兆，告訴其他人，我們不再是人，而是乳牛或騾子，基本上斥罵和拳頭沒有差別。讓一匹馬或跑或停，或轉向、後退或停止後退，都不需要跟牠商量或給予詳細說明，只需要用十多個指令，可以是聲音、觸覺或視覺指令互相搭配，簡單明瞭就好。例如拉扯韁繩、踢馬刺、喊叫、手勢、揮鞭、模仿小號音、拍背脊，都很好用。跟馬講話，就跟自言自語一樣，是愚蠢、荒謬可笑的行為，反正馬又聽不懂。根據漢斯．馬薩雷克記錄毛森豪特集中營的書中描述，那裡比奧許維茲集中營的語言情況更複雜，警衛手中的橡膠警棍叫做「der Dolmetscher」，意思是「口譯」：能讓大家都聽懂指令。

事實上，那些粗人（希特勒等一干德國軍官，特別是親衛隊，都是粗人。他們沒有文化，或是文化水平不高）無法分辨聽不懂語言和什麼都不懂之間有何區別。年輕的納粹軍官被洗腦，認定世界上只有一種文明，那就是德意志文明，所有其他曾經存在或現存的文明之所以能夠被接受，是因為該文明具有德意志文化色彩。所以，聽不懂也不會說德語的人，肯定是野蠻人，如果他堅持要用自己的語言表達，不對，如果他堅持要用自己的「非語言」表達，必須用拳頭讓他閉嘴，用拉、推、拽的方式讓他回到原來的位置上，因為他不是人。我想起一件頗具代表性的往事。那位暴躁的新卡波領著以義大利人、法國人和希臘人為主的小隊在工地勞動時，沒注意到親衛隊中最讓人畏懼的其中一名督導從他背後走來。他猛然轉身，慌慌張張立正站好，按照規定報數：「第八十三小隊，四十二個人」。一時緊張，他確實說了zweiundvierzig Mann。「人」。督導語氣凶狠，諄諄教誨糾正他：不能這麼說，要說 zweiundvierzig Häftlinge：「四十二個囚犯」。那個卡波很年輕，可以原諒，但是他得善盡職責，拿捏好社交禮節和階級分際。

「沒有交談對象」的後遺症立即可見，破壞力強大。面對不跟你說話的人，或對你大吼大叫但你聽不懂他說什麼的人，你不敢開口對他說話。若是運氣好發現身旁的人跟你說相同語言，恭喜你，你可以跟他交換想法，互相提供建議，吐吐苦水。如果沒遇到這樣的人，短短幾天內語言就會枯萎，思想也會隨著語言一併凋零。

最直接的困擾在於，你聽不懂指令和禁令，不理解規定，有些規定無關緊要，只是找麻煩，但是有的規定至為關鍵。你發現自己孤立無援，必須付出代價才能理解溝通產生資訊，因為缺乏資訊難以生存。大多數囚犯都不懂德語，所以幾乎所有義大利人都在到達集中營後十天至十五天內喪命。表面上看起來他們死於飢餓、寒冷、勞累和疾病，仔細深究後會發現，其實問題出在資訊不足。他們如果能夠跟資深的同伴溝通，會比較知道如何適應環境，學會如何為自己找衣服和鞋子，如何獲取額外的食物，避開過於辛苦的工作，避開跟親衛隊的致命危險人士接觸，難免生病時如何照顧自己避免犯下嚴重錯誤。我不能說這樣他們就不會死，但有可能活得比較久，就有更多機會找到生路。

倖存者中僅有少數人通曉多國語言，剛到集中營那幾天的印象在我們所有人的記憶裡，彷彿一部失焦、狂亂的電影，充滿毫無意義的吵雜聲響和焦躁慌張。一群沒有姓名，也沒有臉孔的人持續籠罩在震耳欲聾的噪音中緊張地跑來跑去，卻聽不見一句人話。那是一部黑白電影，是有聲電影，但是沒有人說話。

我注意到我自己和其他生還者身上，因為孤立所產生的特殊影響，以及對溝通的渴望。事隔四十年，我們今天還保留了當年的聽覺記憶，記得那些用我們不懂、而且始終沒學會的語言所說的單詞和句子，以我為例，我記住的是波蘭語和匈牙利語。時至今日，我依然記得的波蘭語不是我的名字，而是營房名冊上我編號的前面一個號碼，糾結成一團的發音跟讓人聽不懂的小朋友數數字一樣，以和諧悅耳尾音作收，類似 stergìsci stèri（今天我知道這兩個字的意思是「四十四」）。那個營房是由波蘭人負責分湯，大多數囚犯也是波蘭人，所以波蘭語堪稱官方語言。叫到號碼的時候，你必須站好把飯盒伸出去才不會錯過，所以為了避免手忙腳亂，最好在編號排在你前面的那個人被叫到的時候就先站起來。stergìsci stèri 就像巴夫洛夫研究制約作用時對狗用的鈴鐺[3]，瞬間刺激唾液分泌。

這些陌生的聲音刻在我們彷彿空白磁帶的記憶中，就如同再難吃的食物也會被飢餓的腸胃快速吸收。記住這些聲音的意義對我們並無幫助，因為對我們而言，這些聲音沒有任何意義。然而，多年之後，當我們複誦給懂的人聽，那些聲音有了意義，稀薄且平淡無奇的意義：辱罵、詛咒，或時時重複的日常短句，例如「幾點鐘？」或「我走不動了」或「別煩我」。那是在不確定中擷取的片段，無意識情況下徒勞地在無意義中裁切出來的意義。這種心理需求與我們生理上對食物的渴望相呼應，一如飢餓促使我們在廚房周圍搜尋馬鈴薯皮，聊勝於無，有總比沒有好。但是沒吃飽的大腦有其獨有的飢餓感。或許這個無用又荒謬的銘記於心另有意義，同時另有目的：不知不覺中在為「以後」做準備，為機會渺茫的生還做準備，屆時任何微小經驗都有可能成為馬賽克拼圖中的一小片。

我在《休戰》開頭說過一個需要溝通但溝通不良的極端案例：很可能是在集中營裡偷偷生下來的三歲小男孩胡比內克，沒有人教他說話，但是他熱切渴望說話，於是他竭盡所能用瘦小身軀表達傳意。由此角度觀之，集中營也是一個殘酷的實驗室，可以看到之前、之後和其他地方都看不到的情境與行為。

在被遣送到集中營前幾年，我還在學校讀書的時候，學過幾句德語，單純為了能看懂化學和物理課本，不是為了表達想法，或為了聽懂這個語言。那是法西斯政權施行種族隔離政策的年代，根本不可能有機會跟德國人面對面，或去德國旅行。驟然被丟進奧許維茲集中營，剛開始一陣慌亂（或許正是因為這個緣故），我很快就明白我會的那屈指可數的德語詞彙（Wortschatz）是能否生存的關鍵因素。Wortschatz的意思是「詞彙遺產」，字面意思則是「詞彙寶庫」，果然名副其實。懂德語能活命，看看我四周就知道。義大利人不懂德語，應該說除了少數幾個特里耶斯特[4]人之外都不懂德語，在聽不懂又說不出的疾風驟雨汪洋中一個接一個溺斃，因為他們不懂指令，被拳打腳踢也不明所以。

集中營的基本倫理是，打人必須要有道理，才能建立犯錯—懲罰—改過模式。所以卡波或他的副手常常一邊打人一邊問：「知道為什麼挨打嗎？」接著再簡單扼要「告知罪名」。但是對新來的聾啞囚犯，這些儀式無效。他們出於本能退縮到牆角以保護自己的後背，但是拳腳來自四面八方，只能睜著茫然失措的眼睛看著四周，像落入陷阱的小動物。也確實是落入陷阱的小動物。

來自法國和西班牙同伴的協助，對許多義大利人來說攸關生死，因為這兩種語言不像德語那麼「陌生」。奧許維茲集中營內沒有西班牙人，法國人（正確說法應該是從法國或比利時遣送來的猶太人）卻很多，一九四四年的時候，大約占總人數百分之十。這些法國人中有亞爾薩斯人，也有十多年前逃到法國去避難，結果形同自投羅網的德籍和波蘭籍猶太人，他們都懂德語或意第緒語，不論好壞。其他法國人，或來自大都會，或是勞工階級、中產階級和知識分子，跟我們義大利人一樣在一兩年前經過一次篩選，不懂德語的人都被淘汰了。留下來的，幾乎都是「外鄉人」，之前在法國飽受歧視，在集中營反而得以翻身。這些人自然成為我們的口譯，每天為我們翻譯所有指令和重要通知，包括「起床」、「集合」、「排隊領麵包？」、「誰的鞋壞了？」、「三個一列」或「五個一列」等等。

這樣當然不夠。我請其中一個亞爾薩斯人私下幫我開了速成班，在熄燈後到我們不支睡著前，他壓低聲音分好幾次上課，學費是麵包，畢竟也沒有其他貨幣。他答應了，我覺得這是有史以來麵包最有用的一次。他告訴我卡波和親衛隊都在鬼吼鬼叫什麼，用哥德體寫在營房桁架上的那些無聊或挖苦人的標語是什麼意思，別在我們胸口編號下不同顏色的三角形代表什麼。於是我知道集中營裡毫無修飾、大吼大叫、夾雜污言穢語和辱罵的德語，跟我化學課本裡精確嚴謹的德語，以及我的同學克拉拉讀給我聽的海因里希．海涅[5]詩句悠揚典雅的德語之間，只有遙遠的臍帶關係。

我當時不明白，很久之後才發現，其實集中營說的德語自成一派，用德語來說是orts- und zeitgebunden，也就是「因地因時」制宜發展而來的一種粗鄙化變形。德籍猶太裔語文學家維克托．克倫佩勒（Victor Klemperer）說那是「第三帝國語」（Lingua Tertii Imperii），還語帶嘲諷提議用字首縮寫LIT稱之，以跟隨當時德國有數以百計簡稱的風潮（通稱納粹黨的國家社會主義德國工人黨是NSDAP、親衛隊是SS、衝鋒隊是SA、親衛隊保安處是SD、納粹集中營是KZ、刑事調查部是RKPA、親衛隊經濟與行政管理部是WVHA、親衛隊國家安全部是RSHA、希特勒青年團少女聯盟是ＢＤＭ等等）。

關於第三帝國語及相對應的義大利語，已經有諸多討論，也有從語言學角度切入的研究。顯而易見的觀察結論是，會對人施暴的地方，也會對語言施暴。別忘了義大利法西斯推動的反方言運動，反對「野蠻主義」[6]，反對義大利北方阿爾卑斯山麓達奧斯塔谷（Valle d'Aosta）、迪蘇薩谷（Valle di Susa）和上阿迪傑（Alto Adige）幾個自治省的地理名稱用方言命名，反對「您」這個自貶身分的外來敬語。在德國情況不同，早在數百年前他們就對非源自德語的外來語懷有敵意，所以德國科學家很努力把支氣管炎重新命名為「氣—管—發炎」，把十二指腸叫做「十二—指—小腸」，把丙酮酸叫做「消耗—葡萄糖—酸」，因此想要淨化一切的納粹主義在淨化語言這部分沒有太多施展空間。第三帝國語跟詩人歌德的德語不同，特別表現在語義轉換和某些詞彙的濫用上。舉例來說，völkisch這個形容詞原指「國家的」、「人民的」，卻變得無所不在，充滿傲慢自大的國家主義色彩。「狂熱」（fanatisch）也從負面轉為正面意涵。但是在納粹集中營裡又有另外一套語言體系，是專屬行話，是「集中營行話」，再在每一個集中營裡各自發展出與普魯士軍營的舊德語和親衛隊的新德語有緊密關聯的各種詞彙。在蘇聯勞改營有類似情況並不奇怪，索忍尼辛也提到某些專用術語，而且每一個都可以在納粹集中營行話中找到相對應的詞。《古拉格群島》從俄文翻譯成德文應該不會太難，如果有難度，想必與術語無關。

在所有集中營，「穆斯林」一詞都是指那些體力不堪負荷、筋疲力盡，處於垂死邊緣的囚犯。關於這個詞彙的來由有兩種解釋，兩者都不具說服力：一是宿命論，一是因為頭上包紮的繃帶很像穆斯林的頭巾。事實上，這個詞彙等同於俄文的 dochodjaga，同樣帶有譏誚嘲諷意味，字面意思是「到達終點」、「結束」。莉迪亞．洛斐[7]跟我說，在拉文斯布呂克集中營（唯一一座女子集中營），也有兩個互相對應的名詞表達同樣概念：Schmutzstück 和 Schmuckstück，分別是「垃圾」和「珍寶」。這兩個詞發音幾乎相同，像是互相模仿。義大利人不明其意，把兩者混為一談，一律發音為 smistig。「尖端分子」是各集中營通用的名詞。我在《如果這是一個人》曾談及「尖端分子」，那是在集中營裡不愁吃穿的一群人。既然他們是集中營社會中不可或缺的成員，在蘇聯勞改營裡自然也有，只是名稱不同（我在第三章說過），叫做 pridurki。

在奧許維茲集中營，「吃」是用 *fressen* 這個動詞，但是正確德語中這個動詞是用在動物身上。*hau' ab*「走開」是動詞 *abhauen* 的命令式，正確意思是「切割」、「斬斷」，但是在集中營裡的意思是「下地獄、滾蛋」。戰後不久，有一次我在商務會談結束後，跟拜耳公司的高階主管道別時，自以為是地用了 *Jetzt hauen wir ab* 這句話，我原本的意思是要說「那我們就告辭了」。他們一臉震驚看著我，我用的詞彙跟先前會談過程中的語言體系截然不同，顯然不是在學校外語課堂上學到的。我解釋說我沒有在學校學過德語，而是在奧許維茲集中營裡學的，當時氣氛非常尷尬，但由於我是業主，他們對我依然客氣有禮。我後來才知道，我的德語發音非常不文雅，但是我從未動念矯正。基於同樣原因，我也從沒想過洗掉左手臂上的刺青。

集中營行話不可避免會受到集中營內和周遭使用的語言影響，例如波蘭語、意第緒語和波蘭語方言西里西亞語（Silesian），以及後來居上的匈牙利語。在我被遣送到奧許維茲集中營關押頭幾天聽到的背景雜音中，持續出現四到五個非德語詞彙，那時候我心想，應該是跟最基本的東西或行為有關，例如勞動、水、麵包等等，隨後便以我之前描述過的奇特方式刻印在我的記憶裡。很久之後，我的一個波蘭朋友才心不甘情不願地解釋給我聽，那幾個字的意思是「霍亂」、「狗血」、「巨響」、「雜種」和「幹」，前三個是當作感嘆詞用。

意第緒語是奧許維茲集中營的第二大語言（後來被匈牙利語取代）。我不只聽不懂，對於意第緒語這個語言存在也僅有模糊的印象，還是因為我父親曾在匈牙利工作過幾年，跟我們說過幾句意第緒語名言和小故事的緣故。義大利猶太人不會說意第緒語讓波蘭、蘇俄和匈牙利的猶太人感到很意外，我們是可疑的猶太人，不值得信任，同時是親衛隊眼中的叛徒「巴多猷」[8]，是法國人、希臘人和政治犯眼中的「墨索里尼」。撇開溝通的語言問題不談，義大利猶太人這個身分並不討喜。在約書亞和以撒．辛格[9]兩兄弟及其他人的意第緒文著作大獲肯定後，大家都知道意第緒語基本上是一種古德語方言，跟現代德語的詞彙和發音都不同。不過更讓我感到焦慮的是波蘭語，我完全聽不懂，而我「應該要懂」。我聽得很專心，但我常常搞不懂我聽到的那句話是對著我說，或只是碰巧說話的人在我旁邊，我還常誤以為那是德語，或意第緒語，或兩者夾雜。因為有些波蘭猶太人會竭盡所能把他們說的意第緒語德語化，好讓我能夠聽懂。

關於意第緒語的無所不在，在《如果這是一個人》書中可以找到蛛絲馬跡。我在〈克饒斯〉那一章記錄了一段對話：原籍波蘭的法國猶太人古南跟來自匈牙利的克饒斯說 Langsam, du blöder Einer, langsam, verstanden?，逐字翻譯的意思是「慢一點，蠢蛋一**個**，慢一點，懂嗎？」，聽起來有點怪，但我覺得我聽到的是如此，便如實寫下（寫於一九四六年，所以當時距離這段記憶並不久遠）。德文譯者有意見，認為我不是聽錯了，就是記錯了。我們書信往返討論許久後，他建議我略作修潤，因為他覺得無法接受。後來這句話在德文版變成了「慢一點，你蠢啊，海因」（Langsam, du blöder Heini），把「一個」（Einer）改成了「海因」（Heini，海因里希〔Heinrich〕的暱稱）。但是不久前，我在讀一本談意第緒語歷史和結構的書[10]，發現這是意第緒語特有的句型：「你蠢蛋一個！」（Khamòyer du eyner!）。證明其實記憶的機械運作精準無誤。

面對無法溝通或溝通不良，每個人的痛苦程度不一。有人接受言語匱乏，不以為苦，這其實不是好預兆，表示他已經快要徹底不在乎。少數幾個個性孤僻，或在之前的「俗世」生活中習慣獨處的人，也不會露出難受的樣子。但是大多數囚犯度過最初的煎熬之後，會各自想辦法保護自己：有人到處打聽零星資訊；有人毫無辨別能力散播勝利在望或戰事失利的消息，其中有真有假，也有可能出自捏造；有人則眼觀四方耳聽八方捕捉來自其他人或有憑有據或虛無縹緲的各種跡象，試著解讀詮釋。除了集中營內部溝通不足外，跟外界的溝通也有限。有些集中營更是完全與世隔絕。我所在的莫諾維茨—奧許維茲集中營（Monowitz-Auschwitz）在這方面可以說享有特殊待遇，幾乎每個星期，都有從納粹占領的歐洲各個國家來的「菜鳥」囚犯報到，他們會帶來最新消息，而且往往還是他們親眼所見。我們不顧禁令，也不管會不會有人向蓋世太保舉發，在偌大的工地裡跟波蘭和德國工人交談，有時候還會跟英國戰俘交談。我們會在垃圾桶裡找到數天前的舊報紙，讀得目不轉睛。我的一個工作同伴是亞爾薩斯人，所以懂法語跟德語，原本是記者的他膽子很大，還吹噓自己訂閱了當時德國最有公信力的納粹黨報《人民觀察家報》。他說，那有什麼難的？他拜託一名信得過的德國工人出面訂報，他再以一顆金牙為代價領取訂閱的報紙。每天早晨，在等待點名的漫長時間裡，我們都圍在他身邊，聽他分享當日新聞的重點摘要。

一九四四年六月七日，我們看到出發去勞動的英國戰俘小隊氣氛格外不同，他們隊伍排得特別整齊，抬頭挺胸，面帶微笑，士氣抖擻，步伐輕快，以至於那名在當地徵召入伍、負責押隊的上了年紀的德國哨兵差點跟不上他們的行進速度。那些英國戰俘擺出象徵勝利的手勢V跟我們打招呼。第二天我們才曉得，他們從一個地下電台得知盟軍成功登陸諾曼第的消息，那一天我們也歡欣鼓舞，感覺自由在望。但是大多數集中營的情況很糟，新到的囚犯多來自其他同樣與世隔絕的集中營或猶太隔離區，能帶來的只有當地的壞消息。我們勞動的時候可以接觸到來自十個或十二個不同國家、行動自由的工人，他們卻只能在農場、小型工廠、採石場或採砂場，甚至在礦坑裡工作。負責採礦的集中營生活條件，跟古時候羅馬人對待淪為奴隸的戰俘及西班牙殖民者對待印地安人不顧他人死活的情況一樣，致死率太高，以至於沒有人活下來做見證。但是來自「世界」的消息時有時無又模糊，我們覺得自己被遺忘，彷彿判了刑的人被遺棄在中世紀的地牢裡慢慢死去。

猶太人是敵人的代名詞，他們不潔，而且散播不潔，是世界的毀滅者，要禁止他們跟祖國和家人聯繫，因為那是最重要的溝通。被流放在外的人，不管流放性質為何，都知道這條神經被切斷有多麼痛苦，會心灰意冷覺得自己被拋棄，沒來由地怨恨橫生：他們為什麼不寫信給我？為什麼不幫助我？他們不是自由的嗎？於是我們明白，在這片自由大陸上自由溝通的重要性。正如同失去健康的人才知道健康多麼重要。而且這個問題已經超越個人層次，在不同時代、不同國家，凡是溝通自由受阻的，很快也會失去其他自由，不再有自由討論，對他人意見不屑一顧，以強制規定為尊。最著名的例子是蘇聯生物學家李森科提出的瘋狂基因理論[11]，在不讓任何人參與討論的情況下（所有反對者都被流放到西伯利亞），導致農耕歉收長達二十年。排除異己的偏狹心態會傾向指責非難，指責非難會讓人無視於他人表述，導致更加偏狹，形成惡性循環，難以破解。

集中營裡的政治犯每個星期會收到一次家書，那是我們最難過的時候，因為我們意識到自己身為異類之痛，被排擠，被我們的國家和全人類摒棄。在那時候，我們感覺到手臂上的刺青如傷口般灼熱，並且陷入絕望泥淖，覺得我們之中沒有人能夠活著回家。然而，就算我們可以寫信回家，又能寫給誰呢？全歐洲的猶太人家庭都已滅頂，或失散或殘敗。

我很難得（在《莉莉斯》[12]一書中說過），運氣極好，跟家人通了幾封信。對此我要感謝個性截然不同的兩個人，一位是識字有限的年邁泥水匠，另一位是勇敢的年輕女性碧揚卡·瑟拉（Bianca Guidetti Serra），她今天是知名律師。我知道那是讓我撐下來的原因之一，但是如同我之前所言，我們每一個生還者都是例外。只不過為了壓抑記憶，我們常常會忘記。

譯注

1 安東尼奧尼（Michelangelo Antonioni, 1912-2007），義大利電影導演、編劇，第一部劇情長片《愛情謊言》（*Cronaca di un amore*, 1950）被譽為「新寫實主義電影落幕後，為義大利電影開啟新頁之作」。《紅色沙漠》

（*Deserto rosso*, 1964），描述少婦與丈夫聚少離多，找不到生存意義，漸漸陷入抑鬱情緒，凸顯在現代社會中異化和溝通障礙的問題。贏得威尼斯影展金獅獎。

2 亞爾薩斯（Alsace），法國東部一省，與德國相鄰。是歐洲哈布斯堡家族發源地。十七世紀前屬於神聖羅馬帝國，三十年戰爭後割讓給法國，但當地政府、學校依然使用德語。普法戰爭後割讓給普魯士，一次大戰後併入法國，一九四〇年再度被納粹德國占領。

3 巴夫洛夫（Ivan Pavlov, 1849-1936），俄羅斯生理學家、醫生，一九〇三年提出古典制約理論，認為動物對特定刺激的反應可以透過學習產生，例如鈴聲結合餵食，多次之後，狗便會對鈴聲產生唾液分泌反應。此一制約刺激與制約反應的關係被稱為制約反射。

4 特里耶斯特（Trieste），位於義大利東北方的港口城市，與斯洛維尼亞相隔數公里。一八六七年至一九一八年間為奧匈帝國主要出海口，第一次世界大戰後併入義大利。除義大利語及斯洛維尼亞語外，也有很多人使用德語。

5 海因里希．海涅（Christian Johann Heinrich Heine, 1797-1856），德籍猶太裔抒情詩人、作家，因其詩歌作品極富音樂性，常被譜成曲。海涅對當時德意志帝國的出版審查制度不滿，同時他的作品被視為破壞紀律與道德之作遭禁，遂遷居巴黎。

6 野蠻主義（barbarismus）源自古希臘文，引申意為「外來詞彙」，因為外國人往往在使用拉丁語或希臘語的時候，常會誤用自己語言的語法或發音。或是指不同語言的元素組合而成的複合字。也跟不可理解、缺乏理解或溝通不良及錯誤有關。

7 莉迪亞．洛斐（Lidia Beccaria Rolfi, 1925-1996），小學老師，一九四三年加入反法西斯游擊隊，一九四四年三月被捕，移交給蓋世太保後，被遣送至拉文斯布呂克集中營，一九四五年五月集中營淨空遷徙途中逃亡，重獲自由。積極投入集中營見證工作，也是第一位著書記錄親身經歷的義大利女性倖存者。

8 巴多猷（Pietro Badoglio, 1871-1956），義大利軍事將領，法西斯專政期間並不支持墨索里尼與德國聯盟。一九四三年七月底，在墨索里尼遭義大利國王解除首相職務逮捕後接任首相，開始祕密與英美盟軍談判，九月三日與盟軍簽署停戰協定，十月中正式宣布義大利王國退出軸心國同盟，向德國宣戰。

9 哥哥約書亞·辛格（Israel Joshua Singer, 1893-1944），原籍波蘭、歸化美籍的猶太作家，一九二一年起擔任美國的猶太每日前進報特派員，同時開始以意第緒語創作。弟弟以撒·辛格（Isaac Bashevis Singer, 1902-1991），一九七八年獲頒諾貝爾文學獎。著有《莫斯凱家族》（*The Family Moskat*）、《傻子金寶》（*Gimpe the Fool and Other Stories*）、《蕭莎》（*Shosha*）等。

10 （原注）*Mame Loshen*，作者J. Geipel，職工出版社（Journeyman），倫敦，一九八二年出版。

11 李森科（Trofim Lysenko, 1898-1976），主張生物獲得性遺傳論，認為生物經由後天鍛鍊獲得的成果可以以傳給下一代，先後得到史達林及赫魯雪夫支持，擁有列寧農業科學院院士頭銜。

12 《莉莉斯》（*Lilit e altri racconti*），收錄李維陸續發表在不同媒體上的短文，艾伊瑙迪出版社，都靈，一九八一年出版。書名取自同名短篇，描述作者和同為猶太人的木匠在巨型金屬管中躲雨時，木匠告訴他猶太教傳統認知中上帝造的第一個女人是莉莉斯，因堅持男女平等，不願被視為亞當的附屬而叛逃，才有了第二個女人夏娃的故事。

第五章 無用的暴力

這一章的標題看起來很挑釁，甚至傷人。難道存在有用的暴力？不幸的是確實如此。死亡，即便不是外力造成，即便是最平和的死亡，也是一種暴力，而且是有用的暴力。長生不老者（像《格列佛遊記》中永生國島上的斯特魯德布魯格人）的世界令人難以理解，也難以忍受，是比現今任何一個暴力世界更加殘暴的世界。殺人也不是無用的暴力，《罪與罰》主角拉斯柯尼科夫殺死放高利貸的老太太固然有罪，但是他這麼做有其用意。在塞拉耶佛刺殺奧匈帝國王儲斐迪南大公的普林西普[1]，以及在羅馬伐尼路綁架義大利前總理兼基督民主黨黨魁亞朵·莫洛[2]的綁匪也是。撇開那些失控殺人的案件不談，殺人者都知道自己為何那麼做：為了錢，為了除掉敵人或潛在敵人，因為自己被冒犯決定還以顏色。戰爭令人憎恨，那是解決國與國之間或不同勢力間紛爭的最糟辦法，卻不能說戰爭無用。戰爭都有目的，或許目的有失公允，或目的邪惡。戰爭要付出代價，目的不是為了使人遭受苦難，但苦難是必然，而且是集體苦難，是折磨人心、不公平的苦難，但那是副產品，是附帶的。我想希特勒當權十二年間的暴力跟歷史上發生在不同時空條件下的暴力有相同之處，不同之處在於納粹常常使用無用的暴力，為施暴而施暴，只是為了製造疼痛。有時候納粹的暴力有其目的，但往往使用了過多、與目的不成比例的暴力。

以後見之明回顧重創歐洲，也重創了德國的那些年，我們在兩個看法之間搖擺不定：我們目睹的究竟是一個非人道計畫的合理發展？抑或是一場（而且是歷史上截至目前為止獨一無二、始終難以解釋清楚的）集體瘋狂的展演？是惡的邏輯發展，或是缺乏邏輯之惡？就跟大多數與人有關的事務一樣，兩個答案同時並存。無庸置疑，德國國家社會主義的基本藍圖有其理性脈絡：向東方推進（這是古老的德國夢），壓制勞工運動，在歐洲大陸建立霸權，殲滅在希特勒眼中並無二致的布爾什維克主義和猶太主義，與英、美三足鼎立成為世界強權，獨尊日耳曼民族，徹底清除精神病患和無用之人。所有這些計畫可以同步進行，而且從希特勒《我的奮鬥》書中那幾點毫不遮掩的假設就知道他籌謀已久。狂妄自大，傲慢激進，他是目空一切，不是瘋狂。

為了達成目標，他事先準備好的種種手段同樣令人憎恨：發動軍事攻擊或冷血戰爭，在敵方內部培養第五縱隊以便裡應外合，逼迫整個民族遷徙，或奴役他們，或讓他們絕育，或趕盡殺絕。當尼采、希特勒或阿佛烈·羅森堡[3]用超人神話麻醉自己和他們的信徒，宣揚超人之所以能夠為所欲為是因為他擁有不容置疑的先天優越性的時候，他們都沒有發瘋。值得深思的是，無論是導師或門徒都逐漸脫離現實，他們的道德觀也與所有時代及文明共有、而且不容否認那是屬於我們人類遺產一部分的道德觀漸行漸遠。

理性之所以止步，門徒之所以大幅超越（背叛！）導師，就在於無用暴力的實踐。我深深厭惡尼采思維，他的所有觀點都與我的思考方向相反；他彷彿傳遞神諭的口吻令我厭惡，但是我不覺得他樂於見到他人受苦。他的著作字裡行間都說明他對他人受苦漠不關心，但絕不會幸災樂禍，更不會故意讓他人受苦藉以取樂。普通人、可塑之人、非天生貴族煎熬受苦，是選民之國來臨必須付出的代價，是小惡，但終歸是惡，並不令人期待。希特勒的思維和實踐跟尼采十分不同。

許多納粹施行的無用暴力已被寫入歷史，例如羅馬的阿德亞提納坑道大屠殺[4]，法國的奧拉杜爾大屠殺[5]，捷克的利迪策大屠殺[6]，義大利的博韋斯大屠殺[7]和馬爾札伯托大屠殺[8]，以及其他許許多多「不成比例」的屠殺慘案，這些不人道的報復行為完全超越了極限。而其他零星的、小規模的無用暴力，則寫在我們每一個經歷過集中營的倖存者記憶中，永遠無法抹去，是巨大歷史拼圖裡的一小塊。

幾乎無一例外，我們記憶的起點總是從火車啟動駛向不明目的地開始，一方面是因為時間先後順序，另一方面則是因為那些原本無害的普通貨車車廂，為了服務不尋常目的，成為莫名的暴力工具。

火車出現在許多倖存者的日記或口述紀錄中，一節節車廂忽然從商業用途變成移動式監獄，或死亡工具。車廂內擁擠不堪，但似乎都經過粗略估算，視旅途長短、納粹評估載運的「人力物資」等級高低不同情況而定，塞進五十到一百二十人不等。火車從義大利出發的時候，每節車廂「只有」五十至六十人（包括猶太人、政治犯、游擊隊員、地毯式搜索不幸被捕的倒楣鬼，還有一九四三年九月八日義大利與盟軍簽署停戰協議後被德軍逮捕的激進分子），或許是考慮到路程遙遠，也或許是為了避免這些被徵用的列車沿途被人看見留下不好印象。從東歐出發的火車就完全不同，車上載的是斯拉夫人，主要是斯拉夫猶太人，他們是劣質商品，毫無價值可言，反正遲早要死，無所謂是在旅途中間或之後才死。還有把波蘭猶太人從隔離區送到集中營，或從這個集中營送到另一個集中營的火車，每一節車廂可容納多達一百二十人，因為距離不遠……。一節車廂裡塞五十個人很不舒服，若想休息可以全部躺下，但是人貼著人。如果塞進一百個人或更多人，即便只有數小時車程也是地獄，大家只能站著，或輪流蹲下，車廂裡往往有老人、病人、小孩和哺乳的婦女，還有瘋子，或是半途受不了而發瘋的人。

鐵路運送囚犯的執行過程中有常態要求及非常態要求，我們不清楚是否有規章制度可循，或是由負責官員自行決定。常態要求是指虛情假意的建議（或應該說是命令），讓大家儘可能攜帶所有財物，特別是黃金、珠寶、有價貨幣、皮草，有時候（如果是從匈牙利和斯洛伐克出發，載運猶太農民的話）甚至會要求連家畜家禽都一併帶走。「這些東西將來你們都用得到。」押車的人語帶暗示，一副為了大家著想的樣子。事實上，那算是一種監守自盜，輕而易舉、神不知鬼不覺地就把那些資產轉移到德國，不用大張旗鼓，也沒有複雜的官僚手續，不用安排特殊押送，也不擔心半途被人搶劫，只需要在火車到達的時候全數扣押。不變的還有光禿禿的車廂，在可能長達兩個星期的押送過程中（如果從希臘塞薩洛尼基〔Thessaloniki〕出發），德國當局不提供任何物資，沒有食物、飲用水，也沒有可以鋪在木頭地板上的墊子或乾草，沒有供人解決排泄需求的設置，也沒有想到通知地方單位或中轉營的主管（如果有主管）事先有所準備。一紙通知沒有成本、不費力氣，但是系統性疏忽的結果就是無用的暴力，是為了讓人痛苦而故意製造的痛苦。

有些即將被遣送到集中營的囚犯懂得從經驗中學習：他們看著一列列火車出發，從前人的慘痛教訓明白了所有生活必需品都要自己準備，越齊全越好，同時要符合德軍設定的限制。例如從荷蘭的韋斯特博克（Westerbork）中轉營出發的列車就是如此。韋斯特博克中轉營營區面積大，收容了數萬名猶太囚犯，柏林要求當地指揮官每星期一次，用火車載送一千名左右囚犯到奧許維茲集中營、索比堡滅絕營[9]和其他較小的集中營，總計有九十三列車次從韋斯特博克中轉營出發，最後倖存者約五百人，沒有一個是坐早期列車離開的。最初幾批被遣送的囚犯一無所知，天真地以為最多三至四天的旅程中所需的基本民生物資都由中轉營負責準備，所以不知道在轉運過程中死了多少人，也不知道他們過得多麼艱辛，因為沒有人活著回來。過了幾個星期後，一名觀察力敏銳的醫護人員注意到每次往返於韋斯特博克中轉營和目的地之間的都是同一列火車。於是後來被遣送的囚犯之中有人在空蕩蕩的車廂裡偷偷留下訊息，從那時候開始，才知道至少要自己準備食物和飲用水，以及上廁所用的便桶。

一九四四年二月，我坐的那班火車是從義大利佛索利中轉營出發的第一列火車（還有其他人在我們之前從羅馬和米蘭出發，但我們對此不知情）。親衛隊剛從義大利公共安全部官員手中接管中轉營，對此沒有多做任何解釋，只讓我們知道路途遙遠，透露了一些我先前提到的可笑建議（「要攜帶黃金和珠寶，特別是羊毛材質的衣服和皮草，因為你們去勞動的國家很冷」）。中轉營營長也跟我們一起被遣送，他很有概念，知道要準備一定分量的乾糧，但是沒有帶水，因為水很便宜，不是嗎？德軍雖然不會白送人任何東西，不過他們素來組織嚴謹……。營長也沒想到要幫每節車廂準備便桶，這個疏忽的後果很嚴重，比口渴和寒冷更讓人煎熬。我那節車廂裡有很多老人，有男有女，還有來自威尼斯猶太安養院的所有院友，要他們當眾如廁太痛苦，或者應該說完全不可能。我們的文化並沒有讓我們準備好面對這個創傷，劃在人性尊嚴上的那道傷口太深，是手段低俗的傷害，是下馬威，展現了刻意且毫不遮掩的惡意。弔詭的是我們運氣很好（我很猶豫該不該在這個情境下這麼說），車廂裡有兩位年輕母親各帶了一名僅有數個月大的嬰兒，她們其中一人隨身帶了一個夜壺，只有一個，要供五十個人使用。兩天後我們在車廂木板壁上發現了幾根釘子，我們在一個角落釘了兩根，很克難地用一條繩子和一條毯子隔出一個遮蔽處，具有象徵意義的遮蔽處：我們不是野獸，只要我們堅持下去就永遠都不會是。

沒有這個基本設備的其他車廂裡是什麼情況，實在難以想像。火車沿途在荒郊野外停靠了兩、三次，親衛隊會打開車廂門，囚犯可以下車，但是不能遠離鐵軌，也不能獨自走開。還有一次火車停靠在奧地利境內一個轉運站，押車的親衛隊看著男男女女找到地方就蹲下，不管是在月台上，或是在鐵軌中央，顯而易見對此引以為樂。其他德國乘客也毫不遮掩表達他們的噁心厭惡，看看這些人的行為，這種人根本活該。他們不是人，是野獸，是豬玀，昭然若揭。

那只是序幕。在接下來的生活裡，在集中營裡的日常節奏裡，這種羞辱是所有痛苦中很重要的一部分，至少在剛開始是如此。要面不改色適應公共廁所並不容易，在被規定的有限時間裡如廁，而且還有人不耐煩地站在你面前排隊等待，有時候是哀求你，有時候則是凶巴巴地催促你，每十秒鐘說一次：「你還沒結束嗎？」不過短短幾個星期後這種不自在會逐漸減輕、消失，然後習以為常（但不是所有人都如此！），這是換一種溫和的方式告訴你，從人類變成野獸的那一天不遠了。

我不認為這個轉變是納粹高層處心積慮、刻意謀劃後的結果，既沒有記載在任何一份文獻資料上，也沒有在任何「工作會議」中提出。那是納粹體制運作的必然結果：野蠻殘忍的極權政體向四面八方散播野蠻殘忍，而且特別著重往下散播，除非遇到抵抗和頑強性格，否則勢必要讓敵人和反對者一併墮落。羞辱人的無用暴力主宰每一個集中營的生活。比克瑙滅絕營的倖存女性說，如果能弄到一個便當盒（鍍琺瑯的大鐵盒），得派上三種截然不同的用途：領取每日分配的湯；夜裡不能外出如廁時當夜壺用；盥洗槽有水的時候拿來舀水梳洗。

所有集中營每日配給每人一公升的湯。在奧許維茲集中營裡，我們工作的化學實驗室裡則特許配給兩公升。所以要排放的水分很多，以至於我們得常跑廁所，或得在工地角落裡自行解決。有些囚犯無法憋尿，或是因為膀胱無力，或是因為太過害怕，或太過緊張，他們只能匆匆解放，常常尿濕褲子，因此受到懲罰和嘲笑。一個跟我同齡的義大利人，睡在營房多層上下鋪的第四層，一天晚上出了意外，下鋪被他尿濕的人立刻跟營房卡波告狀。卡波衝去質問那個義大利人，儘管罪證確鑿，但義大利人否認指控。於是卡波命令他當場撒尿，以證明自己的清白，他自然做不到，被痛打了一頓，儘管他提出合理申請，依然無法換到較低層的鋪位。那個行政手續對營房軍需官而言太過複雜。

跟強迫排泄類似的是強迫裸體。進集中營的時候人人赤身裸體，不，不僅是赤身裸體，除了沒有衣服和鞋子（全部都被沒收），頭髮和身上所有毛髮也都被剃光。沒錯，以前入伍的時候也一樣，但是集中營是剃除全身上下的毛髮，而且一週一次，我們經常當眾且集體裸露身體，那是別具深意的典型集中營規則。這也是一種暴力，有一定的必要性（洗澡或體檢的時候自然必須脫衣服），但是過多沒必要的裸露就是傷害。集中營一天當中有無數次裸露帶有羞辱意味：檢查頭蝨、檢查衣物、檢查疥瘡、早晨盥洗，還有定期的人力篩選，由一個「委員會」決定誰還能勝任勞動，誰應該被消滅。一個裸露著身體、打著赤腳的人，感覺自己的神經和肌腱都被切斷，是手無寸鐵的獵物。即便發下來的衣服破爛不堪，即便鞋子是硬邦邦的木屐，作為防衛不堪一擊，但依然不可或缺。脫下衣服鞋子後不再覺得自己是人，而是一條蚯蚓，光禿禿的，動作遲緩，低賤，趴在地上，隨時可能被人一腳踩死。

剛進集中營頭幾天，同樣讓人感覺自己孱弱無助、一無是處的是沒有湯匙。即便廚房設備簡陋，我們從小就習慣手邊有各式各樣的餐具，這個細節對於我們而言微不足道，實際上並非如此。沒有湯匙，只能像狗那樣伸舌頭舔食，否則無法喝每日配給的湯。經過多日學徒生活後（這裡再次體現能夠馬上理解他人，並且讓他人理解自己是多麼重要！），才知道在集中營裡有湯匙，但是要在黑市用湯或麵包去買。一支湯匙通常價值半份麵包或一公升的湯，但是新來什麼都不懂的菜鳥總是會被要求付出昂貴許多的代價。在奧許維茲集中營解放後，我們在倉庫裡找到數千支全新的透明塑膠湯匙，以及上萬支鋁製和不鏽鋼湯匙，甚至還有銀湯匙，全都來自被遣送到集中營的囚犯行李。所以不是為了節省物資，而是刻意羞辱。我想起《聖經》〈民長紀〉第七章第五節，僱傭兵隊長基甸選擇最好的士兵，是看他如何在河邊喝水，他淘汰了所有「像狗一樣」伸舌頭舔水或在河邊下跪的人，只遴選那些用手汲水捧到嘴邊站著喝水的人。

我不想把那些不約而同再三出現在集中營回憶錄裡的所有欺壓和暴力行為都視為無用。大家都知道，所有集中營一天要點一至兩次名。顯然不可能對數千名或上萬名囚犯一一唱名，而且囚犯在集中營裡本來就不用名字，而是用五或六個數字的編號。那叫做 Zählappell，是一種複雜且費事的算人頭點名，因為要考慮到轉去其他集中營的囚犯、前一晚住進醫務室的囚犯以及半夜死掉的囚犯，最後結果必須跟前一天點名的數字，還有囚犯出發去勞動時、每小隊採五人一排的統計結果吻合。倖存的德國猶太裔政治學家尤根．科貢（Eugen Kogon）說布亨瓦德集中營的晚點名就連快死的和已經死的都不能缺席，他們不用站，可以躺著，同樣採五個躺一排，方便統計人數。

不管天氣如何都要點名（而且是在戶外點名），至少需時一小時，如果數字兜不起來，則需要花二至三個小時。萬一懷疑有人逃亡，甚至會超過二十四個小時。遇到下雨、下雪或寒流的時候，點名就變成一種酷刑，比勞動更難熬，因為一整天下來已經筋疲力竭。看起來像是行禮如儀的空洞儀式，但未必如此。點名不是無用的暴力，從同一個角度解讀，飢餓不是，讓人疲憊的勞動也不是，就連（請原諒我的憤世嫉俗，我是用納粹思路作論述）把大人和小孩送進毒氣室毒死都不是。所有這些痛苦皆來自一個中心題旨，也就是認為優秀種族有權奴役或消滅劣等種族。點名就是如此。在我們「後來」的夢境裡，點名加上點名過程中的疲憊、寒冷、飢餓和挫折一起，成為集中營的表徵。點名讓人感到痛苦，冬日裡每天點名導致有人崩潰或死亡，但點名是制度的一環，符合普魯士以降傳統定義的軍事訓練，也是軍事化精神的實踐，而且在德國作家格奧爾格．畢希納的劇作《沃伊采克》[10]中成為不朽。

而且，我覺得顯而易見的是有許多不堪、荒謬面向的集中營其實是德國軍隊模式的變形和改版。集中營囚犯這支軍隊應該算是正規軍隊的反面樣板，或者可以說是嘲諷搞笑版。軍隊穿的制服乾淨、象徵榮譽，士兵的制服上別滿各種徽章，囚犯的制服則是髒兮兮、灰撲撲的，上面什麼都沒有。但是兩者的制服上都得有五顆扣子，否則就麻煩了。軍隊閱兵要隨著軍樂隊節奏踢正步前進，動作整齊劃一。所以集中營也要有一支樂隊，閱兵必須依樣畫葫蘆，通過檢閱台前方時要跟隨音樂節奏，踢正步向左看齊。這個儀式是必要的，甚至重要到可以踰越第三帝國訂定的反猶太法：基於吹毛求疵的偏執，反猶太法禁止猶太樂隊和音樂家演奏雅利安作曲家的作品，以免樂曲受到汙染。但是在關押猶太人的集中營裡沒有樂手是雅利安人，再說也沒有太多猶太作曲家寫的進行曲。所以奧許維茲集中營無視於淨化相關規定，成為德國唯一一個猶太樂手可以，應該說被迫演奏雅利安樂曲的地方。面對需求，法律形同虛設。

「鋪床」儀式也是承襲了軍營模式。必須言明，「鋪床」是委婉說法。集中營是多層的上下鋪，每一個鋪位只有一張塞了木屑的薄床墊、兩條被子和一顆乾草枕頭，睡兩個人。起床後，營房裡所有人必須立刻同步整理床鋪，所以睡下層鋪位的人得在睡上層鋪位的人兩腿之間鋪床摺被子，睡上鋪的人則得踩在木頭床架邊框上，一邊努力保持平衡一邊忙碌。所有床鋪都得在一到兩分鐘內整理完畢，因為緊接著要發放麵包。那短短幾分鐘內大家一陣忙亂，灰塵漫天飛舞連空氣都不再透明，氣氛緊張，充滿各種語言的咒罵，因為「鋪床」（德語 Bettenbauen 是一個技術用語）是很神聖的一件事，必須遵照規定嚴格執行。有各種可疑污漬、散發霉味的床墊必須拍鬆，所以床單有兩個開口，讓手可以伸進去。其中一床被子必須掖到床墊下，另一床則要先攤開鋪在枕頭上再拉平，所有角度都得是直角。鋪床結束後，整個鋪位必須是一個平行六面體，每一面都很平整，然後放上枕頭這個小平行六面體。

對集中營親衛隊和所有營房卡波來說，鋪床的重要性高於一切，原因不明，或許那是秩序與紀律的象徵。誰鋪床鋪不好，或忘記鋪床，會被公開嚴加懲處。而且在每一個營房裡都有兩人一組的「整鋪員」（Bettnachzieher，我想在正常德語裡找不到這個名詞，歌德肯定也不懂），他們的工作是檢查每一個鋪位，以及鋪位間是否做到橫向對齊。所以他們隨身攜帶一綑繩子，長度跟營房室內同長，綁在整理好的鋪位上方，以糾正控制所有歪斜在以公分為單位的誤差範圍內。這種病態的執著不至於折磨人，但確實荒謬怪誕。花力氣把床墊拍鬆沒有任何意義，晚上人體重量一壓立刻扁塌跟下面支撐的床板合一。其實就跟睡在木板上一樣。

即便在集中營以外的世界，希特勒統治下的德國似乎打算全面用軍營管理模式與準則取代傳統和「平民」的模式與準則。「軍事訓練」這種索然無味的暴力早在一九三四年就滲入教育界，反過來對付自己德國人民。當時的報紙還有一定的報導和評論自由，可以看到青少年因為預備軍事訓練長途行軍筋疲力竭的消息：背著背包，一天走五十公里，對落後脫隊的人毫不同情。膽敢抗議的父母和醫生都被威嚇要處以政治處分。

刺青是另外一回事。刺青是奧許維茲集中營自行發明的。從一九四二年年初開始，在奧許維茲及其周邊歸奧許維茲管轄的所有集中營（到一九四四年有四十多個），囚犯編號不再只繡在制服上，同時也會刺在左前臂上。只有非猶太裔的德國囚犯不用遵守這項規定。當來自自由世界、或來自其他集中營和隔離區的新囚犯報到時，就會在訓練有素的「文書人員」快速、有條不紊的操作下完成刺青。由於德國人是典型的分類天才，他們很快就擬出以下的刺青規則：男人要刺在手臂外側，女性要刺在手臂內側；吉普賽人的編號字首是Z，自一九四四年五月起（那時候有大批匈牙利猶太人報到），猶太人的編號字首A，後來換成B。一九四四年九月之前，奧許維茲集中營裡面沒有小孩，所有小孩剛到就被送進毒氣室。九月之後開始有華沙起義期間不幸全家一起被逮捕的波蘭人來報到，便一律刺上編號，連新生兒也不例外。

刺青不是很痛，時間不超過一分鐘，但是造成極大的心理創傷。刺青的象徵意義很清楚：這是無法抹去的記號，你們不可能離開這裡，這是烙印在奴隸和日後送去屠宰場的牲畜身上的印記，那就是你們的下場。你們不再擁有姓名，這就是你們的新名字。刺青這個暴力毫無理由，為暴力而暴力，單純為了羞辱。繡在褲子、上衣和冬季外套上的三個號碼還不夠嗎？不夠，還要更多，口頭上的羞辱不夠，必須讓無辜的人感覺到他的刑罰刻寫在他的血肉上。那是倒退回未開化，讓正統派猶太人特別感到不安，因為為了區分猶太人和「野蠻人」，摩西律法明文禁止刺青（見《利未記》[11]第十九章第二節三）。

時隔四十年，我的刺青已經變成我身體的一部分。我不以為傲，也不以為恥；我不到處展示，也不掩藏。有人若出於好奇要求，我雖不情願，也會給他看；若有人堅持不信，滿腔怒火的我會毫不猶豫地展示給他看。常常有年輕人問我為什麼不把那個刺青洗掉，我很訝異，我為什麼要洗掉？像我們這樣有刺青為證的人，世界上並不多。

必須對自己施以（有用的？）暴力，才能硬著心腸開口談論那些無助之人的命運。我要再次試著用別人的邏輯思考。對一個正統的納粹分子而言，猶太人應該被剷除殆盡是理所當然、顯而易見、無須爭辯的事實，那是基本教義，也是必然。小孩當然不例外。懷孕婦女更不能留，不能讓她們把未來的敵人生下來。但是為什麼納粹要在幅員廣大的納粹德國，怒氣沖沖地闖入城市和村落裡那些垂死之人的家？為什麼要費力把他們拖上火車，只為了把他們送到遠方去死？為什麼要讓他們先經過長途跋涉，送到波蘭，再送進毒氣室？我待的那節車廂裡，有兩名九十多歲的老太太是從佛索利安養院拉出來的，其中一個死在途中，儘管有女兒陪伴照顧。更簡單、也更「經濟」的做法難道不是讓她們原地等死，或當場處死病床上的她們，何須在被遣送者的集體痛苦上再加上她們的個人痛苦呢？這一切讓人不得不相信，納粹德國高層做的選擇、最好的選擇，就是要讓猶太人受盡生理和心理的傷害與折磨。因為「敵人」不只應該死，還應該在痛苦中死去。

關於集中營裡的勞動已經有許多紀錄，我早年也描述過。勞動沒有薪資，我們是奴工，這正是建立集中營的三大目的之一。另外兩個目的分別是剷除政敵，及滅絕劣等種族。必須釐清的是，蘇聯勞改營和納粹集中營最大的不同在於，設置勞改營的目的不是種族滅絕，更偏重勞動力剝削。

希特勒一掌權便設置了集中營，在早期那些集中營裡，勞動純然是為了虐待，實際上毫無生產價值。讓營養不良的囚犯挖泥炭或切割石頭，目的都只是威嚇。更何況，納粹和法西斯沿續布爾喬亞說辭，認為「勞動使人高尚」，因此那些與當權者作對的低賤人士不配從事符合傳統定義的勞動。他們的勞動必須很辛苦，不能有任何專業要求，應該做馱物牲畜做的事，拉縴、推動、背負重物，屈膝折腰。這也是無用的暴力，但是或許對於懲罰過去的反抗，鎮壓依然蠢蠢欲動的反抗是有用的。拉文斯布呂克集中營的女性囚犯說在隔離觀察期間（編入工廠工作小組之前），她們只做鏟沙這件事，日復一日彷彿永無止盡：在七月陽光下，圍成一圈的囚犯得把自己面前的沙堆一鏟一鏟移到右邊囚犯面前的那個沙堆，像旋轉木馬，沒有目的也沒有盡頭，只是讓沙反復循環回到原地。

這種帶有神話和但丁色彩的身心磨難，難道經過精心設計，就為了避免囚犯群聚形成自衛或積極反抗的勢力？十分令人懷疑。因為集中營的親衛隊都是魯鈍的莽漢，而非心思細膩的惡魔。他們慣於使用暴力，暴力因子就在他們的血液中，使用暴力是再平常不過、理所當然的事，這一點從他們的表情、手勢和言談間都得到證實。羞辱「敵人」，讓「敵人」苦不堪言，是他們的每日功課，他們不會思考暴力的對與錯，他們施暴沒有其他目的，只是為了施暴而已。我不想說那些人本質上是壞人，跟我們不同（他們之中也有虐待狂和心理變態，不過是少數），其實，他們不過是被放到學校裡接受數年教育後，道德觀遭到扭曲。在極權國家，可將教育、宣傳和資訊玩弄於股掌間，不會遇到阻礙，那股力量沒有極限，對生長在多元化政體下的人而言很難想像。

跟我上面描述的那種純粹以虐待為目的的辛苦勞動不同，有時候勞動可以變成一種自我防衛。成功地把專業帶入集中營的少數囚犯就是如此：裁縫、鞋匠、木匠、鐵匠和泥水匠，他們在重操舊業的同時，某種程度也找回了身而為人的尊嚴。還有其他許多人也是如此，他們動腦，他們擺脫等死的念頭，找到一種生活的態度。還有，大家共同的經驗是，日常把自己打理好，雖然吃力不討好，但是有助於轉移注意力，不去想近在眼前的威脅，而去想較遠的未來。

我常在幾個同伴身上（有時候包括我自己在內）發現一個特別現象：因為習慣「把工作做好」的

企圖心，會忍不住把敵人交代的工作也「做好」，即便那些工作對自己或身邊的人有害，必須刻意努力才能把工作「做壞」。然而，怠慢或破壞納粹交代的工作不僅會招致危險，還得面對內在的本能反彈。我在《如果這是一個人》和《莉莉斯》都提過，一名來自佛薩諾的泥水匠救過我一命，他痛恨德國，痛恨德國人、德國食物、德語和德國發動的戰爭，可是當納粹把防空洞工程交給他，他砌出來的牆筆直堅固，磚塊交錯堆疊整齊劃一，水泥砂漿一點不少。他這麼做不是為了遵守命令，而是為了尊重自己的專業。索忍尼辛在中篇小說集《伊凡．傑尼索維奇的一天》說的一個故事跟這位泥水匠的經驗幾乎如出一轍：主角伊凡無故被判處十年勞改徒刑，他一心想砌出一道完美的牆，後來也的確完成了一道筆直的牆，伊凡「……就是那麼傻，在勞改營八年也沒能改掉那個習慣，他重視每件事情和每個工作，不容許任何東西莫名其妙被破壞。」看過知名電影《桂河大橋》的人肯定記得被日軍俘虜的那位英國軍官為日軍建造危險木橋時滿腔荒謬熱誠，發現其他英國人在橋上安裝炸藥時多麼憤慨。可見熱愛把工作做好這個「特質」非常值得商榷。米開朗基羅直到生命盡頭依然勉勵自己要把工作做好，而特雷布林卡滅絕營指揮官法蘭茲．保羅．施坦格爾接受訪問時，理直氣壯回答道：「凡是依我自由意志去做的一切，我都應該做到最好。我就是這樣的個性。」奧許維茲集中營指揮官魯道夫．霍斯在陳述自己如何絞盡腦汁才發明了毒氣室的時候，也同樣以此為傲。

我想再舉一個極具代表性的愚昧暴力極端案例：將人體視為物件，不屬於任何人的物件，（不定期，但有系統地進行）殘忍處置，任意擺布。在達豪集中營[12]、奧許維茲集中營、拉文斯布呂克集中營和其他集中營內進行的人體試驗已有諸多紀錄，應該負責的人之中有一些已經受到懲罰（可惜未能讓罪大惡極的主腦約瑟夫·門格勒伏法），並非所有人都是醫生，但是他們往往臨時充當醫生。這些人體試驗項目包括在不知情的囚犯身上測試新藥，以及對囚犯施以就科學角度而言無用的粗暴酷刑，例如由親衛隊首領海因里希·希姆萊[13]為了納粹德國空軍，下令在達豪集中營進行的實驗[14]。有時會事先讓被選定的實驗對象進補以恢復正常生理狀態，然後讓他們長時間浸泡在冰水裡，或待在模仿兩萬公尺空氣稀薄狀態的低壓艙裡（那個年代的飛機根本不可能飛那麼高！），以便測試在哪個高度人體血液會開始沸騰，然而這個數據根本不需要任何成本或犧牲任何人，大可在任何一個實驗室完成，甚至用一般表格推算出來。我認為在討論用動物做痛苦實驗合法性的今天回顧當年那些令人不齒的事件別具意義。這種看似沒有目的、實則具有高度象徵意義的典型暴力，正因為具有象徵性，甚至延伸到對待遺體的方式。從遠古的史前時代開始，每一個文明都對遺體心懷敬意、崇仰或畏懼，而集中營對遺體的處理方式，說明納粹不認為那是人類殘骸，而是無關緊要的原生物質，頂多具備工業用途。數十年後，在奧許維茲紀念博物館玻璃櫥窗中，展示著納粹從被送進毒氣室或集中營的婦女身上剃下的數以噸計散亂的頭髮，縱使隨著時間褪色乾枯，仍持續對來訪者提出無聲的控訴。納粹沒來得及將這些頭髮送往預定的目的地：有幾家德國紡織工廠買下這些不尋常的商品，生產麻布袋和其他工業用織布。這些業者不大可能對於自己買的是什麼毫不知情；而作為賣方的集中營親衛隊也不大可能從中獲取實質利益，之所以這麼做的動機，與其說是牟利，不如說是為了凌辱。

每天從焚化爐清出來同樣數以噸計的骨灰很容易辨認，因為裡面常夾帶牙齒或椎骨。儘管如此，骨灰依然被用在不同地方：填充沼澤地，當作木構造建物的夾層保溫材，當作磷肥，更突兀的是，這些骨灰還被當成礫石，鋪撒在營區旁親衛隊宿舍的小徑上。我不知道是否單純因為材質特性，抑或是因為取材來源，骨灰才會被當成可踩踏的建材使用。

我不敢說我已窮盡了這個議題所有面向，也不敢說我證明了只有納粹德國繼承了無用暴力的精髓，而無用暴力同時是納粹意識形態下的必然產物。因為我們知道，無法以同一個角度去解讀波布[15]主政時期的柬埔寨。不過柬埔寨離歐洲很遠，所知有限的我們有什麼好說的？當然，無用的暴力是希特勒政治哲學的根本之一，而且不是只在集中營內貫徹執行。我想關於無用暴力的最佳評註，莫過於特雷布林卡滅絕營指揮官法蘭茲．保羅．施坦格爾接受文史工作者基塔．瑟倫利採訪時，所做的其中兩句回應（《深入幽暗》[16]）：

當瑟倫利在德國杜塞道夫監獄裡質問被判終生監禁的施坦格爾：「既然你遲早要殺死所有人……，那些凌辱和暴力有何意義？」施坦格爾回答道：「是為了制約之後要負責執行殺戮的人。讓他們有辦法動手做他們要做的那些事。」換句話說，在死之前，受害者必須先被貶黜汙衊，好讓殺人者無須背負過重的罪惡感。這個說法不是全無道理，只是教人仰天長嘆，原來那是無用的暴力的唯一用途。

譯注

1 普林西普（Gavrilo Princip, 1894-1918），波士尼亞的塞爾維亞人，是主張南斯拉夫民族主義的祕密組織成員，因不滿奧匈帝國併吞波士尼亞和赫塞哥維納，及塞爾維亞的消極作為，於一九一四年六月二十八日暗殺奧匈帝國王儲斐迪南大公夫婦，導致奧匈帝國對塞爾維亞開戰，奧匈帝國盟友德意志帝國及塞爾維亞盟友俄羅斯帝國、英、法等國紛紛加入戰爭，引發第一次世界大戰。

2 亞朵．莫洛（Aldo Moro, 1916-1978），義大利第一共和最大黨基督民主黨創始黨員，曾任黨祕書長及黨主席，並兩度出任義大利總理。一九七四至七六年間，二度擔任總理的莫洛為消弭政治對立，讓政府更具有民意代表性，促使國家團結，與第二大黨義大利共產黨達成聯合組閣共識，引發基民黨內右派勢力及國內恐共人士強烈不滿，義共黨內極左派勢力則懷疑莫洛是藉此削弱義共左派色彩。一九七八年三月十六日，時任基民黨黨主席的莫洛遭到自稱赤軍旅（Brigate Rosse）的武裝組織綁架，五十五天後被殺害棄屍。期間基民黨和政府拒絕與赤軍旅交涉，被家屬指責救援不力，導致日後有多種陰謀論，認為赤軍旅背後恐有其他政治勢力操控，目的是為了阻止義共入閣。

3 阿佛烈・羅森堡（Alfred Rosenberg, 1893-1946），愛沙尼亞籍德裔納粹軍官，求學期間經歷俄國紅色革命，避居慕尼黑，加入反猶太圖勒協會（Thule-Gesellschaft），與希特勒結識。一九一九年開始發表反猶太論述，出版相關書籍。一九二一年接掌納粹黨報《人民觀察家報》，大力鼓吹仇視猶太的納粹思想，並散布偽造文獻資料，企圖證明猶太人有藉由深入金融體系左右媒體和政治、煽動無產階級革命以主宰世界的野心，為納粹大屠殺合理化。後出任納粹德國在蘇聯境內的東部占領區首長，經常就種族清洗為題發表演說。被納粹視為黨內的思想領袖。

4 一九四四年三月二十三日，義大利游擊隊對位於羅馬市中心拉瑟拉路（via Rasella）的納粹德國占領軍憲兵隊發動攻擊，造成三十三名德軍死亡。隔天德軍展開報復行動，訂出每一名死亡德軍要以十人抵命的比例，在羅馬市郊阿德亞提納坑道（Fosse Ardeatine）槍殺三百三十五名羅馬市民和軍人後，再用炸彈炸毀坑道以掩埋屍體。

5 一九四四年六月十日，親衛隊少校狄克曼（Adolf Diekmann）聲稱有一名德國軍官遭到位於法國西南方奧拉杜爾村莊的反納粹組織拘禁，上級下令逮捕村民三十人為人質做交換，狄克曼卻讓全村居民在廣場上集合後，將所有男性帶往倉庫槍殺，婦女和兒童則被帶往教堂封閉門窗放火焚燒，最後造成六百四十二名村民死亡，村子被夷為平地。

6 二戰期間，今捷克西北方利迪策村莊屬於納粹德國的波希米亞及摩拉維亞保護國。時任保護國代理總督的萊因哈德・海德里希（Reinhard Heydrich）於一九四二年五月二十七日在布拉格遭刺殺身亡後，距離布拉格二十二公里的利迪策被指為刺客藏身處，納粹展開報復，六月十日將全村夷為平地，凡十六歲以上男子共一九二人皆遭殺害，近二百名婦女遣送拉文斯布呂克集中營，近百名兒童被送往羅茲隔離區紡織廠工作，其中十多名幼兒被交付德國家庭領養。

7 一九四三年九月八日義大利與盟軍簽署停戰協議後，納粹開始入侵義大利領土，義大利各地紛紛組成游擊隊反抗。九月十九日，義大利西北方阿爾卑斯山麓博韋斯村附近的游擊隊下山補給時與兩名親衛隊發生衝突，將人擄上山，納粹下令當地教區神父和行政公署特派委員前往交涉，成功將人帶回後，放火燒毀村莊，殺光未能及時逃離的二十五名老弱村民。同年年底再次縱火燒村，五十八人受害。

8 一九四四年八月至十月間，納粹和法西斯聯手在義大利境內實施反游擊隊焦土政策。於九月二十九日至十月五日對義大利中部波隆納附近太陽山一帶包括馬爾札伯托（Marzabotto）在內三個村鎮展開掃蕩，被殺害的游擊隊和平民共計一千六百多人。

9 索比堡滅絕營（Vernichtungslager Sobibor），位於波蘭東部，是納粹設立的大規模滅絕營之一。根據不同單位統計，死亡人數介於十七萬到二十五萬人，主要來自波蘭。

10 格奧爾格．畢希納（Georg Büchner, 1813-1837），德國作家兼劇作家，創作風格寫實中帶有表現主義色彩。未完劇作《沃伊采克》（*Woyzeck*）描述士兵沃伊采克為賺錢讓女友及他們的兒子生活無虞，接受醫學實驗後便成了禿頭。女友跟一名軍官出軌，沃伊采克心生懷疑，逮到他們二人在小酒館相擁而舞，原本想毆打軍官，卻在幻聽促使下殺了女友。

11 《利未記》（*Leuitikón*）是《摩西五經》（*Pentateuch*，猶太教稱《妥拉》〔*Torah*〕）第三卷，記述負責祭祀工作的利未族祭司團所需謹守的一切律例。

12 達豪集中營（Konzentrationslager Dachau），是納粹德國於一九三三年三月底建立的第一個集中營，位於德國南部，距離慕尼黑十六公里的達豪鎮。一九四五年四月底由美軍解放。關押人數超過十八萬人，死亡人數估計約有三萬兩千人。

13 海因里希・希姆萊（Heinrich Himmler, 1900-1945），曾任德國警察總長、親衛隊首領、內政部長，負責管轄所有集中營，執行希特勒的種族滅絕政策。納粹德國的第二把交椅。

14 一是低溫實驗，模擬德軍在東線戰場上可能遭遇的惡劣環境條件。一是為因應德國研發軍機彈射椅裝置，模擬高空中失壓缺氧狀態的實驗。

15 波布（Pol Pot, 1925-1998），一九六三年至一九九七年間赤色高棉的領導人。曾任柬埔寨共產黨總書記，更改國名為民主柬埔寨後出任總理。在他主導下，柬埔寨於七〇年代後期在國內進行大規模遷徙及屠殺，這場內部清洗被稱為「自我屠殺」。

16 基塔・瑟倫利（Gitta Sereny, 1921-2012），奧地利記者、傳記作家。曾任職聯合國機構，協助達豪集中營倖存孩童與家人團聚。著作以調查具爭議性人物的深度報導為主，其中延續漢娜・鄂蘭著作《平凡的邪惡：艾希曼耶路撒冷大審紀實》紀實分析風格完成的《深入幽暗》（全名為《深入幽暗：從安樂死到大屠殺，關於特雷布林卡滅絕營指揮官法蘭茲・保羅・施坦格爾的研究》，*Into That Darkness: from Mercy Killing to Mass Murder, a study of Franz Stangl, the commandant of Treblinka*, 1974）一書，彙整自她與施坦格爾歷時六十個小時的訪談。始終堅稱自己清白、一切作為只是完成上級交付任務的施坦格爾，在最後一次訪談中承認自己有罪，不到二十四小時後便心臟病發身亡。

第六章　奧許維茲集中營的知識分子

跟已故之人辯論很尷尬，而且有失公允。更何況這位逝者不僅是我的朋友，也是我很重視的談話對象。然而這件事不能不做。我說的友人是讓・埃默里，他本名漢斯・梅耶（Hanns Mayer），是一位以自殺結束生命的哲學家，也是自殺理論學家，我在第一章提過他。擁有兩個名字說明他的一生並不平靜，也從未尋求平靜。他於一九一二年在維也納出生，家族成員大多是猶太人，但是已經完全融入奧匈帝國文化，雖然沒有任何一個家人正式皈依基督教，但是他們家慶祝聖誕節依然會擺出亮晶晶的聖誕樹，家裡遇到小小突發狀況的時候，他母親會向耶穌、聖約瑟和聖母瑪利亞求助。他的父親死於第一次世界大戰戰場上，遺照中那個男人不是留著大鬍子的猶太賢者模樣，而是穿著帝國輕步兵團制服的軍官。直到十九歲，漢斯都沒聽說過有意第緒語這個語言存在。

他在維也納拿到文學與哲學學位，與正在崛起的納粹黨時有衝突。他認為自己的猶太人身分不重要，但是對納粹而言，他的意見和傾向不重要，重要的是血統，光是血統不純正這一點就足以將他歸類為德意志文明的敵人。一名納粹出拳打掉他一顆牙齒，這位年輕的知識分子以自己缺一顆牙為榮，彷彿那是學生間比武決鬥後留下的疤痕烙印。一九三五年頒布反猶太的紐倫堡法案[1]，一九三八年奧地利被併入德國，青年漢斯的命運徹底翻轉，他本性悲觀多疑，不做無謂幻想，頭腦清醒（Luzidität〔透徹澄明〕一直是他偏愛的用詞）的他預見每一個落入德國人手中的猶太人，都是「等待處決的緩刑死刑犯」。

漢斯不認為自己是猶太人，因為他既不懂希伯來語，也不懂希伯來文化，對猶太復國主義沒有興趣，宗教信仰方面他是不可知論者。他也不覺得自己有能力建立實際上並不存在的身分認同，那是造假，是欲蓋彌彰。不是在猶太傳統家庭裡出生的人就不是猶太人，而且很難變成猶太人，因為傳統的定義是代代相傳，是百年積累，不能後來加工。然而，人總需要一個身分，或者應該說需要尊嚴。對他而言，這兩個概念一致，二者缺一不可，否則形同精神死亡，丟盔棄甲，只能赤手空拳面對肉體死亡。有許多德國猶太人跟他一樣，相信德意志文化，但是他們的德國身分認同卻遭到否決：根據納粹高層尤利烏斯・斯特萊徹（Julius Streicher）創辦的反猶文宣刊物《衝鋒報》（*Der Stürmer*），猶太人是一種寄生蟲，毛茸茸、肥滋滋、短腿、尖鼻、招風耳，只會給別人帶來麻煩。猶太人當然不是德國人，只要公共浴池裡出現猶太人，浴池就會遭到汙染，公園長椅也一樣。

很難保護自己不受汙衊。整個世界無動於衷地看著你，幾乎所有德國猶太人都屈服於國家強權之下，並察覺自己被一視同仁地貶低汙衊。能夠脫身的唯一方法弔詭又矛盾：接受自己的命運，換句話說，接受猶太信仰與文化，同時起而對抗強加在自己身上的選擇。對於恢復猶太身分的青年漢斯而言，他不可能卻又不得不成為猶太人。這個分裂從這一天開始跟著他直到生命結束，也導致他選擇結束生命。他否認自己是個勇敢的人，但他並不缺乏道德勇氣：一九三八年他離開「被合併」的祖國，移民到比利時。之後他改名為讓・埃默里，其實是用本名易位玩文字遊戲。他接受猶太信仰和文化是為了尊嚴，沒有其他原因，但是身為猶太人，「不管去到何處，這個世界將永遠視他為病人，他的病不會承受太多煎熬痛苦，但最後結果必然會死」。他努力從博學的德意志人文學者兼評論家變成一個法文作家（但始終不成功），並且加入比利時一個政治企圖心薄弱的反納粹組織。他的心態變了，日後更會為此付出昂貴的物質和精神代價，但是他至少象徵性做到了「以牙還牙」。

一九四〇年，希特勒浪潮淹沒了比利時，儘管讓・埃默里的選擇是繼續當一個內省孤獨的學者，卻逃不過在一九四三年被蓋世太保逮捕。他被要求供出其他同志和指使者的姓名，否則就要對他刑求。他不是英雄，他在自己書中坦承他若是認識那些人，肯定會招供，問題是他真的不知道。蓋世太保把他雙手反綁在身後，手腕掛在滑輪上將他整個人吊起來，幾秒鐘後手臂就脫臼了，維持向上反折、與背脊垂直的姿勢。那些打手並未放過他，用鞭子抽打他幾乎已經失去知覺的身體，但是讓・埃默里什麼都不知道，想用背叛讓自己逃過一劫都做不到。復原後，確認了猶太身分的他被送往莫諾維茨—奧許維茲集中營，數個月後我也被遣送到那裡。

解放後我們沒再見過面，但在透過對方寫的書相認後，或許應該說透過書才真的彼此認識後，我們通了幾封信。我們對集中營的記憶在很多實質細節上吻合度很高，唯有在一件事情上發生分歧：我向來認為我對奧許維茲的記憶保存完整，絕無遺漏，但我卻忘了他長什麼樣子；他一口咬定說他記得我，其實他把我跟另一個義大利作家卡洛·李維（Carlo Levi）搞混，當時卡洛·李維以政治流亡者及畫家身分聞名法國。他還說我們有幾個星期住同一間營房，他之所以記得我是因為義大利人很少，所以稀奇，而且我在集中營最後兩個月都在做本業的化學實驗工作，這一點又更稀奇了。

我寫此文，同時也是對讓·埃默里的一篇文章做摘要和釋義，做進一步的討論及評論。他那篇悲愴冰冷的文章有兩個標題，其一是〈奧許維茲集中營的知識分子〉，另一是〈精神的界線〉，收錄在多年來我一直希望有人能翻譯成義大利文的一本書中，那本書也有兩個標題，主標題是《罪與罰的彼岸》，副標題是《一個被施暴者的克難嘗試》[2]。

從第一個文章標題就知道讓·埃默里的論述主題很明確。他待過不同的納粹監獄，而且他離開奧許維茲集中營後，還在布亨瓦德集中營和貝爾森—貝爾根集中營短暫停留過，但是基於某些理由，他的觀察僅限於奧許維茲：精神的界線，所有難以想像的，都在那裡。在奧許維茲集中營，身為知識分子是優點，還是缺點？

當然必須釐清何謂知識分子。讓・埃默里提出的定義很具代表性，值得討論：

我自然無意影射任何一位從事所謂知識性專業工作的人。受過良好教育算是一個必要條件，但並不夠。我們每個人都認識律師、醫生、工程師，或許還認識語文學家，他們都很聰明，或許在各自的專業領域中出類拔萃，但並不能稱他們為知識分子。我想在此釐清，知識分子是就廣義而言生活在以精神為依歸的體系裡面的人，衍生的領域基本上包括人文或哲學。有成熟的審美觀。出於本能和喜好，受到抽象思維的吸引……。他如果談「社會」，指的不是世俗定義的社會，而是社會學。他對導致短路的物理現象不感興趣，卻對以鄉村生活為創作背景的宮廷詩人內德哈特・馮・雷恩泰爾[3]知之甚詳。

我認為這個說法過於狹隘。與其說是讓・埃默里對知識分子的定義，不如說是他對自我的描述。就這段文字的文本背景來看，我感覺有嘲諷意味，因為知道馮・雷恩泰爾是誰（讓・埃默里肯定知道），在集中營沒有半點用處。我認為「知識分子」一詞應該包括數學家、博物學家或科學哲學家。再說，在不同國家，知識分子代表的意涵也不盡相同。其實不需要吹毛求疵，畢竟我們生活在自詡一統的歐洲，即便現在討論的這個概念是從廣義角度切入，讓・埃默里的論述照樣成立。我不打算追隨他，而是以我現有條件為基準，提出這個定義的修正版（或許我今天可以算是「知識分子」，雖然這個詞彙讓我覺得很不自在，但當年的我氣餒頹喪，無知又格格不入，肯定不夠資格。荒謬的是，我今天之所以能夠成為知識分子，全賴我的集中營經歷）。但我建議這個頭銜可以擴及所有文人，與他平日的從業內容無關。因為文人持續求新、成長、學習，他的文化涵養是有生命的，他面對任何知識都不會無動於衷或感到厭煩，儘管他顯然無法讓所有知識都開花結果。

總而言之，不管哪一個定義，都能與讓．埃默里的結論呼應。集中營的工作以勞力為主，一般來說文人的處境比非文人辛苦很多，跟身邊的勞工或農民同伴相比，除了力氣不足外，對器具操作不熟悉，缺乏鍛鍊，更糟糕的是，文人會因為強烈的羞辱感和被取代感而覺得痛苦。Entwürdigung，被汙衊，失去尊嚴。我清楚記得我去布納橡膠廠上工的第一天。我們這批義大利人（大多是專業人士或商人）在集中營登錄造冊之前，先被派去協助黏土地質戰壕的加寬工程。他們把鏟子交給我，我隨即開始手忙腳亂：我必須挖起戰壕裡的土，再拋出兩公尺高的壕溝外，看起來很容易，做起來很難，如果動作不是一氣呵成，或是方向不正確，泥土就會從鏟子掉到我身上，更常常直接掉到我這個不專業的挖土工人頭上。

就連監督我們的工頭也是臨時聘僱來的「民間人士」。那是一個德國老人，感覺是個好人，看我們笨手笨腳的樣子十分不以為然。我們努力向他解釋說我們之中幾乎沒有人拿過鏟子，他不耐煩地聳聳肩：我們這群穿得像斑馬的囚犯真麻煩，居然還是猶太人。大家都應該勞動，因為「勞動使人自由」，集中營大門口上方不是有這句標語嗎？那可不是開玩笑，確實如此。好吧，如果我們不知道如何勞動，那就認真學，我們不是利益之上的資本家嗎？沒問題，今天輪我，明天輪你。我們之中若是有人反抗，巡視我們這一區的幾個卡波就會讓他們嚐嚐勞工生涯的第一頓拳打腳踢，其他人立刻偃旗息鼓，還有一些人（包括我在內）隱隱約約意識到我們別無選擇，最好的解決方法就是學會如何用鏟子和十字鎬。

跟讓．埃默里和其他人相比，我不大會因為從事勞力工作而感到羞辱，顯然我還不夠「知識分子」。再說，為什麼我不能從事勞力工作？我是大學畢業沒錯，那是我運氣好，不是我應得的，因為我家境富裕可以讓我升學。跟我年齡相近者，許多人從青少年時期就開始鏟土。我不是說人人平等嗎？好，現在人人平等了。但是短短幾天後我的想法就變了，我的手和腳都長滿水泡發炎，所以我連臨時充當挖土工人都做不好。我不得不匆匆學會幾個基本要領，是那些運氣沒我好的人（但是在集中營，他們才是幸運之人！）從小就會的：握住工具的正確方法，手臂和上半身怎麼動才對，控制疲勞忍受疼痛，即便會被卡波或法本化工公司（IG Farbenindustrie）的「民間人士」甩耳光用腳踹，也要懂得在力氣耗盡之前停下來。我之前提過，被人拳打腳踢不會死，力竭虛脫會死。紮紮實實的一拳打下去，彷彿打了一針麻醉劑，麻醉了肉體，也麻醉了心靈。

除了勞動，對文人來說，在營房裡的生活也很難熬，那是霍布斯形容過的生活：一場所有人不斷對抗所有人的戰爭[4]（我必須重申，在一九四四年，規模最大的奧許維茲集中營是如此。其他地方，或其他集中營的情況可能比奧許維茲好，也有可能更糟）。來自威權的拳頭可以接受，因為那是不可抗力。難以接受的是來自同伴的拳頭，因為出乎意料也不合常理，很少有文明人知道如何反應。此外，我們在勞力工作中可以找回尊嚴，即便疲累不堪，還是有可能適應，或視其為某種苦修，或因個人性格不同，當作康拉德式的「自我較勁」[5]，認清自己的界線。營房千篇一律的生活最讓人難以忍受：比如我描述無用暴力時說過追求完美的愚蠢鋪床要求，用髒兮兮的溼抹布擦洗木頭地板，聽命令穿脫衣服，每次檢查頭蝨、疥瘡和個人衛生時都得當眾赤身露體，經過滿腦肥腸的親衛隊軍官面前就得突然搞笑模仿軍隊那套「密集隊形」、「向右看齊」和「脫帽」。感覺像是退化，毀滅性地倒退回不堪的童年時代，沒有導師，也沒有愛。

讓．埃默里說他深受我在第四章描述的多種語言之苦，但是他懂德語，他受的苦跟我們這些因為不懂、變得又聾又啞的人不一樣。如果讓我說，應該是精神受苦多過於實質受苦。他難過是因為德語是他的母語，因為他是熱愛德語的語文學家，就像雕刻家看到自己的雕像作品被毀損，或被截肢一樣。他的案例說明知識分子受的苦跟沒文化的外國人受的苦不一樣，對後者而言，集中營裡的德語是他不懂的語言，為此他可能付出生命作為代價；對前者而言，集中營的德語是粗鄙的行話，他聽得懂，但是讓他開口說出來卻很難。後者是被流放他鄉，前者則是身在祖國的異鄉人。

關於同伴之間的拳腳相向，回顧起來不乏逗趣和值得驕傲之處。讓・埃默里在一篇文章中陳述某個激發他「反擊」、「以牙還牙」新鬥志的關鍵插曲。一個體型魁梧的波蘭籍普通罪犯基於習慣出拳打了他的臉，他用盡全身力氣回了一拳。這個反應不是出於動物本能，而是在集中營這個黑白是非顛倒的世界裡經過深思熟慮後的反抗。他說：「我的尊嚴全繫於我打向他頷骨的那一拳，雖然結果是體型明顯居於下風的我在對方毫不留情的報復下被打得半死，但一點也不重要。被打很痛，但我對我自己很滿意。」

說到這裡，我必須承認我遠不如他，我從來沒有「以牙還牙」過，不是因為我心地純良慈悲，也不是因為知識分子情操高尚，而是我無能為力。或許是因為沒有受過嚴謹的政治教育：即便是再溫和、再不涉及暴力的政治課，都會告訴你要積極防禦。或許是因為缺乏勇氣：我有一定的勇氣面對自然和疾病威脅，但是面對他人攻擊，我毫無勇氣可言。我沒有「打架」經驗，從小時候到我記憶所及都沒有，我倒也不覺得可惜。但正是因為這個原因，我的游擊隊生涯才會如此短暫、痛苦、笨拙且悲慘。我扮演的是另一種角色。我很佩服讓・埃默里知錯能改，還有他走出象牙塔、加入「戰局」的勇敢抉擇，這一點在當時和現在，都超出了我的能力範圍。我很敬佩他，但是我必須說，離開奧許維茲集中營後始終沒有改變的這個抉擇，讓他堅守不妥協、不讓步的立場，卻因此在生活中再也無法找到快樂，或應該說再也無法活。跟全世界「打架」的人固然能找回他的尊嚴，但是必須付出高昂代價，因為注定會失敗。一九七八年，讓・埃默里在薩爾茲堡自殺身亡，他跟其他輕生者一樣，留下了含糊曖昧的解釋，不過回溯其源，他跟波蘭囚犯發生的這個衝突事件提供了另一個詮釋可能。

我知道幾年前，在他寫給我們共同友人海蒂・S的信中（我之後會談到），他說我是「寬恕者」。我不覺得他這麼說是讚美，也不是輕蔑，只是不精確。我無意寬恕，我從來沒有寬恕過任何一個納粹，我也無意寬恕在阿爾及利亞、越南、蘇聯、智利、阿根廷、柬埔寨和南非仿效納粹的人，因為沒有任何人類行為能夠抹去那樣的罪行。我要求正義，但我個人無法打架，也做不到以牙還牙。

只有一次我試著還手。我在《如果這是一個人》和《莉莉斯》書中提過那個身形壯碩的矮子艾利亞斯，屬於無論從哪方面看來都「在集中營裡如魚得水」的人，我不記得為了什麼緣故，他抓住我的手腕辱罵我，還推我去撞牆。我跟讓・埃默里一樣，覺得自尊受到傷害。我意識到我背叛了自己，違背了祖先代代相傳的反暴力約定，我為了自衛用木屐踹他的小腿。艾利亞斯大吼一聲，不是因為痛，而是因為他的自尊受損。他動作矯捷，把我雙手箝制在胸前，用全身力氣把我壓制在地，然後勒住我的脖子，我清楚記得貼得很近的他，瞪著像瓷器般淡藍色的眼睛專注地看著我的臉，直到看見我快暈過去的樣子才放手，然後不發一語轉身離開。

有了這次經驗後，我盡可能把懲罰、復仇和反擊都交給國家法律處理。這是不得不然的選擇，我知道司法制度功能不彰，但是過去的我造就現在的我，我實在無法改變自己。如果我目睹世界在我眼前崩塌，如果我被判流放、失去國家認同，如果我也被刑求到昏厥，或許我能學會以牙還牙，跟讓．埃默里一樣滿腔「怨恨」，寫出充滿焦慮的長篇論述。

這些是文化涵養在奧許維茲集中營顯而易見的缺點。難道真的沒有任何優點？我如果否認，恐怕對不起我因為環境優渥受過的平庸（且「過時」）的中學和大學教育，讓．埃默里對此也沒有否認。文化可能有用，但並非常常有用，不是處處可用，不是對每個人都有用，但是有幾次機會，跟寶石一樣難能可貴的機會，文化派上了用場，讓人感覺飄飄然，只是隨時有重摔落地的可能，興奮時飄得越高越久，摔得就越痛。

讓．埃默里說過他一個朋友在達豪集中營研究猶太哲學家邁蒙尼德[6]的事：那個朋友在達豪集中營的醫療所擔任護理人員，雖然那裡生活條件嚴苛，卻有一間圖書館，而在奧許維茲集中營就連看一眼報紙都是難以想像的危險行為。讓．埃默里還說有一天晚上，結束勞動返回集中營，走在波蘭遍地泥濘中，他努力回想賀德林[7]幾段詩句曾經深深觸動他的啟示，但是他想不起來。詩句猶在耳邊迴盪，卻再也無話對他說。然而另外一次（在醫療所喝完額外的熱湯，暫時止住飢餓後），他想起湯瑪斯．曼《魔山》[8]裡面那位病重卻依然盡忠職守的人物約阿希姆，又滿心狂喜。

對我而言，文化是有用的，不是時時刻刻有用，但有幾次以隱密且出乎意料的方式為我所用，或許還救了我的性命。相隔四十年，我重讀《如果這是一個人》的〈尤利西斯之歌〉（重讀是為了讓自己安心。我在第一章說過，時間久了，對於自己的記憶也有可能存疑），這是少數我能擔保其真實性的故事，因為當時的談話對象讓・塞繆爾是書中人物極少數存活下來的其中一個。我們今天依然保持聯繫，見過幾次面，他的記憶跟我的記憶吻合。他還記得我們的對話，但是不記得對話有什麼重點，或者應該說他記錯重點。那時候的他對但丁不感興趣，讓他感興趣的是肩膀上扛著湯桶，在那半小時內天真、自以為是又腸枯思竭想要告訴他但丁說了什麼的我，是我的義大利語，和我對課堂的混亂記憶。我在書中寫道：「我願意用今天配給的湯換取『從未見過』和結尾之間的那一段」，當時的我是真心這麼想，沒有誇大其辭。我真的願意用麵包和湯，也就是用我的鮮血，救回記憶中缺失的那一段。今天有書在手邊，可以輕輕鬆鬆隨時翻閱，那幾句詩似乎沒什麼了不起。

但是在那個時候、那個地方，但丁的詩堪稱價值連城，不但讓我跟過去重新建立關係，不再將過往遺忘在腦後，同時鞏固了我的自我認知，還讓我知道我的頭腦雖然被日常事務壓縮，但從未停止運作。但丁的詩提升了我在我自己和我談話對象眼中的地位，讓我得以喘息，雖然短暫但是清醒，是解放也是超脫，讓我得以找回我自己。讀過雷・布萊伯利《華氏四五一度》[9]的人就知道被迫活在沒有書本的世界裡是怎麼回事，在那樣一個世界裡，關於書的記憶是多麼珍貴。對我而言，集中營的意義便是如此，我記得發生「尤利西斯」那段插曲前後，我讓其他義大利同伴不堪其擾，因為我要他們幫我找回屬於我的昨日世界裡這個或那個片段，結果乏善可陳，反而在他們眼中看到不耐和懷疑：這個傢伙究竟想用里歐帕迪和亞佛加厥數[10]搞什麼名堂？該不會是太餓，腦袋出問題了吧？

我也不能對我具備化學專業獲得的好處視而不見。就實際面而言，我的化學專業很可能讓我在好幾次篩選中免於被送進毒氣室的命運。根據我後來讀到的相關資料（《法本公司的罪與罰》[11]，得知附屬於奧許維茲的莫諾維茨集中營是法本公司的資產，換句話說，那是一個私人集中營。德國企業家不像納粹首領那麼短視，他們知道專業人士（我通過他們要求我參加的化學考試後也成為其中一員）無法輕易取代。不過我要說的好處並不是獲得特權，在室內工作、不消耗體力，也沒有愛打人的卡波這種好處，而是另一種好處。我想我並不贊同讓・埃默里「基於個人經驗」，把科學家及技術人員排除在知識分子類別之外的論述，他認為知識分子只能來自文學和哲學領域。達文西說自己「非舞文弄墨之人」（omo senza lettere），難道他不是知識分子？

我帶進集中營的，除了學業上獲得的實用知識外，還有因為化學及其相關領域所養成、可以廣泛應用的一種不易界定的文化資產，那就是我的思維習慣。如果我做出某種反應，我手中的化學物質，或跟我對話的人會有什麼反應呢？它、他或她會不會呈現某種狀態？還是會中斷或改變原有狀態？我可以預知一分鐘後、明天或一個月後我身邊會發生什麼變化嗎？如果可以，哪些現象要注意，哪些可以忽略？我可以預見拳頭什麼時候來，從哪裡來，擋下它或躲過它嗎？

更重要、也更特別的是，我因為這個專業養成了一個習慣，對任何偶然出現在我面前的人給予關注，這個習慣有可能被評斷為人道或不人道：他們是人，但也是「樣本」，是裝在密封袋裡等待辨識、分析、估量的樣本。奧許維茲集中營送到我面前的樣本數量龐大，不但多樣而且奇怪，有朋友，有中立者，也有敵人，是給養我好奇心的養分，不過也有人在當時或之後表示我的好奇心是一種冷漠。這些養分在當時自然有助於我的某部分保持活絡，後來則成為我思考和書寫的材料。我說過，我不知道自己在集中營算不算知識分子，或許當壓力得到紓緩的時候，在那瞬間即逝的片刻我是；如果後來我變成了知識分子，在集中營累積的經驗肯定有幫助。我知道這種「順其自然」的態度不只是、也不必然是來自化學，但是對我而言就是來自化學。另一方面，對我、對莉迪亞・洛斐和許多「運氣好」的倖存者而言，集中營就像是一所大學，這麼說不是反諷，因為集中營確實教會了我們觀察四周，觀察人。

由此觀之，我的世界觀跟我的同伴兼辯論對手讓・埃默里的世界觀截然不同。他在字裡行間透露出他感興趣的也與我不同。當年的他是對抗使歐洲腐化、進而威脅全世界（至今）之惡疾的政治鬥上，是奧許維茲集中營難能可貴的精神哲學家，是被歷史不可抗力剝脫了祖國和身分的學者。當年的他目光看向遠方，很少停留在集中營那些烏合之眾身上，集中營裡的代表人物、「穆斯林」和因為筋疲力竭，心智瀕臨瓦解或已經宣告死亡的人，不是他關心的對象。

所以，文化素養確實有幫助，雖然只在某些無關緊要的地方，而且時間不長。但是有可能粉飾太平數個小時，跟某個同伴建立短暫關係，讓頭腦保持活絡清醒。文化素養無法幫助你釐清方向，或適應環境。關於這一點，身為外國人的我和身為德國人的讓・埃默里看法一致。理性、藝術和詩歌都無助於讓人認識集中營這個地方，「那裡」的日常生活是無聊夾雜恐懼，忘記它有益身心健康，就像學會忘記家和家人一樣。我說的不是徹底遺忘，其實也沒有人能夠真正做到，我說的是把那些占地方的東西集中堆放到記憶閣樓裡，反正平常生活中用不到。

在這件事情上，非文人比文人做得好。非文人更早就接受「不要試圖理解」，那是在集中營應該要銘記在心的第一個智慧格言。對許多來自其他集中營的囚犯，或是像讓・埃默里這樣了解歷史、邏輯和道德是怎麼回事，而且經歷過囚禁和酷刑的人而言，在集中營「試圖理解」，是白費力氣，不如把精力投注在解決日復一日的飢餓和疲勞問題上。具備邏輯和道德感會讓人難以接受不符合邏輯和不道德的現實，而拒絕接受現實通常會讓文人很快就陷入絕望之中。但人類這個動物本來就有無限的多樣性，我看過、也描述過一些受精緻文化薰陶之士，特別是年輕人，只要他們放開一切，讓自己簡化、野化，最後就能存活下來。

當一個簡單的人，養成習慣不要發問，就能不再用「為什麼」自我折磨。如果擁有一項專業技能或手工技藝，就更容易融入環境。因為每一個集中營在不同時候需要的技能都不同，我很難一一羅列。舉一個有趣的例子：一九四四年十二月，紅軍步步逼近，每天都有空襲，水管因為結凍而爆裂，這時候奧許維茲集中營成立了一個會計小隊（Buchhalter-Kommando），我在《如果這是一個人》第三章提到的斯坦洛夫也被徵召加入，雖然他並未因此逃過死劫。這當然是特例，是納粹德國傾圮之前的瘋狂之舉，不過可以想見在一般情況下，裁縫、鞋匠、技工和泥水匠都能找到不錯的位置，然而這些人實在太少，所以在莫諾維茨集中營還開了一個泥水匠培訓課程（自然不是出於人道精神考量），讓十八歲以下的囚犯參加。

讓·埃默里說，即便是哲學家最後也有可能接受現實，只是花的時間比較長。他有可能打破由常識建構的藩籬，那是他拒絕接受險惡現實的障礙；活在可怕世界裡的他也有可能承認妖魔鬼怪確實存在，笛卡爾的邏輯與親衛隊的邏輯同時並存：

> 如果提出要殲滅他的那些人是不容否認的強者，會不會他們才是對的？如此說來，知識分子最基本的寬容精神和合理懷疑就是促成自我毀滅的因素。對，親衛隊是可以做他們想做的事，自然法不存在，道德準則跟流行一樣有起有落。當時德國要消滅猶太人和政敵是因為

它認為那是自我實現的唯一一條路。那又如何？古希臘文明也建立在奴隸制度上，雅典軍隊曾在米洛斯島上駐紮，跟親衛隊在烏克蘭做的事一樣。凡是歷史光芒照得到的過去，都有數不清的受害者遭到屠殺，而人類一直持續進步是十九世紀才有的天真想法。卡波為了讓大家齊步走喊的口令「左、二、三、四」，是諸多儀式之一。面對恐怖統治，能反抗的很有限，羅馬近郊阿比亞古道旁曾經有兩列釘滿奴隸的十字架，比克瑙滅絕營裡也曾經充斥屍體被焚燒的惡臭。知識分子在集中營裡不再屬於壓榨奴隸的奸商兼政客克拉蘇（Crassus）一派，而是淪為競技奴隸的斯巴達克斯（Spartacus）一派。言盡於此。

向歷史固有的恐怖本質投降，可能會讓博學之士在放棄理智的同時，取得那些缺乏學養同伴擁有的防禦武器：「過去是如此，未來也會是如此」。或許我對歷史的無知讓我免於經歷這個變形，但是我也有幸暴露在讓．埃默里提出的另一個風險下：知識分子（「德國」的知識分子，請容許我代替他做一點補充）天生有成為強權共犯的傾向，所以會支持強權，並且追隨黑格爾[12]，將國家，而且是任何一個國家神格化，認為只要國家存在，其存在便有正當性。希特勒時期的德國有太多例子可以證明此一說法，包括哲學家沙特[13]的精神導師海德格[14]、物理學家史塔克[15]、德國天主教教會最高代表福爾哈伯總主教[16]等等都證明服膺於強權之傾向確實不假。

讓・埃默里除了觀察到這個不可知論的潛在傾向外，還跟我們所有集中營倖存者一樣，注意到凡是非不可知論者及有信仰的人都比較能抵擋權力的誘惑。當然，前提是他們並非納粹國家社會主義的信徒（會這麼說是有原因的。在集中營裡，有一些堅定的納粹信徒也佩戴政治犯的紅色三角章，他們是因為意識形態分歧或其他個人因素才被分發來集中營。大家都討厭他們）。而且，他們也比較經得起集中營的考驗，倖存人數比例偏高。

我跟讓・埃默里一樣，進集中營的時候沒有信仰，解放後直到今天依然沒有信仰。我經歷過集中營種種駭人聽聞的不公不義後，反而讓我更堅定不信教的決心。那段經歷讓我從當年到現在，都無法理解任何形式的天意或先驗式正義：為什麼要將垂死之人送上運載牲口的列車車廂？為什麼要把小孩送進毒氣室？我必須承認，我嘗試過放棄（但只有一次），企圖在禱告中尋求庇護，那時是一九四四年十月，我唯一一次清楚意識到死亡近在眼前：當赤身露體的我跟其他赤身露體的同伴擠在一起，手上拿著我的個人資料卡，排隊等待走過「委員會」前面，讓他們瞄一眼決定我是否應該立刻被送去毒氣室，或是身體足夠強健可以留下來繼續勞動。在那個瞬間，我感到我需要尋求協助和庇護，但原本焦慮的我忽然間平靜下來：不能在比賽進入尾聲的時候更改遊戲規則，也不能在快要輸掉比賽的時候更改遊戲規則。在那個情況下禱告不僅荒謬（我有什麼資格提出要求？向誰提出要求？），而且褻瀆、低劣，那是一個沒有信仰的人所能做到的最大程度的不敬。我連忙刪去腦中那個念頭，否則我萬一活下來，會感到無比羞愧。

我跟讓．埃默里同樣注意到，有信仰的人面對篩選或空襲的緊張時刻，以及日常生活的煎熬，都過得比較好。至於他們的信仰是宗教信仰或政治信仰不重要，天主教神父、新教徒、不同教派的拉比、激進的猶太復國主義者、天真或老成的馬克思主義者或耶和華見證人，都因為他們的信仰而獲得救贖的力量。他們的世界比我們的更寬廣，無論時間或空間都更遼闊，而且更容易理解：他們有一把鑰匙，一個施力點，一個可以為之犧牲的千禧即將到來，一個在天上或人間已經實現正義和悲憫的地方，或即便是遙遠未來才得以實現，但希望絕對不會落空的地方，那個地方可以是莫斯科，也可以是天上或人間的耶路撒冷。他們的飢餓也與我們不同，那是來自神的懲罰，是贖罪，是奉獻，或是資本主義腐敗的果實。他們自己或身邊其他人身體上的疼痛，都是有原因的，所以不會因此陷入絕望。他們看著我們，或帶著同情，或是鄙視。他們之中還有人在勞動空檔對我們傳福音。但是沒有信仰的你，如何能夠在那一刻生出或接受「來得正是時候」的信仰，只因為它來得正是時候呢？

解放後那段日子混亂忙碌，眼前盡是奄奄一息或已經斷了氣的人，風吹來惡臭，雪地污穢骯髒。紅軍送我去找理髮師，那是我恢復自由之身展開新生活後第一次刮鬍子。理髮師原本是政治犯，之前是法國巴黎近郊「紅區」[17]的工人。我們一見如故，我隨口感嘆道能夠獲救實在匪夷所思，我們等於是在絞刑台上被救下來的死刑犯，不是嗎？他張開嘴巴看著我，驚呼道：「……可是有約瑟夫在啊！」誰是約瑟夫？我愣了幾秒鐘後才意識到他說的是約瑟夫．史達林。他從未感到絕望，史達林就是他的靠山，史達林是《聖經》〈詩篇〉歌詠的「磐石」。

文人與非文人之間的界線並不等同於有信仰者和無信仰者之間的界線，兩者呈直角交錯，形成區隔分明的四個象限：有信仰的文人、無信仰的文人、有信仰的非文人和無信仰的非文人。彷彿海岸線參差不齊的四座彩色小島，漂浮在一望無際的灰色海面上，那片海其實是一群半死不活的人，或許原本是文人，或有信仰的人，但他們已經不會開口發問，如今再問他們問題也是枉然，而且殘忍。

讓．埃默里注意到，知識分子（我要補充說明：「年輕的」知識分子，也就是他跟我被逮捕關押的那個年齡）會從他們的閱讀中形塑一個死亡意象，無臭無味，經過美化，很文藝。讓．埃默里這位德國語文學家的觀察引用了歌德的臨終遺言「多一些光！」，以及湯瑪斯．曼的《魂斷威尼斯》[18]和崔斯坦[19]的故事。對我們義大利人而言，死亡是「愛與死」兩個概念中緊跟在「愛」後面出現的那個名詞，我們有蘿拉[20]、艾門葛達[21]、克洛琳達[22]作為死亡的柔美化身，死亡是士兵在戰場上奉獻犧牲（「為祖國獻身，生命價更高」），而且「壯烈犧牲，生命永垂不朽」。這種拿來當作自我防衛兼消災驅魔的咒語，在奧許維茲集中營（或今天在任何一間醫院）所在多有，壽命都很短。在奧許維茲，死亡是枝微末節，是官僚制度，是日常發生的事。不會有人對死亡發表意見，也不會有人「用淚水撫慰」死亡。面對死亡，對死亡感覺麻木之後，文化與非文化的界線就消失不見。讓．埃默里說，到了那個時候便不再想會不會死，反正一定會死，只會思考怎麼死？

> 會討論毒氣室的毒氣需要多少時間才能發揮效用。會推測注射苯酚死亡的痛苦程度。究竟是直接給腦袋一槍比較好，還是在醫療所燈枯油盡耗死比較好？

關於這件事，我的經驗和記憶與讓．埃默里不同。或許因為我比較年輕，也比較無知，也可以說比較不敏銳，或不夠警醒，我幾乎沒有時間思考死亡。我有太多事情要操心，要想辦法多弄一點麵包，如何迴避太辛苦的工作，得補鞋子，得偷一支掃把，還要解讀我周圍那些人的臉部表情和動作。找到生活目標，就是對抗死亡最好的防禦工事。出了集中營也一樣。

譯注

1　紐倫堡法案（Nürnberger Gesetze）是納粹德國頒布的兩條反猶太法律，為保護德國血統，並維護德國公民權，禁止德國人與猶太人通婚或發生性行為，褫奪非德國人的德國公民權。

2 （原注）*Jenseits von Schuld und Sühne*，Szczesny出版社，慕尼黑，一九六六年出版。

3 內德哈特・馮・雷恩泰爾（Neidhart von Reuental, 1190-1237），著名德國戀歌（minnesang）詩人，與其他以宮廷戀情為創作主題的戀歌詩人不同之處，在於他多以鄉村生活為創作背景。

4 霍布斯（Thomas Hobbes, 1588-1679），英國政治哲學家，提出自然狀態和國家起源說。著有《利維坦》探討國家本質、社會結構與人性。認為人類心理沒有「至善」，在無政府狀態下，所有人都有可能因為爭奪財產或榮譽感試圖殺死他人，因此必須隨時保持戒心，只能依靠自己的體力和創造力保障生活，最糟糕的情況是所有人永遠處於暴力死亡的恐懼和危險中。

5 康拉德（Joseph Conrad, 1857-1924），波蘭裔英國小說家。年輕時當船員，航行世界各地，三十七歲投入寫作，擅長描寫海上冒險故事。認為生活是人和宇宙、大自然較量的戰場，也是人為了避免沉淪的一場自我較勁與考驗。著有《黑暗之心》、《吉姆爺》等。

6 邁蒙尼德（Maimonides, 1135-1204），西班牙猶太哲學家、法學家、醫生，崇尚亞里斯多德哲學，致力於讓猶太教義與當時的科學、哲學對話，並將猶太信仰歸納為十三則信條。著有猶太教律法《密西拿律法書》（*Mishneh Torah*），另一巨著《迷途指津》（*Moreh Nevukhim*）則指引猶太人如何在基督教、回教影響下堅定自己的信仰。

7 賀德林（Friedrich Hölderlin, 1770-1843），德國浪漫詩人，寫作風格結合日耳曼與古希臘思想，認為毀滅才能創造新生。

8 《魔山》（*Der Zauberberg*），一九二四年出版，以第一次世界大戰發生前十年為背景，描述年輕的德國大學生卡斯托普到瑞士阿爾卑斯山上的肺結核療養院探望表哥約阿希姆，卻發現自己也得了肺結核，只得留院治療。院內病人來自世界各國，代表不同種族、文化與信仰，但共同點是飽食終日，精神空虛，呈現出當時歐洲社會不同思潮之間的辯證，同時是西方世界的寫照。

9 雷．布萊伯利（Ray Bradbury, 1920-2012），美國小說家、散文家兼劇作家。《華氏四五一度》以反烏托邦世界為背景，描述一個壓制自由的未來社會禁止閱讀，所有人都被科技和影像娛樂牽制。

10 亞佛加厥數，指一克分子重的物質中所含的分子數目，此為常數，即 6.022×10^{23}。

11 （原注）*The Crime and Punishment of IG-Farben*，作者J.鮑金（J. Borkin），麥克米倫出版社，倫敦，一九七八。

12 黑格爾（Georg W. F. Hegel, 1770-1831），德國哲學家，唯心論哲學代表人物之一，對美學、存在主義、宗教哲學等都產生深遠影響。著有《精神現象學》、《邏輯學》。

13 沙特（Jean-Paul Sartre, 1905-1980），法國存在主義哲學家、作家，一九六四年諾貝爾文學獎得主。著有《存在與虛無》。

14 海德格（Martin Heidegger, 1889-1976），德國哲學家，在現象學、存在主義、詮釋學及政治理論領域都有巨大影響。一九三三年獲得親納粹派教授支持、被任命為弗萊堡大學校長後加入納粹黨。二〇一四年出版的《黑色筆記》（*Schwarze Hefte*）整理自海德格從一九三一年至一九六九年的筆記本內容，除哲學省思外，有明確支持反猶太主義和納粹主義言論，引發爭議。

15 史塔克（Johannes Stark, 1874-1957），一九一九年諾貝爾物理獎得主。支持納粹政權，一九三三年擔任納粹德國物理技術研究院院長，戰後被判處四年徒刑。

16 福爾哈伯總主教（Michael von Faulhaber, 1869-1952），自一九一五年起至擔任慕尼黑總主教，歷時三十五年。為保障納粹德國的信仰自由及教會權益，在福爾哈伯總主教和時任教廷國務卿的庇護十二世（Pio XII, 1876-1958）推動下，梵蒂岡和德國於一九三三年簽署德梵政教條約（Reichskonkordat），引發正反不同聲音，認為梵諦岡變相支持納粹政權。福爾哈伯總主教的立場搖擺，曾公開呼籲各教區服從希特勒政府，又說「我們不因德國血統得救，是因基督的血得到救贖」。一九三七年為梵蒂岡起草題為「極度關切」的通諭，表達教廷對納粹青年洗腦教育的不滿，並嚴厲譴責種族主義及反猶太主義，卻同時支持德奧合併、入侵捷克斯拉夫及進攻蘇聯。

17 紅區（Ceinture Rouge）是指一九二〇年到一九八〇年代持續由法國共產黨當政的巴黎近郊市鎮，是傳統重工業和輕工業集中地。

18 《魂斷威尼斯》，文學巨擘阿申巴赫對長年寫作感到倦怠，前往威尼斯度假，遇見俊美如希臘雕像的波蘭少年，深深受到吸引而不可自拔，竟不願離開瘟疫疫情蔓延的威尼斯，最後孤獨地死在荒涼沙灘上。

19 崔斯坦（Tristan）是英國十二世紀開始由吟遊詩人傳唱的亞瑟王傳說中悲劇人物之一。父母雙亡的他自小由叔父馬克國王養育，護送愛爾蘭伊索德公主與叔父成婚途中，兩人墜入情網。崔斯坦為斬斷不倫戀決定離鄉，另娶他人。一次戰鬥受傷後，向擅長醫療的伊索德求助，約定若她前來，要在船上懸掛白色風帆，但崔斯坦的妻子出於嫉妒心故意說看見的是黑色風帆，崔斯坦遂絕望而死。伊索德趕到後亦自刎身亡。

20 蘿拉（Laura）是義大利文藝復興詩人佩脫拉克《歌集》（*Canzoniere*）中的女主角，詩人用三百多首十四行詩敘述她的一生。不同於但丁將貝雅翠絲昇華為天使般聖潔美好，蘿拉在佩脫拉克眼中是一個美麗的凡人女子。蘿拉的死亡場景是在她遇見死神，死神將她頭上一頂金色的帽子拿掉之後，在當天斷氣。

21 艾門葛達（Ermengarda）是義大利作家曼佐尼小說《阿德爾齊》（*Adelchi*, 1822）中的倫巴底王國公主，嫁給法蘭克王國國王查理曼，查理曼應教皇之請參與教皇國與倫巴底王國的戰爭，與艾門葛達離婚，另娶新歡。眼見父兄和所愛的夫婿開戰，心碎的她神智錯亂，最後撒手人寰。

22 克洛琳達（Clorinda）是義大利文藝復興詩人塔索（Torquato Tasso, 1544-1595）史詩作品《被解放的耶路撒冷》（*Gerusalemme liberate*, 1590）中的衣索比亞公主，驍勇善戰，在十字軍東征攻打耶路撒冷時，投身加入守軍的她在戰場上與敵軍將領相戀，最後不幸在交戰中死於戀人劍下。

第七章　刻板印象

經歷過集中營囚禁生活的人（或擴大範圍，凡是有過處境艱困經驗的人）可以分成兩種，各自壁壘分明，沒有中間的模糊地帶：其中一種是閉口不談，另一種則是侃侃而談。各有充分理由：閉口不談的人內心深處覺得不自在，我簡化稱之為「羞愧」，他們找不到內心平靜，或是傷口依然在灼燒。另一群人願意說，而且往往在不同的衝動驅使下滔滔不絕。他們之所以開口，是因為每個人不同程度地意識到（雖然相隔多年）那段囚禁經驗依然占據生活中心，不管是好是壞，都在他們的人生中留下痕跡。他們之所以開口，是因為他們知道自己見證了影響擴及全世界，並且是百年難得一見的大事件。他們之所以開口，是因為有意第緒語格言說「說出過往不堪是好事」。芙蘭切絲卡[1]對但丁說：「再大的痛苦，也大不過回憶快樂時光的苦」。但每一位集中營生還者都知道，反之亦然：坐在溫暖的地方，面前有食物有酒，回想自己和他人經歷過的疲憊、寒冷和飢餓，是好的。尤利西斯就是這樣，坐在斯刻里亞島國王阿爾喀諾俄斯的宴會桌上，便迫不及待想要傾訴。開口傾訴的他們或許會誇大其詞，像「自吹自擂的士兵」，描述自己的害怕、勇敢、精明狡詐、進攻、挫敗和幾次勝利。唯有如此，才能讓自己跟「他人」有所區別，藉由從屬於某個團體鞏固自我認同，提升聲望。

他們之所以開口說話，或者應該說我們之所以開口說話（我改用第一人稱複數，因為我不屬於閉口不談的那群人），也是因為我們被要求這麼做。諾伯托・博比奧[2]多年前寫道，納粹滅絕營「不是人類歷史上諸多歷史事件之一，而是駭人聽聞、希望不會再重演的那個歷史事件」。而其他人，那些聆聽者、朋友、子女、讀者和陌生人，在氣憤和同情之餘，能感受到這一點。他們知道，或至少會試著去理解我們的經驗如何獨特。所以他們催促我們開口說話，而且會發問，有時候甚至會令我們感到尷尬，因為不是所有問題都很容易回答，我們不是歷史學家也不是哲學家，而是歷史見證者。更何況人類歷史未必遵循嚴謹邏輯模式發展，不是每個歷史轉折都只有單一原因。教科書喜歡簡化，但其實可能很多原因，而且當中錯綜複雜，難以釐清，甚至有可能沒有原因。還沒有任何一位歷史學家或認識論學者能證明人類歷史發展有其定數。

大家的問題中固定會出現一題，而且隨著時間一年一年過去，這個問題更是如影隨形，越來越不掩飾當中所隱含的指控之意。但是與其說那是一個問題，不如說那是一組問題：你們為什麼不逃？你們為什麼不反抗？你們為什麼不在被逮捕前「事先」避開？正因為這組問題從不缺席，而且隨著時間變得越來越龐大，因此值得重視。

關於這些問題，第一個看法和解讀是，發問的人太過樂觀。在某些國家，人民根本不知道自由為何物，因為要先滿足其他更迫切的基本需要，如禦寒、止飢、治病、除蟲，還要抵擋野獸和敵人的侵襲，之後才會自然而然意識到應該追求自由。而在那些基本需要已經得到滿足的國家，今天的年輕人視自由為無論如何都不能放棄的權利。不能沒有自由，無庸置疑，那是與生俱來的權利，自由跟健康和空氣一樣，是無償的。會剝奪自由的年代和地方，對他們來說很遙遠，很陌生，也很奇怪。因此，他們認為「囚禁」這個想法是跟逃亡或起義綁在一起的。囚禁這件事不應該，不正常，跟疾病一樣，應該用逃亡或暴動來治療它。而且，逃亡乃是道德義務這個概念有其堅實的基礎：許多國家的軍事法都明定戰俘有不計任何代價逃脫、以返回戰鬥位置的義務；此外，根據海牙公約，不得懲罰有逃亡意圖的戰俘。逃亡能洗滌並消除被囚禁的羞愧感，是普遍認知。

然而，必須一提的是，在史達林時代的蘇聯，不但無視於法律，常規處置也完全不是那麼回事，甚至更加嚴厲。蘇聯戰俘返鄉後沒有醫療，也不會被安置，即便他成功逃亡，重新加入軍隊作戰，也照樣立刻被視為戰犯。因為他不該投降，應該就義赴死。再說，他曾經落入敵人手中（就算只有短短數小時），自然有通敵嫌疑。有很多蘇聯士兵是在前線作戰時被德軍俘虜，帶到納粹占領區關押，他們逃亡後加入義大利、法國或蘇聯後方的游擊隊，一起對抗德軍，但是包括他們在內的所有蘇聯戰俘毫無警覺回到祖國後，不是被遣送至西伯利亞，就是被處決。如果日本士兵在戰場上投降，也會被人極度瞧不起。所以落入日軍手中的盟軍俘虜待遇很慘，因為他們不只是敵人，而且自甘墮落投降，是懦弱的敵人。

再者，舉凡逃亡是道德義務，也是艱難處境下不得不作此選擇的這個概念，早已經被浪漫文學（《基度山恩仇記》）和大眾文學（別忘了《惡魔島》[3]這本回憶錄多麼暢銷）反覆宣揚。電影裡受到不公（或公正）審判後坐牢的英雄永遠是正派人物，永遠試圖逃亡，甚至在幾乎不可能的情況下，最後逃亡總是會成功。有數以千計的電影被大眾遺忘，但《牢獄餘生》[4]和《颶風》[5]卻格外令人難忘。片中的「典範囚犯」不但為人正直，還擁有強健體魄，意志堅定，絕望激發了他的潛力，艱困環境則磨練了他的心智，最後他奮起克服萬難，逃亡過程中一再突破，甚或搗毀層層關卡。

這些關於監獄和逃亡的制式畫面跟集中營的真實情況相去甚遠。如果從廣義角度去界定集中營，那麼除了大家耳熟能詳的集中滅絕營之外，還有很多戰俘營和拘留營[6]。也就是說，在德國有數百萬外國人過著被奴役的生活，體力消耗殆盡、處處遭受冷眼歧視，營養不良，衣不蔽體，缺乏醫療照顧，跟祖國所有聯繫都被切斷。他們不是「典範囚犯」，為人不正直，沮喪消沉，心力交瘁。盟軍戰俘就很不一樣（我說的是美軍和大英國協軍人），他們會收到國際紅十字會提供的食物衣服，因為受過良好的軍事訓練，士氣高昂，有團隊精神，而且內部層級分明，沒有我之前說的「灰色地帶」，除了少數例外，他們彼此信任，而且他們知道如果逃亡被抓回去，也會依照國際公約處置。他們的確發動過多次逃亡行動，也有過幾次逃亡成功紀錄。

對其他人而言，對納粹世界裡的「賤民」而言（以種族來區分的話，吉普賽人和包含軍、民在內的蘇聯戰俘，比猶太人等級略高），事情很不一樣。對他們來說，逃亡很困難，而且非常危險，因為他們不但士氣低落，還因為飢餓和受虐，身體也十分衰弱，他們覺得自己的價值不如馱獸，事實也是如此。他們的頭髮被剃光，衣衫襤褸很容易辨認，腳上穿著木屐走不快，也不可能不發出聲音。如果是外國人，就無法知道集中營附近是否有可供藏身之處；如果是德國人，就會知道自己受到嚴密監視，同時已經被祕密警察派來的眼線建檔列管，很難找到同胞願意冒著失去自由和生命的危險收容他。

猶太人的例子特殊，也最悲慘（同時數量最龐大）。即便他們成功穿過倒刺鐵絲網和通電圍籬，躲過巡邏和架著機關槍的瞭望塔上哨兵的監視，躲過訓練有素搜捕人犯的狗，又能去哪裡？能請求誰收容他？他們與世隔絕，不分男女都形同不存在。他們沒有祖國（被剝奪原始國籍），家宅也被充公交給其他合法公民。有少數例外，他們已經沒有家人，就算還有親戚活著，也不知道去哪裡找人，或如何寫信跟親人聯絡而不會讓警察循線找上門。納粹宣傳部部長戈培爾[7]和媒體人尤利烏斯．斯特萊徹的反猶宣傳成果斐然：大多數德國人，特別是年輕人，都對猶太人恨之入骨，鄙視猶太人，認為他們是人民公敵。其他人，除了勇氣可嘉的少數例外，因為害怕蓋世太保不敢提供猶太人任何協助。凡是收容猶太人或給予他們協助的人，都有可能遭受嚴厲處罰。所以更應該牢記在希特勒時期，有數千名猶太人躲在德國和波蘭的修道院、地窖、閣樓裡倖免於難，務必感謝那些勇氣十足、心懷慈悲的民眾，更重要的是他們夠聰明，能保持極度謹慎長達數年之久。

任何一所集中營，只要有一名囚犯逃亡，就是看管人員的重大疏失，從兼任工作人員的囚犯到集中營指揮官，都有可能遭到撤換。就納粹標準而言，那是不可饒恕的錯誤：如果一名屬於「生物價值低劣」種族的奴工逃亡，格外具有象徵意義，表示被徹底擊敗的人獲得勝利，神話破滅。從實際面來看，意味客觀的損害，因為每一名囚犯都親眼目睹外界不應該知道的真相。因此，只要點名少了一個人（這種事並不罕見，大多只是計算錯誤，或是有囚犯體力不支昏倒），就是世界末日。整個營區都會進入警戒狀態，除了原本負責監管工作的親衛隊之外，蓋世太保也會加入巡邏行列，營區、工地、佃農住家、附近民宅全部都要搜查。集中營指揮官會下令採取一連串緊急措施，逃亡者的同胞、親近的朋友或鄰近鋪位的人都會遭到嚴刑拷打並處決。因為從集中營逃亡極其困難，所以逃亡者不可能沒有共犯，也不可能沒有任何人察覺到他逃亡前的準備工作。他同營房的同伴，有時候是全集中營所有囚犯，得在點名廣場上罰站，沒有時間限制，甚至連續罰站好幾天，不管是否下雪、下雨或出大太陽，直到逃亡者被找到為止，無論死活。如果查到逃亡者的蹤跡把人抓回來，他一定會被公開處以絞刑，不過在行刑之前，會先讓親衛隊進行自由發揮的殘酷儀式，內容每次都不同，但其凶殘程度肯定前所未聞。

為了讓大家明白必須多麼奮不顧身才能從集中營逃脫，我得重述瑪拉・齊梅特鮑姆（Mala Zimetbaum）的經歷，當然這麼做還有另一個目的，我希望她的事蹟能永遠留在大家的記憶裡。瑪拉・齊梅特鮑姆從奧許維茲─比克瑙集中滅絕營逃脫這件事有不少人說過，細節都吻合。年輕的她是波蘭猶太人，在比利時被捕，所以她通曉多國語言，在比克瑙滅絕營當口譯兼傳令，因此享有一定程度的行動自由。她為人慷慨勇敢，幫助過許多同伴，大家都愛她。一九四四年夏天，她決定跟一名波蘭政治犯艾德克（Edek）逃亡，他們不只希望重獲自由，而且要向全世界揭露比克瑙滅絕營日日屠殺的真相。他們賄賂一名親衛隊員，幫他們弄來兩套制服，偽裝成親衛隊的他們在斯洛伐克邊境被海關人員擋下來，懷疑他們是逃兵，將他們交給警察後隨即被查明身分，押送回比克瑙。艾德克立刻被吊死，他不等宣讀罪名的制式儀式完成，就自己把頭伸進繩圈裡，蹬開腳下板凳。

瑪拉・齊梅特鮑姆則決定以自己的方式赴死。她在牢房裡等待提訊時，一名同伴想辦法接近她，問她：「瑪拉，妳還好嗎？」她回答道：「我一直都很好。」她在身上藏了一片刮鬍刀片，站在絞刑架下時她割開手腕動脈。負責行刑的親衛隊員想要搶奪刀片，她當著營區所有女性面前，用沾滿血的手甩了他一個耳光。其他親衛隊員暴怒立刻衝向她，一個囚犯，不僅是猶太人，而且是一個女人，居然敢挑釁他們！瑪拉・齊梅特鮑姆被他們拳打腳踢到半死，幸好，她在被拖車載去焚化爐途中就斷了氣。

這不是「無用的暴力」，這樣的暴力很有用，能將妄想逃亡的念頭扼殺在搖籃裡。新來的囚犯想逃跑很正常，因為他們不熟悉這些經過一再檢驗的細膩操作。老鳥囚犯腦袋裡很少會閃過逃亡念頭，準備工作被「灰色地帶」的人或任何知情者向親衛隊舉發是很常見的事，因為他們害怕先前描述的那些報復。

我想起多年前發生的一件事，忍不住莞爾。我接受一班小學五年級學生之邀前去介紹我的書，並回答問題。一個看起來很機靈，應該是班長的小男孩問了我那個老問題：「你為什麼不逃跑？」我就前面的描述做了簡要回答，他不大信服，要求我在黑板上畫出集中營地圖，標示出瞭望塔、大門、鐵絲網和發電站的位置。我在三十雙眼睛注視下，盡我所能完成這個要求。小男孩對著地圖研究了一會兒，又追問幾個細節，然後把他擬定的逃亡計畫告訴我：這裡，入夜後，割斷哨兵的咽喉，穿上他的制服，緊接著去發電站切斷電源，如此一來探照燈就沒了，高壓通電圍籬也失去功能，自然就能安心離開了。他很認真地說：「下次再遇到這種情況，就按照我說的去做，你一定能逃出來。」

就一定程度而言，這段對話完美呈現了集中營真實情況和似是而非的書籍、電影與神話給養下形成的想像畫面之間的落差，年復一年地不斷擴大。更麻煩的是，大眾想像越來越傾向簡化和刻板印象，我希望能築起一道屏障擋下這個趨勢。同時，我要提醒大家注意，這個現象並不限於對近代或過去歷史悲劇的認知，實際上我們對於體會他人經驗感到困難或無能，是十分普遍的現象，而且他人經驗發生的時間、地點或性質距離我們越遙遠，這個現象就越明顯。我們會傾向於把他人的經驗轉化成我們的「類似」經驗，彷彿奧許維茲集中營的飢餓不過是跳過一餐沒吃，彷彿從特雷布林卡滅絕營逃脫就跟從普通監獄逃脫差不多容易。事件發生的時間越久遠，真實與想像的落差就越大，這一點還需要歷史學家進一步探討。

另一個同樣常常被問到、指控意味也更濃厚的問題是：「你們為什麼不反抗？」這個問題被問到的次數不比上一個問題，但本質相似，也是源自刻板印象。至於答案則必須分成兩部分。

第一，說沒有任何一個集中營的囚犯曾經起而反抗是錯的。特雷布林卡滅絕營、索比堡滅絕營和比克瑙滅絕營都發生過，而且被多次描述過，鉅細靡遺。其他規模較小的集中營也有。反抗的風險極大，應該致上最深的敬意，然而沒有任何一次反抗獲得勝利，如果勝利指的是解放集中營。如果反抗圖謀的是解放集中營，未免太天真。守衛部隊軍力強大，只要幾分鐘就能弭平動亂，更何況反抗者其實手無寸鐵。反抗的實質目的是破壞或摧毀屠殺設備，讓反抗組織的少數核心人物逃亡，有時候會成功（例如特雷布林卡滅絕營，雖然未盡全功）。從來沒有人想過大規模集體逃亡，那太瘋狂。為數千個勉強能行走的人，還有不知道在敵國領土上可以去何處躲藏的人打開集中營大門，有何意義？有何用處？

儘管如此，還是有集中營發動過起義。一小群聰明、勇氣十足，而且身體健康的人下定決心準備起義。他們付出的代價驚人，犧牲生命，集體遭受殘酷懲罰作為報復，但是值得，證明了那些堅稱納粹集中營從來沒有人試圖反抗的說法是錯誤的。起而反抗其實還有另外一個具體目標：讓自由世界的人知道納粹大屠殺這個駭人祕密。的確，少數成功逃離集中營的人，以及後來歷經千辛萬苦返鄉的那些人，接觸到媒體後都侃侃而談，但是如同我在前言所說，幾乎沒有人願意聆聽，也沒有人相信他們。想要將殘酷事實公諸於世窒礙難行。

其次，跟面對囚禁必然要逃亡一樣，面臨壓迫必然要反抗也是刻板印象。我的意思不是說這個連結不成立，而是未必成立。以下犯上，「被壓迫的多數」對抗「當權的少數」的起義歷史跟人類歷史一樣悠久，而且同樣多變且悲慘。成功的起義不多，失敗的卻不少，數不盡的起義計畫在萌芽階段就被扼殺，沒有在歷史上留下痕跡。起義成敗的變數很多：反抗者和被挑戰的威權當局各自的人數、軍力、理念、團結或分裂、外援助力，以及領導者的能力、群眾魅力和冷血程度，最後還要看運氣。不過，我們發現，無論如何，受壓迫最嚴重的人不會是帶頭反抗的人。通常帶領革命的都是勇敢、公正的領袖人物，之所以投身革命是出於大愛（或因為野心），儘管他們其實有機會安穩過一生，而且很可能是十分優渥的生活。常出現在紀念碑上的圖像是奴隸解開自己身上的沉重枷鎖，這是誇飾手法。能解開奴隸身上枷鎖的，永遠是自身枷鎖較輕、較簡陋的其他奴隸。

這並不令人意外。領導人要勝任其職，必須擁有意志力和體力，而一個人被壓迫到某個程度，兩者都會受損。要激發起義所需的動力，也就是怒氣與憤慨（起義是指底層揭竿而起的反抗，不是政變，也不是廣場示威），勢必存在壓迫，但是壓迫不能太過，也不能太鬆。集中營裡的壓迫是高壓，而且是以眾所周知若發生在其他領域會很值得讚揚的德國效率執行。納粹集中營裡的典範囚犯，也就是囚犯中的精銳主力，都在心力交瘁的崩潰邊緣：飢餓、虛弱、全身是傷（主要集中在雙腳，讓人處於「行動不便」的狀態。這個細節不容忽視！），自然情緒低落灰心喪志，變成廢人。馬克思深知廢人不可能在真實世界中帶領革命，只能在詞藻華麗的文學或電影世界裡引領風騷。所有革命，那些改變世界歷史和我們個人歷史的革命，都是由清楚知道壓迫為何物，但從未親身經歷過壓迫的那些人所領導。我之前提到比克瑙滅絕營起義，是由負責火化屍體的特遣隊發動，他們滿腔怒火又滿心絕望，但是營養良好，有衣服鞋子穿。華沙隔離區起義更讓人由衷欽佩，那是全歐洲第一起「反抗」事件，也是唯一一個在沒有勝利和獲救希望下發起的抗爭。那是由政治菁英發起的行動，他們為了保存實力，依然享有某些基本特權。

第三個問題有不同版本：你們為什麼不「事先」逃跑？為什麼不在邊境關閉前逃跑？為什麼不在搜捕行動展開前逃跑？我在此必須說明，確實很多受到納粹和法西斯政權威脅的人「事先」離開，有因為政治因素自我流放的人，也有被兩個極權政體視為眼中釘的知識分子，數以千計，有的默默無名，有的無人不曉，包括帕爾米羅．托亞蒂[8]、皮耶特羅．內尼[9]、朱塞佩．薩拉蓋特[10]、蓋艾塔諾．薩維米尼[11]、恩立克．費米[12]、埃米利奧．塞格雷[13]、莉澤．邁特納[14]、阿納多．摩米亞諾[15]、湯瑪斯．曼及其兄長海因里希．曼[16]、亞諾．褚威格[17]、史蒂芬．褚威格[18]和布萊希特[19]和其他許多人，不是所有人後來都返回故鄉，那是歐洲一次大失血，而且恐怕難以補救。他們移民（去英國、美國、南美、蘇聯，也有人去了短短數年後就被納粹浪潮席捲的比利時、荷蘭和法國。當時的他們，一如今天我們所有人，都看不清未來）不是逃亡，也不是背棄，而是自然而然選擇與潛在或真實的盟友會合，建立一個堡壘以便繼續戰鬥，或繼續創作。

然而，有更多受到極權威脅的家庭（特別是猶太家庭）只能留在義大利和德國。問他們為什麼留下來，是再次受限於刻板印象，而且對歷史有不合時宜的錯誤認知，或簡單來說，是因為無知與健忘，導致時間久遠後與事實脫節。一九三〇年至四〇年間的歐洲，跟今日歐洲不同。移民是很痛苦的一件事，當年移民比今日更加困難，花費也更多。當年移民不只需要花很多錢，而且在移民國家當地還需要有一名「接頭人」，也就是要有親戚或朋友願意提供擔保，或提供住宿。許多義大利人，特別是農民，早從一〇、二〇年代就開始移民，移民的原因是貧困和飢餓，不過他們都有（或自己覺得有）接頭人：他們大多是因為移民國家缺乏勞動力被請去的，都能得到妥善安排。但是，即便是對這些農民，或對他們的家人來說，離開祖國都是一個痛苦的決定。

特別探討「祖國」（patria）這個名詞沒有意義，它顯然不屬於口語用詞。沒有任何一個義大利人會說「我要搭火車返回祖國」，就算是開玩笑也不會這麼說。這是一個新詞，沒有明確定義，除了義大利文，其他語言沒有相對應的詞，據我所知，在義大利各地方言中沒有這個詞（說明這個詞是學術用語，本質抽象複雜），即便在義大利，這個詞的詞意也十分多變。事實上，在不同時代，「祖國」一詞所指的地理範圍不同，從個人出生的村鎮，到（就語源學角度）我們父執輩生長的地方，到義大利民族復興運動之後誕生的那個義大利。在其他國家，「祖國」指的基本上是家或出生地。在法國（有時候義大利也是），這個名詞會讓人聯想到某段有爭議、浮誇的悲慘歲月。當一個地方受到威脅，或被否認的時候，那個地方便是祖國。

對常常遷徙的人而言，祖國這個概念叫人心痛，卻也越來越淡薄。帕斯科利[20]遠離（也不算很遠）他「甜美的家鄉」羅馬涅（Romagna）就開始嘆氣：「我，唯有在祖國才能活」。曼佐尼《約婚夫婦》中的女主角盧琪亞認為祖國是矗立在科摩湖畔群山「高低起伏的山峰」上。反觀人口流動頻繁的今日，美國和蘇聯若談及祖國，不過是政治—官僚用語。哪裡是家鄉，哪裡是定居異邦之人心中的「祖國」？很多人不知道，也不在乎。

三〇年代的歐洲跟今日截然不同。當時歐洲雖然已經工業化，但骨子裡仍然是農業社會，都會化不足。「外國」對絕大多數歐洲人來說遙遠且朦朧，對比較不需要為生活奔波的中產階級來說更是如此。面對希特勒的威脅，在義大利、法國、波蘭，甚至包括在德國土生土長的猶太人大多寧願留在他們認為是「祖國」的地方，他們的考量依各地情況略有出入，但大致相同。

所有人共同的困擾都在於移民的實際執行面。那時候國際情勢緊繃，今天形同不存在的歐洲邊境，在當時已經封閉，英國和美國大量限縮移民名額。除此之外，還有另一個內在心理問題作梗。這個村落、城鎮、省市和國家是我的，我在此出生，我的先祖在此長眠。我說這裡的語言，我熟悉這裡的習俗與文化，而且說不定我也對這裡的文化有所貢獻。我繳稅，遵守法律，我為它上戰場，不管是對是錯，我冒著生命危險守住它的國界，我有親友因此在戰士公墓安息，而我，為了迎合流行的浮誇作風，也宣稱我願意為祖國犧牲奉獻。我不想、也不能拋下它，我如果死，也要死在「祖國」，這就是我所謂的「為祖國」犧牲奉獻。

這只是因為戀家，覺得一動不如一靜，而不是積極進取的愛國主義精神，如果歐洲的猶太人能預見未來，肯定不會這麼想。其實後來發生的悲劇有跡可循：希特勒在早期的著作和發言中就說得很清楚，猶太人（不只是德國猶太人）是人類的寄生蟲，應該像消滅害蟲一樣將猶太人全數消滅。但是由此得到的推論太過令人不安，反而無人相信，直到最後，在納粹（和法西斯）開始挨家挨戶展開搜捕之前，大家對種種徵兆視而不見，對危險置之不理，而且如同我在這本書一開頭就說過的，甚至還會美化現實。

在德國，這個情況遠比義大利嚴重。德國猶太人幾乎都是資產階級，而且自認為是德國人，跟他們誤以為是自己同胞的「雅利安人」一樣熱愛法律和秩序。這些猶太人不只無法預見，而且集體對國家主導的恐怖主義無感，即便恐怖主義就在他們身邊。克里斯提安．摩根施坦（Christian Morgenstern）是一位特立獨行的德國巴伐利亞詩人（雖然姓摩根施坦，但他不是猶太人），他有一句名言，意味深遠，雖然寫於一九一〇年，但是用在這裡十分貼切，那時候的德國在英國幽默作家傑羅姆（J. K. Jerome）《三人同遊》（*Three Men on the Bummel*）書中，是一個人人守法清廉的國家。那句名言很符合德國民族性，而且耐人尋味，以至於變成一句諺語，如果非要翻譯成義大利文，恐怕詞不達意：

Nicht sein kann, was nicht sein darf.（不該發生的就不可能發生）

這是摩根施坦對一首具有象徵意義的短詩所下的註解。主角帕姆斯特倫是一個過分老實的德國人，他在一條禁止車輛通行的路上被車撞倒。狼狽不堪的他爬起來後開始思索：既然這條路禁止車輛通行，表示車輛不可以通行，所以就不會有車輛通行。因此，他被車撞到這件事不可能發生，那是「不可能的現實」（Unmögliche Tatsache，正是這首詩的標題），他應該是作夢，因為「道德上不允許存在的東西就不可能存在」。

要謹慎判斷，要當心刻板印象。大家常犯的錯誤在於用此時此地的標準評斷發生在遙遠過去和地方的事。時間、空間相距越遙遠，就越難避免這樣的錯誤發生。這就是為什麼我們做為非專業人士，很難理解《聖經》及荷馬史詩作品，或是古希臘和拉丁文典籍。當時（不只當時）有許多歐洲人或非歐洲人的行為表現跟帕姆斯特倫如出一轍，否定所有「不應該存在」的事實。就常理而言（曼佐尼特別將「常理」跟「明理」區分開來），人受到威脅不是反抗就是逃跑，可是今天認為再明顯不過的威脅，在當年因為執意不願相信，因為壓抑，因為用自我催化偷天換日的現實自我安慰，所以看不清。

說到這裡，必須要問一個無可迴避的問題，反問自己：即將迎來世紀末和千禧年的我們，特別是我們歐洲人，真的可以活得高枕無憂嗎？有人告訴我們，而且應該有一定的可信度：今天的核武器儲備量可以讓地球上每一個人平均分配到三至四噸的三硝基甲苯，只要動用百分之一，就能讓數千萬人立即喪命，還會造成全人類的基因浩劫，甚至是地球上除了昆蟲之外所有生物的基因浩劫。如果第三次世界大戰全面爆發，即便不使用核武，即便戰火沒有波及全球，一樣有可能發生在大西洋到俄羅斯烏拉山脈之間，或地中海到北冰洋之間。其威脅性跟三〇年代的戰爭不同，離我們比較遠，但影響層面更廣。有人說，這與一種新興的對歷史的魔鬼崇拜有關，這點尚待進一步釐清，但（截至目前為止）與人類的魔鬼崇拜無關。這樣的戰爭是與全民為敵，因此更是「無用的」暴力。

如此說來，今日的恐懼相較於昨日，是庸人自擾，還是其來有自？我們跟我們的父執輩一樣，看不見未來。瑞士人和瑞典人都有防核避難所，問題是等他們重新回到地面，會看到什麼？或許玻里尼西亞、紐西蘭、火地島和南極洲能保持完整無缺。今天比當年更容易拿到護照和簽證，我們為什麼不離開？我們為什麼不拋下我們的國家？我們為什麼不「事先」逃亡？

譯注

1　芙蘭切絲卡出現在但丁《神曲》地獄篇第五歌。芙蘭切絲卡（Francesca da Polenta）是拉溫納（Ravenna）領主女兒，一二七五年政治聯姻嫁給里米尼（Rimini）的領主長子強衷托（Gianciotto Malatesta），卻愛上小叔保羅（Paolo Malatesta），二人被撞破姦情的強衷托殺死。

2　諾伯托．博比奧（Norberto Bobbio, 1909-2004），義大利哲學家、法學家兼政治學家。被譽為二十世紀下半葉最重要的法學理論家兼政治哲學家，對不同世代的學者皆有深遠影響。

3　《惡魔島》（*Papillon*，或譯《蝴蝶》）是犯下殺人罪的法國囚犯亨利．查理葉（Henri Charrière, 1906-1973）記錄他自一九三三年起被關押在法屬圭亞那外海小島重刑監獄及逃獄經驗的回憶錄，真實性屢遭質疑。後改拍成同名電影。

4 《牢獄餘生》（*I Am a Fugitive from a Chain Gang*, 1932），改編自逃犯羅伯特・伯恩斯（Robert Elliott Burns）同名自傳作品。從第一次世界大戰退役下來的主角艾倫被誣陷搶劫，判刑坐牢十年，不堪勞役生活不人道待遇的他逃獄成功，在芝加哥營建業發跡，被得知他祕密的瑪莉逼迫結婚，三年後因遇見真愛要求離婚，被妻子告密因而再度逃亡。是美國第一部從同情觀點呈現囚犯獄中生活的電影，讓觀眾開始思考美國司法制度的合理性。

5 《颶風》（*The Hurricane*, 1937），南太平洋小島上的青年特朗伊離開新婚妻子，跟隨商船赴大溪地，上岸後得罪有種族歧視的當地權貴，被判刑坐牢六個月。特朗伊屢次逃獄失敗，導致刑期延長至十六年，他在八年後終於逃回家鄉，與追捕他的警方幾乎同時抵達的還有前所未見的颶風，小島成為廢墟，而特朗伊帶著家人遠走他方。

6 居留營（Internati Militari Italiani）是納粹德國專為義大利簽署停戰協議後為被俘虜義大利士兵在德國境內設置的營區，這些士兵被納粹視為拘禁對象而非戰俘，以逃避國際公約約束，利用他們的勞動力，不受國際紅十字會監督。總計約六十萬名遭拘留士兵中，有近萬名因猶太裔身分被遣送至奧許維茲集中營。

7 戈培爾（Paul Joseph Goebbels, 1897-1945），納粹德國的國民教育與宣傳部部長，對德國媒體、藝術和資訊進行嚴厲控管，焚毀禁書，並積極對國民展開宣傳。希特勒自殺後繼任總理，與蘇聯展開交涉，拒絕無條件投降後自殺身亡。

8 帕爾米羅・托亞蒂（Palmiro Togliatti, 1893-1964），於法西斯執政期間兩度出任義大利共產黨總書記，曾流亡蘇聯，返回義大利後曾任副總理及司法部部長。

9 皮耶特羅・內尼（Pietro Nenni, 1891-1980），於法西斯執政期間三度出任義大利社會黨總書記，曾流亡法國，返回義大利後曾任副總理及外交部長。

10 朱塞佩・薩拉蓋特（Giuseppe Saragat, 1898-1988），義大利聯合社會黨創黨元老，在法西斯下令解散該黨後，薩拉蓋特流亡奧地利。返回義大利後曾出任副總理、外交部長。一九六四年出任義大利共和國第五任總統。

11 蓋艾塔諾・薩維米尼（Gaetano Salvemini, 1873-1957），義大利社會黨國會議員，反對納粹專政立場鮮明，聯名簽署知識分子反法西斯宣言，一九二五年遭法西斯警察逮捕，判刑後獲得大赦，隨即逃亡法國，輾轉於美國、英國等任教講學，一九四九年始返回義大利。

12 恩立克・費米（Enrico Fermi, 1901-1954），美籍義大利裔物理學家，專攻量子力學、核物理、統計力學研究，是原子彈的發明者之一，被譽為原子能之父。一九三八年法西斯政府頒布反猶太種族法，同年諾貝爾獎公布他是物理獎得主。因妻子及數位研究同仁都是猶太人，前景不明，便在前往斯德哥爾摩領獎之後全家轉赴美國。研發製造原子彈的曼哈頓計畫的核心人物之一。

13 埃米利奧・塞格雷（Emilio Segrè, 1905-1989），美籍義大利猶太裔物理學家，法西斯政府頒布反猶太種族法時，他正在美國柏克萊大學講學，便定居美國。後參與曼哈頓計畫。一九五九年諾貝爾物理獎得主。

14 莉澤・邁特納（Lise Meitner, 1878-1968），瑞典籍奧地利猶太裔原子物理學家。一九三八年奧德合併後，她的研究工作因猶太身分受阻，遂流亡瑞典，任職諾貝爾研究院。她發現核分裂理論，為原子彈發明提供了理論依據，但始終拒絕加入曼哈頓計畫的邀請。

15 阿納多・摩米亞諾（Arnaldo Momigliano, 1908-1987），義大利猶太裔歷史學家，參與義大利百科全書、大英百科全書和牛津古典詞典的編纂工作，一九三九年流亡英國。

16 湯瑪斯・曼於一九三三年希特勒上任掌權後不久，在慕尼黑大學發表演說，評論納粹主義與德國藝術的關係，引發在座不少納粹人士不滿，他出走瑞士、美國等地，戰後返回瑞士定居。其兄長海因里希・曼（Heinrich Mann, 1871-1950）也是一名作家，反納粹立場鮮明，希特勒上台後選擇移民法國，隨即被取消德國國籍，入籍捷克斯拉夫。隨戰火蔓延全歐洲，再遷居美國。

17 亞諾・褚威格（Arnold Zweig, 1887-1968），德國猶太裔作家，在一九三三年五月納粹焚燒禁書事件後決定離開德國，先出走捷克，後避居當時英國代管的巴勒斯坦。二戰後返回東德。

18 史蒂芬・褚威格（Stefan Zweig, 1881-1942），英籍奧地利猶太裔作家、歷史學家，一九三三年五月焚書事件後避居英國；一九四一年與第二任妻子定居巴西，隔年二人自殺身亡。著有《一個陌生女子的來信》。

19 布萊希特（Bertolt Brecht, 1898-1956），德國劇作家、導演、詩人，提出著名的「史詩劇場」戲劇理論。早期作品受黑格爾及馬克思影響。一九三三年二月柏林國會縱火案讓希特勒找到藉口打壓共產黨勢力、取消憲法賦予總統職權，進一步邁向全面獨裁，布萊希特決定離開德國。在歐洲流浪多年，一九四一年經蘇聯前往美國，因共產思維遭到美國當局調查，一九四八年返回東柏林定居。作品有《三便士歌劇》（*Die Dreigroschenoper*）、《四川好女人》（*Der gute Mensch von Sezuan*）、《高加索灰闌記》（*Der kaukasische Kreidekreis*）等。

20 帕斯科利（Giovanni Pascoli, 1855-1912），十九世紀義大利文學的代表人物，也是研究但丁的專家。

第八章　德國讀者來信

《如果這是一個人》這本書並不起眼，但是就像遷徙的動物一樣，四十年來在身後留下了錯綜複雜的長長足跡。一九四七年初次出版，印行兩千五百本，評論反映頗佳，銷售成績尚可，餘下六百本存放在翡冷翠一個滯銷書倉庫裡，因一九六六年秋天洪水肆虐全數損毀。「蟄伏」十年後，一九五七年被艾伊瑙迪出版社相中再度出版，得以重見天日。我常常問自己一個無聊問題：如果當初這本書一出版就暢銷，會發生什麼事？或許不會有什麼特別不同，很可能我會繼續我辛苦的化學專業，利用週末寫作（也未必是每個週末）；不然就是我被沖昏頭，加上運氣好，順理成章轉行當作家。我先前說過，問這個問題是多此一舉：重建虛構的往事，「如果當年……會發生什麼事」就跟預見未來一樣不可信。

儘管起步不順利，但這本書持續向前，翻譯成八至九種不同外語出版，在義大利國內外被製作成廣播劇和舞台劇演出，在難以計數的學校課堂上被拿出來討論。《如果這是一個人》一路走來，其中有一個停靠站對我來說格外重要，那就是它被翻譯成德文，在西德出版。一九五九年，我得知一家德國出版社（Fischer Bücherei）買下了《如果這是一個人》的版權準備翻譯，我感到前所未有的激動，彷彿打贏了一場仗。我寫那本書的時候並沒有設定讀者，對我來說，那是我心裡的想法，讓我煎熬，不吐不快。把話說出來，或在屋頂上喊出來，對象既是所有人，也就形同沒有人，如同在荒漠中對空吶喊。得知德國出版社要簽約買版權的消息，一切頓時不同，我也終於明白：那本書固然是用義大利文書寫，是寫給義大利人看，寫給後代子孫、不知情的人或不想知道的人、尚未出生的人及出於自願或非自願放任傷害發生的人看，可是真正的讀者，《如果這是一個人》作為武器瞄準的對象，正是德國人。如今子彈已經上膛。

大家應該記得，一九五九年距離奧許維茲集中營解放僅僅過了十五年，會讀到我那本書的德國人很有可能是「當事人」，而非他們的後代。他們或許曾經是迫害者，或許曾經冷眼旁觀，如今變成讀者。我很想逼迫他們，或把他們綁在鏡子前面。算帳、攤牌的時候到了。更重要的是，對話的時候到了。我無意報復，（具有象徵意義，有失公允、不夠完整的）神聖紐倫堡審判已經滿足我的私心，我覺得那樣已經足夠，至於誰該上絞刑台自然有其他人和專家負責。我只想理解，理解他們。我關心的不是那些赫赫有名的戰犯，而是一般人，那些我曾經就近見過的人，那些被親衛隊招募的人，還有其他那些曾經深信不疑的人，或是雖然不相信但緘默不語的人，以及那些沒有勇氣直視我們，不曾施捨過一塊麵包給我們，也不曾低聲說出半句寬慰話語的人。

我清楚記得那個時候，那個氛圍，我想我可以不帶任何偏見和怒氣評斷他們。幾乎所有人，但不是所有人，選擇掩耳不聽、睜眼不見、閉口不語，有一大群「殘疾人士」環繞在一小群凶殘人士周圍。幾乎所有人，但不是所有人，都曾經怯懦退縮。我想在此分享一則讓人感到窩心的故事，以證明我與大眾切入的評論角度不同。這個例子很特別，但是確有其事。

一九四四年十一月，我和另外兩個同伴在奧許維茲集中營的化學實驗室工作（我在其他地方描述過這個實驗室）。空襲警報響起，轟炸機隨即出現，出動了上百架，可以想見這次轟炸結果很可怕。營區裡有幾個大型防空洞，但那是德國人專屬的掩體，我們不得進入。我們只能在圍牆內已經覆蓋白雪的休耕土地上找掩護。我們所有人，不管是囚犯或民間人士都衝下樓梯，準備往各自的避難處奔去。實驗室負責人是一名德國技術人員，他叫住我們幾個化學「囚犯」：「你們三個跟我來。」我們愣了一下，便跟著他跑向防空洞，入口處站著一名武裝警衛，手臂上有納粹黨徽。他說：「您請進，其他人滾蛋。」實驗室負責人說：「他們是跟我一起的，要嘛一起進，不然都不進。」然後就打算強行闖入，於是兩人打成一團。身材魁梧的警衛自然占上風，幸好這時警報解除。原來這次空襲目標不是我們，轟炸機往北飛去。如果（又是如果！實在很難抗拒走上岔路的誘惑），如果那些不正常的德國人，那些能展現適度勇氣的德國人再多一些，當年的歷史和今天的世界版圖就有可能不同。

我對德國出版社沒信心，寫了一封蠻橫無理的信過去，不准對方刪減或修改任何一個字，還要求他們在翻譯過程中，將譯稿分批一章一章傳給我看。我想檢查是否如實翻譯，我指的不光是字面的用詞遣句，還有內在精神。第一章翻譯得很好，隨著譯稿傳來的還有譯者的一封信，義大利文無懈可擊。編輯把我的信轉給他看了，我不需要擔心，無須擔心編輯，也不用擔心譯者。他做了自我介紹：他跟我同年，在義大利讀了好幾年書，他不只做翻譯，而且還是研究義大利語言和文學的專家，專攻威尼斯劇作家哥爾多尼[1]。他也是一個不正常的德國人。他被徵召入伍，但他對納粹深惡痛絕。一九四一年他假裝生病住院，在合法的休養期間跑到義大利帕多瓦大學讀義大利文學。後來他被核定為暫免服役，就繼續留在帕多瓦，跟幾個以孔切托．馬爾凱斯[2]、艾吉迪歐．梅內戈提[3]和歐特羅．皮格尹[4]為首的反法西斯組織有往來。

一九四三年九月，義大利簽署停戰協議，德軍在兩天內出兵占領了北義，他「自然而然」加入了隸屬正義與自由縱隊[5]的帕多瓦游擊隊，在帕多瓦西南方尤佳寧山區（Colli Euganei）一帶對抗義大利傀儡政權薩洛共和國及他的德國同胞。他堅信自己是義大利人多過德國人，寧願當游擊隊也不當納粹，他知道自己冒的風險：困苦、危險、懷疑與不安。他如果被德軍抓到（有人告訴他親衛隊正在搜捕他），肯定慘死。而且他在德國會被視為逃兵，甚或是叛國賊。

戰爭結束後他定居柏林，那時候還沒有圍牆將這個城市一分為二，而是以很複雜的機制由「四大國」（美國、蘇聯、英國和法國）分區管理。因為在義大利打游擊戰的關係，他培養出完美的雙語能力，說義大利文的時候沒有絲毫外國口音。他接翻譯工作以哥爾多尼為優先，因為他很喜歡這個劇作家，何況他熟知威尼托方言；也喜歡當時德國沒人知道的另一位威尼托劇作家安傑羅·貝歐克[6]，以及其他幾位義大利當代作家，例如柯洛蒂[7]、嘉達[8]、達里戈[9]和皮藍德婁[10]。翻譯工作收入微薄，或許應該說，因為他過於謹慎仔細，翻譯速度太慢，每日平均下來難以獲得合理報酬。儘管如此，他也沒想過受聘於出版社成為正式員工，原因有二：他喜歡獨立作業；還有，過往的政治經歷難免對他造成負面影響。沒有人對他言明，不過無論是在超級民主的西德，或是在分成四區的柏林，有逃兵紀錄的他都是「不受歡迎人物」。

他很高興能夠翻譯《如果這是一個人》，這本書跟他的想法很貼切，從本質上肯定他對自由和正義的堅持，所以翻譯這本書形同延續他當初一頭熱隻身投入的那場戰役，對抗誤入歧途的德國。那段期間我們兩個都很熱衷旅行，因此開始頻繁通信。我們都追求完美，他是專業需求，我則是因為雖然找到一個盟友，而且是優秀盟友，但我依然擔心我的文字會在翻譯過程中褪色、扁平化。那是我第一次遇到這麼棘手的情況，看著自己的書被翻譯，看著自己的想法被介入、重整，看著自己的文字被篩檢、改換，或被誤解，或因為譯出意想不到的豐富語境而更為生動，實在一點都不輕鬆。

我很快就發現，我之前的「政治」疑慮其實是多此一舉，這位譯者跟我一樣視納粹為仇寇，他的憤慨絕對不亞於我。但是語言的疑慮依然存在。如我在討論溝通那一章所說，我書中用的德語，特別是對話和引述的德語，遠比他這位受過良好教育的文人所用的德語粗鄙，他雖然知道軍營裡的用語（他還是服過數個月的兵役），但是當然不會知道集中營裡夾帶惡意嘲諷的低俗黑話。我們每一封信中都有長長的提議和反駁，有時候會為了一個專有名詞展開激辯，就如我在第四章提到的那個例子。一般操作模式如下：我跟他說某個音節組合，呼應我書中提到過的某個聽覺記憶，他提出反對意見，「這不是正確德語，今天的讀者看不懂」。我反駁說，「可是集中營裡就是這麼說的」，最後只好妥協，另外組合新詞。這個經驗讓我明白翻譯和妥協是同義字，但是那時候的我過於嚴苛，執著於百分之百寫實，我希望《如果這是一個人》那本書，特別是德文版，必須完整保留集中營德語的刺耳和粗暴，因為我竭盡全力才得以在義大利文版中將其一一重現。就某個角度而言，那其實不是翻譯，而是還原。譯者做的工作，或應該說我希望他做的工作是還原現場，回溯事件發生當下的那個語言和與之相關的語言。與其說那是一本書，我更希望那是一捲錄音帶。

他很快就明白我的意思，最後完成的譯稿從各個面向來看都無懈可擊，我能夠判斷他的譯稿忠於原著，至於行文風格也得到所有評論家的讚許。接下來是撰寫序言的問題。出版社希望我自己寫，我猶豫再三，予以婉拒。我感到些許困惑，還有反感，心情沉重到無法思考，也無法動筆。寫序言的意思是讓我接續在那本書之後，也就是在我的見證之後，直接向德國人喊話，做一個結語，或訓誡。也就是說要我走上講台，拉開嗓門，從證人變成法官或佈道者，大談歷史理論和詮釋，區分邪惡和善良，從旁觀的第三人稱晉身為第二人稱。這些超過我能力所及的任務，我很樂於交給其他人去做。或許應該交給讀者去做，不管他是不是德國人。

我回信給編輯，說我覺得自己沒有能力寫出不扭曲《如果這是一個人》原意的序言，提議用一個間接的方法解決：一九六〇年五月，我跟該書譯者的合作無間終告結束，我寫信向他表達感謝，信中一段文字或可作序：

我們完工了，我很高興，對於成果也很滿意，這一切都要感謝你。但我心裡也有一點悵惘。你知道，這是我寫的唯一一本書，現在我們把它轉換成德文後，我覺得自己好像一個父親，看著兒子成年，看著他離去，再也無法照顧他了。

也不只是這個緣故。我想你或多或少感覺到，對我而言，納粹集中營，以及把納粹集中營記錄下來，是一個很重要的歷程，徹底改變了我，讓我成熟，也給了我活下去的理由。這麼說或許太過自負，但是今天的我，囚犯編號一七四五一七，因為你的幫助，我終於可以跟德國人說話，抱怨他們做過的那些事，並且告訴他們：「我還活著，我想理解你們，好評斷你們」。

我不認為人的一生非得有一個明確目標不可。但是回想我的一生，以及我預設的人生目標，我只有一個目標既明確又自覺，就是這個：寫下見證，讓我的聲音被德國人聽見，「回應」在我肩膀上擦手的那個卡波，也回應給我考試的潘維茲博士，以及把那個起義被捕、行刑前放聲高喊「我是最後一個」的人吊死的那些人，還有他們的後代子孫。

我知道你沒有誤解我。我對德國人沒有恨，就算原先心懷怨恨，在認識你之後，也已經消散。我不理解，也無法忍受有人不以個人價值、卻以他所屬的族群來評斷一個人……

然而我也不能說我理解德國人，此時此刻，因為不理解，存在令人難受的空白、刺痛，以及渴望被滿足的持續衝動。我希望這本書能在德國有所迴響，不是為了個人野心，而是因為這些迴響或許可以讓我更理解德國人，不再衝動。

編輯接受了我的提議，譯者也熱情附議，於是這段話就成為《如果這是一個人》德文版的序言，而且被視為正文的一部分。這是我從最後一行提及的讀者「迴響」發現的。

關於《如果這是一個人》德文讀者的迴響，從一九六一年至一九六四年間，我一共接到四十多封信，正好是一連串危機導致一道高牆將柏林一分為二的那段期間，柏林從此跟美、蘇對峙的白令海峽一樣，成為今天衝突一觸即發的高危險區域。這些來信說明他們認真看完書，而且每個人都回答了我那封信最後面提到的問題，或應該說他們都試著回答，或否定了那個問題有答案的可能性。我的問題是：能不能理解德國人。後來幾年，那本書再刷的時候我又收到零星來信，時間越往後，信的內容就越貧乏，寫信來的德國讀者已經是兒孫輩，創傷不屬於他們，他們沒有親身經歷過。他們在信中表達了籠統的支持、無知與冷漠。對他們而言，那段往事已經過去，是道聽塗說。他們不是我所指的「那些」德國人，除了少數例外，他們寫來的信和與他們同年齡的義大利人寫給我的信並無不同，所以不在這裡討論。

最早寫信來的，而且內容值得一提的，幾乎都是年輕人（他們自己說的，或是我從來信內容看出來的）。只有一個例外。一九六二年，一位漢堡的T・H先生寄信給我，之所以先談這封信的原因是我想盡快擺脫它。我把比較重要的部分翻譯出來，並保留原文的不加修飾：

尊敬的李維先生：

我們看的第一本奧許維茲集中營倖存者回憶錄，就是您的書。它深深觸動了我太太和我。既然在您經歷了所有那些不好的事情之後，「為了理解」，「為了得到迴響」，還願意再一次跟德國人說話，我便大膽試著回答。但這只是「迴響」，畢竟誰也無法真的「理解」他人！

……一個不信主的人，一切作為都讓人害怕，因為他沒有節制，也沒有顧忌！用〈創世紀〉第八章第二十一節的文字形容這種人最貼切：「人從小便心裡懷著惡念」，近代則有佛洛伊德精神分析研究無意識領域的驚人發現足以解釋並證明這一點，您肯定也知道。每一個年代都會發生「魔鬼失控」的事件，肆無忌憚，毫無理性可言：猶太人和基督徒被迫害，南美不同民族和北美的印第安人遭到滅絕，納爾塞斯[11]在義大利屠殺哥德人，法國及俄國在革命期間那些駭人聽聞的迫害與殺戮。誰能「理解」這一切？

您想必在等一個確切的答案，為什麼希特勒會掌權，為什麼我們不掙脫他的枷鎖。回想一九三三年……所有溫和派政黨都消失不見，只能在勢均力敵的希特勒和史達林之間、納粹和共產黨之間做選擇。我們知道共產黨在第一次世界大戰後發動了幾次大規模暴動。沒錯，希特勒看起來很可疑，但是跟共產黨相比顯然是小惡對大惡。希特勒那些華麗的詞藻或許是謊言和欺騙，但是剛開始我們沒發現。在對外政策上，他一次又一次出擊成功，所有國家都跟他維持外交關係，教宗還率先簽署了一項協議。誰會想到我們是跟一個罪犯兼叛徒並肩同行？總而言之，過錯當然不能算在被背叛的人頭上，唯有叛徒才有罪。

接下來的問題比較難回答。希特勒對猶太人莫名充滿恨意，但是並非人人如此。我們可以理直氣壯地說德國是全世界對猶太人最友善的國家。就我所知道和我看到的資料，從希特勒掌權到他下台為止，從來沒有一個人自發地羞辱過猶太人，或對猶太人動手攻擊造成任何損失，只有（風險很高的）救助意圖。

現在我要回答第二個問題。在極權國家想要起義反抗是不可能的事。之前全世界無人對匈牙利伸出援手。……更不用說我們想憑藉一己之力（反抗）。別忘記，光是在一九四四年七月二十日[12]一天，就有數以千計的德國起義軍官被處決，何況還有其他在抗爭中喪命的人。誠如希特勒後來所說，那可不是「一小群烏合之眾」。

親愛的李維先生（請容許我如此稱呼您，凡是讀過您這本書的人，都會覺得跟您很親近），我找不到藉口，也沒有理由。我被背叛、被誤導的同胞身上背負著沉重的罪。請為您重新擁有人生、平靜和您美麗的祖國而感到喜悅。在我的書架上也有但丁和薄伽丘的書。

您忠誠的T．H上。

T．H大概不知道他太太Frau. H.在這封信後面言簡意賅補了幾行，我同樣如實翻譯：

當一個民族很晚才發現自己成為魔鬼的囚徒，會有以下幾個心理反應。

一、人心中的惡會被激發出來。所以會有潘維茲博士和在無力反抗之人肩膀上擦手的卡波。

二、反之，也會激發對不公不義的積極反抗，犧牲自己和家人，但是沒有明顯成果。

三、但絕大多數會為了保住自己的性命，選擇沉默，拋棄危難中的弟兄。

我們在上帝和全人類面前承認那是我們的罪。

我常常想起這對奇怪的夫妻。在我看來，他是德國多數資產階級的典型代表，非狂熱型納粹黨員，而是投機型，在應該懺悔的時候懺悔，笨得恰好足以相信他能夠讓我接受被他簡化的近代史，還敢援引納爾塞斯屠殺哥德人的例子為自己辯解。她不像她丈夫那麼偽善，但是更偏執。

我寫了一封長信回覆，那應該是我這輩子唯一一封在盛怒之下寫的信：沒有任何一個宗教能包容追隨魔鬼的人，也不會接受把自身罪行推諉給魔鬼的辯解之詞。每個人都應該為自己犯的罪行和過錯負責，否則人類文明會從地球上徹底消失，就跟納粹德國一樣。他在信中提到的選舉數據只能騙小孩：一九三二年十一月舉行的選舉，是納粹德國最後一次自由選舉，納粹黨在國會獲得一九六席，共產黨獲得一百席，史達林深惡痛絕的民主社會黨不走極端路線，贏得一二一席。而在我的書架上，除了但丁和薄伽丘的書之外，還有希特勒在當權多年前所寫的《我的奮鬥》。希特勒這個邪惡之人不是叛徒，是言行一致的狂熱分子，他清楚闡述了他的理念，從未更改，也從未掩飾。投票給他的人自然支持他的理念。那本書無所不談：血統、土地、生存空間，說猶太人是永遠的敵人，德國人是「地球上最高級的人類」，其他國家是達到德意志統治的工具。這些不是「華麗的詞藻」，或許希特勒說過華麗詞藻，但是他從未否認寫在書中的想法。

至於德國反抗者，我向他們致敬，只不過他們一九四四年七月二十日才密謀起義實在太晚。最後我寫道：

您最厚顏無恥的論點是反猶太主義在德國並不盛行。反猶太是納粹的基本精神，從創黨之初便是如此，原因不明，納粹認為猶太人不可能是「主遴選的子民」，因為德國人才是。希特勒的文字和發言都再三重申他對猶太人恨之入骨，幾近著魔。這是納粹主義的中心思想，不是邊緣論述。所以，「對猶太人最友善」的人怎麼可能把票投給納粹黨，稱頌把猶太人視為德國頭號敵人，而且執政首要目標就是要「斬殺猶太九頭怪蛇」的那個人？

至於自發地羞辱和動手攻擊云云，您這句話本身就是一種羞辱。面對數百萬名死者，討論迫害為自發與否非常多餘且可憎。再說，德國人本來就缺乏自發性。還有，我要提醒您，沒有人強迫德國企業家雇用飢餓的奴工，其實都是利益考量；沒有人強迫Topf工廠（至今仍在威斯巴登開業，生意興隆）為集中營建造多座巨型焚化爐；或許親衛隊殺猶太人是奉命行事，但是加入親衛隊是自主行為。集中營解放後，我在波蘭卡托維茲市找到一箱箱表格，批准德國家長從奧許維茲集中營倉庫領取免費的成人及小孩衣服、鞋子，都沒有人懷疑過這麼多小孩穿的鞋子是從哪裡來的嗎？從來沒有人聽過「水晶之夜[13]」？還是以為那天晚上發生的每一樁罪行都是上級下令執法的結果？

救助意圖不是沒有，我知道，我也知道那是高風險的事；我住在義大利，自然知道「在極權國家想要起義反抗是不可能的事」。但是我也知道有各種方式，風險比較不高的方式，可以向被迫害者表示自己對他的支持，在義大利這麼做的人很多，即便在納粹占領義大利之後；而在希特勒當權的德國，這麼做的人少之又少。

其他來信就大不相同，勾勒出一個比較美好的世界。但我必須說明，即便我有意願寬恕，也無法將他們視為那時候的德國人「代表樣本」。因為我的書總共印行上萬本，或許西德國民每一千人只有一人讀過，少數人可能是隨手買的，其他人則是準備好要面對、正視並深入探討相關議題。如我先前所說，這些讀者中，只有四十多人決定寫信給我。

寫作四十多年，我對於會寫信給作者的讀者這種特殊分子已經很熟悉。他們可以清楚區分為兩種人，一種令人愉悅，一種令人不悅。介於兩者之間的極少。前者會帶來喜悅，而且讓我有所收穫，他們看書態度認真，常常不只看一遍；有時候他們甚至比作者更愛這本書，也更懂這本書。他們說自己看完書後心靈充實，明確表達自己的看法，有時候也有批評。前者會感謝作者寫了這本書，且大多會直白表示不需要作者回信。後者則讓人覺得疲倦，浪費時間。他們急於展現自己，吝於讚美，書桌抽屜裡有自己創作手稿的人不在少數，讓人感覺他們其實是打算像攀附在樹幹上的爬藤植物，藉由書和作者往上爬。他們也有可能是小朋友或青少年，因為吹牛、打賭，或為了索取簽名才寫信來。而我以感恩心情在這裡介紹的四十位寫信給我的德國讀者，都屬於前者（T．H先生除外，他是特例）。

L．I是威斯伐倫邦的圖書館管理員。她坦白說看書看到一半的時候，有強烈欲望想把書闔上，以使「擺脫隨閱讀而浮現的畫面」，但是她立刻為自己自私怯懦的衝動感到羞愧。她寫道：

您在前言中說您渴望能夠理解我們德國人。請您相信，就連我們自己都不理解我們自己，也不理解我們做過的事。我們有罪。我是一九二二年出生，在波蘭南部上西里西亞（Oberschlesien）長大，離奧許維茲不遠，但是那個時候，老實說，我對於發生在數公里外的那些駭人聽聞事件完全不知情（請您不要覺得這是藉口，確實是如此）。直到大戰爆發，我不時會遇到配戴大衛之星臂章的人，我沒有請他們來家裡，像款待其他人那樣款待他們。我沒有向他們表達善意。

這是我的罪。唯有基督的赦免，我才能面對我糟糕透頂的輕忽、膽怯和自私。

她說她是「贖罪行動」（Aktion Sühnezeichen）成員，那是一個青年福音團體，會利用假期到國外協助因德國發動戰爭受損嚴重的城市重建（她去過被德軍空軍轟炸的英國考文垂）。她沒有提到她的父母，由此可以推測或許他們知道集中營的事，但沒有跟女兒提起；也有可能是他們沒有跟那些知情的人談過話，所以他們不知道。集中營的鐵路工作人員、倉儲工作人員，以及數以千計在有集中營奴工力竭而死的工廠和採礦場工作的德國人，只要沒有用手遮住眼睛，一定會知道。我再重申一次：真正的罪，當年幾乎所有德國人集體性、全面性犯的罪，就在於他們沒有勇氣開口。法蘭克福的M．S對自己的事絕口不提，而且小心翼翼地試圖切割，提出解釋。這也是一個徵兆。

您說您不懂德語……。身為德國人的我，能感受到您說的那種恐懼與羞愧，只要活著都會記得是因為自己的同胞導致那種恐懼發生。我覺得我也是您的文字質問的對象，所以我希望能回應。

我也不明白在您肩膀上擦手的卡波之類的人，或像潘維茲博士，或是阿道夫．艾希曼，以及所有那些執行不人道命令的人，為什麼沒有意識到自己不可能躲在別人背後，推卸掉屬於自身的責任。不明白為什麼在德國有這麼多為這個犯罪體系效力的執行者，難道這一切之所以發生是因為有太多人願意配合，而且身為德國人的他們，完全不覺得痛苦？

他們是「德國人」嗎？把「德國人」、「英國人」、「義大利人」和「猶太人」視為一個單一實體，合理嗎？您提到在您不理解的德國人之中有一些特例……：謝謝您這麼說，請您記得有無數德國人……面對不公不義痛苦煎熬，在抗爭中喪命……。

我衷心希望有更多我的同胞讀您這本書，以免我們德國人變得懶散冷漠，能夠保持清醒，知道人可以墮落到施虐於他人的程度。若希望成真，您的書肯定有助於讓這一切不再重來。

我帶著猶豫回信給M．S。其實我試著回信給所有這些彬彬有禮的讀者時都很猶豫，他們畢竟是滅絕了我的（及許多其他）民族的德意志民族。那種尷尬，就本質而言，跟神經學家研究狗的制約反應一樣：有的狗對圓形有反應，有的狗對方形有反應，當方形開始滾動變得越來越像圓形的時候，狗不但不知該如何反應，而且會變得神經緊張。我回信說：

我同意您的看法：把「德國人」或任何其他民族視為單一實體，不加以區分，用同一標準評斷每一個個體，既危險，也不合理。但我無法否認每一個民族都有其獨特性（否則就不會是一個民族），有德意志民族性、義大利民族性、西班牙民族性，所謂民族性是傳統、習俗、歷史、語言和文化的總和。不覺得自己具備某個國家（正面意義的國家）民族性的人不僅缺乏完整的歸屬感，或許也不屬於人類文明的一員。因此，雖然我覺得「所有義大利人都很熱情。你既然是義大利人，那麼你肯定也很熱情」的演繹推演毫無意義，卻也認為在一定程度內期待義大利人或德國人表現出某種集體行為或傾向是合理的。當然會有特殊的個別案例，但我個人認為抱持肯定謹慎的預期心態很合理……。

……坦白說，上了年紀的那一代，有多少德國人真的意識到之前德國對歐洲做了什麼？從幾次審判令人憂心的結果來看，恐怕人數很少。雖然有人表達同情與難過，但我也聽到其他人表達不同、不以為然的看法，他們對於今日德國的強大和富裕過於志得意滿。

司徒加特的I．J是一名社工人員，她來信寫道：

您能夠讓您的文字不流露出一絲對我們德國人絕不寬恕的恨意，真是奇蹟，為此我們更應該感到羞愧。就這一點，我想要感謝您。不幸的是，我們之中仍有許多人拒絕相信我們德國人真的對猶太人做了那些駭人聽聞不人道的事。當然，他們拒絕相信的背後有各種不同原因，有的或許只是因為以中產階級的理解力，無法接受我們「西方基督徒」之中有人懷有如此深的惡意。

還好您的書出版了，可以啟發許多年輕人。或許也有機會能被老人翻開，不過在我們這個「沉睡的德國」，要做到這一點，還需要人民拿出勇氣。

我回信給她：

我對德國人心中無恨，讓很多人感到詫異。其實無須詫異。事實上，我有恨，但只針對個人。我若是法官，再如何克制心中的恨，也會毫不猶豫把那些在德國、或在其他疑似對納粹友好的國家活得高枕無憂的許多罪犯判處最高刑罰，甚或死刑。但是我也擔心會不會有任何一個無辜的人因為他沒有犯的罪行遭到懲罰。

W．A是一位醫生，他從符騰堡寫信來：

我們德國人背負著過去和（上帝知道！）未來的沉重負擔。您的書不只故事令人感動，也是幫助，是指引，因此我要謝謝您。我不能辯解說我們沒有錯，我也不認為能夠輕易跟罪行（這樣的罪行）切割……。我雖然努力想遠離過去的惡靈，卻始終是這個民族的一分子，我愛這個民族，幾個世紀來，這個民族的作為既致力於促進寶貴的和平，也讓大家置身於邪惡的危險中。回顧我們的歷史這條長河，我意識到我必須概括承受我民族的偉大與罪惡。所以我在您面前，就像是暴力犯的同謀，侵犯了您的命運，以及您民族的命運。

一九三五年出生於布萊梅的W．G是歷史學家兼社會學家，也是德國社會民主黨的激進分子：

戰爭結束時我還小，我無法因德國人犯下的可怖罪行自責，但我依然覺得羞愧。我恨那些讓您和您的同伴痛苦的罪犯，我恨他們的共犯，而他們之中還有許多人依然活著。您寫說您無法理解德國人。如果您指的是無法理解那些劊子手和他們的幫凶，那麼我跟您一樣無法理解他們。但我希望萬一歷史重蹈覆轍的時候，我有力量站出來與他們對抗。我說到「羞愧」，我想要表達的是，我認為當年某些德國人做的壞事根本不應該發生，其他德國人也不應該默許的那種感受。

Ｈ．Ｌ是巴伐利亞的一名學生，她的情況比較複雜。一九六二年她第一次寫信給我的時候，跟其他來信中再怎麼努力都擺脫不掉的陰鬱壓抑情緒完全不同，顯得格外活潑。她認為雖然我希望有所「回饋」的是重要人士或官方人士，而非一個年輕女孩，但是「她覺得自己也是被質問的對象，因為她是下一代兼共犯」。她對自己在學校受的教育，以及德國近代史的教學內容很滿意，但是她不確定「德國人天生缺乏克制能力的問題會不會有一天因為其他目的、打著不同名號再度爆發」。與她同輩的德國青年拒絕政治，因為「那是骯髒的事」，她予以譴責。她以「強烈且無禮」的方式反駁一名汙衊猶太人的神父，還反駁她的俄文老師，那是一名俄國女性，認為十月革命是猶太人造成的，而希特勒屠殺猶太人是他們罪有應得。每每在那個時刻，她總覺得「自己屬於全世界最野蠻的民族，真是說不出的丟臉」。「撇開神祕主義或迷信不談，」她深信：「我們德國人不可能逃避，必然會為自己做過的事接受公平懲罰」。她覺得自己有權利，或應該說有義務重申，「作為滿身罪孽的那一代的子女，我們要有自覺，努力消滅昨日的恐懼與傷痛，以避免同樣的事在明日重演。」

我覺得她很聰明，沒有偏見，而且是「新生代」，因此我寫信給她詢問德國當時的情況（時任西德總理是康拉德．艾德諾[14]），至於她擔心的集體性受到「公平懲罰」一事，我試著讓她明白任何

「集體」懲罰都不會是公平的，反之，公平懲罰不可能一體視之。她有次寄了一張明信片給我，說我提出的問題需要花一些時間研究，如果我有耐心，她一有詳盡答案就會立刻回覆我。

二十天後我接到她的來信，足足寫了二十三頁，等於一篇論文，那是她孜孜不倦地用電話和信函訪問許多人之後彙整而成。這個好孩子這麼做雖然出於好意，但是也有她自己指責的缺乏克制能力的問題，她還跟我道歉，真誠中語帶詼諧：「我時間有限，所以很多事我本來希望做簡短陳述，結果只能保留原樣。」因為我不是缺乏克制能力的人，所以我做了整理，只引述我認為別具意義的段落。

> 我愛我生長的這個國家，我愛我的母親，但是我對德國人這個特殊人種沒辦法有好感。或許是因為他們身上還帶有某種不久前曾經肆無忌憚展現出來的鮮明特質，也或許是因為我在他們身上看到了跟我自己相似的本質，而討厭身為他們一分子的我自己。

我問到學校的事，她回答說（並附帶相關文件）當年整個教育體制都在盟軍要求下做了「去納粹化」過濾，但是執行手法粗糙，而且普遍便宜行事，這倒不難理解，否則恐怕得汰換所有老師。學校有近代史課程，但是很少談論政治，零星穿插納粹那段歷史，切入角度不一。少數老師為之感到驕傲，少數老師避而不談，極少數老師則宣稱自己已經免疫。一名年輕老師對她說：

學生對那段歷史很感興趣，但是只要跟他們說到那是德國的集體犯罪行為，學生就會立刻反彈。因為他們之中很多人都受夠了媒體和老師「錯在我們」的論調。

H．L對此評論道：

……由年輕一代對「錯在我們」的排斥態度可知，納粹德國這個問題對他們以及有過親身經驗的上一代而言，始終未能解決，令人惱火，而且是德國所獨有。唯有當這個情緒化反應平息，才有可能客觀討論。

H．L也談到她自己的經驗（言之有理）：

大學教授不但不迴避問題，反而會用當年的報紙和納粹的宣傳手法來展現問題、記錄問題。他們陳述自己年輕時如何缺乏批判精神，滿腔熱血追隨這個新興的國家運動，包括各種青年集會、運動會等等。而我們學生則猛烈批判他們，今天回想起來，其實是我們有失公允。我們憑什麼指責他們搞不清楚情況，無法預見未來，表現不如大人呢？換成是我們，難道就比他們厲害，能夠揭穿希特勒蠱惑年輕人投身到他發動的那場戰爭的邪惡手法？

值得注意的是，這個說詞跟漢堡那位T・H先生所言並無不同，沒有一個當時的見證人否認希特勒確實具有蠱惑人心的邪惡魅力，這一點也讓他在政壇無往不利。然而我能接受年輕人這番說詞，可以理解他們試圖為父執輩那一整個世代開脫罪名，但我不能接受假裝後悔、妥協的老年人這番說詞，他們是想把所有罪責都推給一個人。

H・L還寫了好幾封信給我，給我的感覺很兩極化。她跟我描述他的父親，是一位不安、害羞又敏感的音樂家，在她小時候就過世了。她在我身上尋找父親的影子？這些信件在文史紀錄的嚴謹和孩子氣的幻想之間搖擺，她還寄了一個萬花筒給我，附帶的信中寫道：

> 我也為您建構了一個明確的形象：您逃離那可怕的命運後（請原諒我的措辭），在始終陌生的德國徘徊流浪，彷彿一場惡夢。我想我應該為您縫製一件衣裳，就像傳奇故事中那些英雄人物身上穿的衣裳，好保護您不會被世界上任何危險傷害。

我並沒有從她描繪的形象中看出我自己，但我沒有告訴她。我在回信中說那些衣裳不能送，必須由每一個人為自己編織縫製。H．L寄給我海因里希．曼的《亨利四世》系列小說中的兩本，可惜我始終沒有時間閱讀。我把正好在那時候出版的《休戰》德文版送給她。一九六四年十二月，她搬去柏林，寄了一對黃金袖釦給我，是她一位從事金銀工藝的朋友做的。我不忍心退回去給她，向她致謝的同時，請她不要再寄東西來給我。我衷心希望沒有冒犯到內心熱情的她，也希望她能理解我的防備心。那一次之後，我再也沒收到她的音訊。

我最後要談的，是威斯巴登的海蒂．S女士的來信。她跟我同年，她的來信無論從質或量的角度來看都很特別。標註為「海蒂．S」的文件夾比其他「德國讀者來信」的文件夾厚，我們之間的書信往返持續了十六年，從一九六六年十月到一九八二年十一月，包括五十多封她的來信（大多超過四頁）、我的回信，以及她寫給兒女、朋友和其他作家、出版社、地方單位、報刊雜誌的信件副本，也將近五十多封，她認為很重要，應該寄給我留存。除此之外，還有剪報和書評。其中有幾封信是「公告」，半頁是影印給不同收信人看的資料，下面空白處則是手寫的其他訊息，或比較屬於私人的問題。海蒂女士用德文寫信給我，她不懂義大利文，我剛開始用法文回信，後來我發現她理解法文有困難，所以有很長一段時間我改用英文回信。再後來，我徵求她同意，開始用我也沒把握的德文回信，一式兩份，她把其中一份修改完畢後還給我。我們只見過兩次面，一次是我到德國出差來去匆匆，約在她家碰面，另一次則是她來義大利度假，也是匆忙間約在都靈碰面。這兩次見面並不重要，信件重要得多。

她第一封信中也提到「理解」這個問題，不過她的筆調鏗鏘有力、生氣蓬勃，跟其他來信明顯不同。我們共同的奧地利友人赫爾曼·朗貝因在《如果這是一個人》第一版已經售罄後許久，才送了一本書給她。她身為地方政府文化部門的公職人員，希望能讓這本書儘快再版。她寫信跟我說：

> 您永遠不可能「理解」德國人，連我們都做不到，因為那段時間發生的事，原本無論如何都不應該發生。在那之後，對我們許多人而言，「德國」和「祖國」這兩個詞永遠失去了原先的意義。「祖國」這個概念對我們來說不復存在……。但我們絕對不該做的，就是遺忘。因此像您寫的這本書，以及其他以人性角度切入描寫種種違反人性殘暴行徑的書，對下一代格外重要……。您或許沒有完全意識到一位作家可以隱晦地傳達多少關於自己及全人類的事，您書中的每一章都因此格外具有分量及價值，特別是您對布納實驗室的描述讓我難以置信，原來享有自由的我們在囚犯眼中是那樣的人！

沒過多久，她告訴我一名俄國囚犯的事：秋天他幫她送煤炭到地窖裡，因為禁止交談，她只能默默地把食物和香菸塞進他口袋，那名囚犯為了表達感謝，便對她高喊：「希特勒萬歲！」不過法令並未禁止（當時德國有各種階級劃分和相關禁令讓人摸不著頭緒！從所有德國讀者來信，特別是海蒂女士的來信，可以得知以前不知道的事）她跟一名年輕的法國女性「志工」交談：海蒂會去集中營接人帶回家，甚至還可以帶她去聽音樂會。那名女孩因為在集中營沒辦法好好清洗，所以身上有蝨子。海蒂不敢跟她說，擔心會讓她感覺不自在，而自己會因為對方的不自在感到羞愧。

我回覆她第一封來信，說我的書雖然在德國引起迴響，可惜讀者都是並不需要看這本書的的人，因為寫信給我懺悔的都是無辜的人，而非加害者。可以想見，加害者都緘默不語。

海蒂（為簡單起見我直呼其名，雖然我們始終保持以「您」稱呼對方）在之後的來信中，一點一滴地透露出她的背景。她的父親是教育家，從一九一九年起就是活躍的社會民主黨黨員。一九三三年希特勒獨攬大權後，他隨即失業，緊接著面對的是各種迫害和經濟困境，全家搬去一個小房子住。一九三五年海蒂被就讀的中學退學，因為她拒絕加入一個希特勒青年組織。一九三八年她與一名法本化工公司的工程師結婚（所以她對布納實驗室很感興趣！），生了兩個孩子。一九四四年七月二十日德國反納粹組織刺殺希特勒失敗後，他父親被遣送至達豪集中營，她的婚姻也陷入危機。因為她丈夫雖然沒有加入納粹黨，卻也無法忍受海蒂讓自己、丈夫和孩子身陷險境，只因為她「要做她覺得該做的事」，也就是每個星期帶一點食物到她父親被關押的集中營柵欄外。

他認為我們的努力根本是白費力氣。有一次我們全家開會，研究是否有可能協助我父親，如果有可能，該怎麼做。他只跟我說：「你們還是死心吧，你們再也看不到他了。」

結果戰爭結束後，她父親回來了，骨瘦如柴形容憔悴（短短幾年後就過世）。海蒂跟父親的關係很緊密，她覺得自己應該接續參與改革後社會民主黨的活動，但是她的丈夫不同意，兩人發生爭執，他要求離婚如願以償。他第二任妻子是東普魯士難民，因為孩子的關係，他跟海蒂仍維持良好關係。有一次他對海蒂說起她父親、達豪集中營和其他集中營的事：

如果我沒辦法閱讀或聽你說那些事，請你不要介意。我們被迫逃亡的那段經歷實在太恐怖，最慘的是我們走的那條路，是之前奧許維茲集中營撤離囚犯時走的同一條路。道路兩旁是一排排屍體，我很想把那一幕忘掉，但我辦不到，我至今做夢還會夢見。

海蒂的父親返家後不久，聽到湯瑪斯．曼在廣播節目中談奧許維茲集中營、毒氣室和焚化爐。

我們一起心神不寧地聽廣播，久久不出聲。爸爸來回踱步，不說話，神色陰鬱，直到我開口問他：

「你覺得有可能嗎？他們用毒氣殺人，然後燒掉，還拿死者的頭髮、皮膚跟牙齒去再利用？」他雖然是從達豪集中營回來的，也回答道：「不可能，湯瑪斯．曼怎麼會相信這麼恐怖的事情。」結果湯瑪斯．曼說的都是真的：幾個星期後我們有了證據，對此深信不疑。

她在一封長信中描述他們在「國內遷徙」時的生活。

我母親有一個很好的朋友是猶太人。她是寡婦，孩子都移民了，她一個人獨居，始終無法下定決心離開德國。我們也被迫害，不過我們是「政治犯」，情況跟她不一樣，雖然經歷許多危險，但我們幸運逃過一劫。我永遠不會忘記那天晚上她來找我們，在黑暗中，她對我們說：「我拜託你們，不要再去看我了，我不來看你們請你們原諒。你們要知道，我會給你們帶來不幸……」我們當然還是繼續去看她，直到她被遣送到特雷津隔離區[15]為止。我們後來再沒見過她，我們其實沒有為她「做過」什麼，我們能為她做什麼呢？而我們什麼都不能做的這個念頭一直折磨著我們。請您試著理解這一點。

海蒂跟我說她於一九六七年旁聽了一場關於安樂死的審判。其中一名被告是醫生，他在法庭上宣稱自己曾被命令為精神病患注射毒藥，他基於專業良知拒絕了，相對來說，操作毒氣室的開關固然令人不悅，但還可以忍受。海蒂回到家，看到她請的清潔婦正在認真打掃，自己的兒子則在煮飯。他們三個一起用餐的時候，海蒂跟兒子描述自己在法庭上的見聞，突然間：

那名在戰爭中失去了丈夫的清潔婦放下叉子，情緒激動地打斷我的話：「現在這些審判有什麼用？我們那些可憐的士兵聽到命令，能怎麼辦？我丈夫休假從波蘭回來的時候跟我說：『我們除了槍殺猶太人，什麼事都沒做，就是一直殺人。因為長時間開槍，我的手臂又酸又痛。』既然上級下令要他那麼做，他能怎麼辦？」……我辭退了她，忍住開口恭喜她丈夫在戰爭中送命的衝動……。您看，直到今天，我們在德國還跟這種人生活在一起。

海蒂在德國黑森邦文化部工作多年，身為公務員的她很勤快，但也難免躁進，她撰寫具有爭議性的評論，「熱衷」於組織各種以年輕人為主的會議及活動，不管她所屬的政黨勝選或敗選都不改其熱情。她一九七八年退休之後，生活裡的文化面向更加多采多姿，常在信中跟我分享旅行、閱讀、短期語言進修的心得。

不過她一生最在意的，甚或可以說是孜孜不倦去做的，是與人的互動。跟我經年累月、成果豐碩的書信往來，是她諸多人際互動關係之一。「是我的命運促使我接近那些命運獨特之人」，有一次她寫信跟我這麼說。其實不是她的命運讓她這麼做，而是使命感。她尋找他們，找到他們，讓他們彼此聯繫，對他們之間的交會或交鋒非常好奇。是她把讓．埃默里的地址給我，把我的地址給了他，條件是：我們得把信件副本寄給她（而我們也確實這麼做了）。我之所以能重新找到《週期表》（*Il Sistema periodico*）〈釩〉章節中談到的那位奧許維茲集中營化學家穆勒，海蒂也居中扮演了重要角色。穆勒後來成為我的化學材料供應商，而且對自己的作為表示懺悔，他是海蒂前夫的前同事。所以，她自然有權要求擁有「穆勒文件夾」的副本。她寫信給穆勒談我，寫信給我談他，並且十分盡責地將信件副本寄給另一人，以便「讓對方知悉」。

只有一次，我們（或是我單方面的）意見分歧。一九六六年，在盟軍管理的柏林斯潘道（Spandau）監獄服刑的亞伯特．施佩爾獲釋。他是知名的希特勒「御用建築師」，在一九四三年被任命為德國裝備與軍火部長，因此那些讓我們因力竭及飢餓而死的工廠，他都脫離不了干係。紐倫堡審判中，他是唯一一個自陳有罪的被告，認罪內容包括他不知道的事，或者應該說他之所以認罪，正是因為他刻意不想知道那些事。他被判刑二十年，在獄中專心撰寫回憶錄，這本《斯潘道監獄日記》於一九七五年在德國出版。海蒂剛開始很猶豫要不要讀，後來她讀了，心情大受影響。她要求跟施佩爾會面，他們談了兩個小時。海蒂把朗貝因談奧許維茲集中營的書及我的《如果這是一個人》送給他，他則把他的監獄日記交給海蒂，請她轉寄給我。

我收到書，看了之後發現施佩爾思維縝密清晰，貌似真心悔悟（但是聰明人知道如何偽裝）。書中的施佩爾像是莎士比亞筆下的人物，野心勃勃，以至於蒙蔽了雙眼、腐化了內心，但他絕對不是野蠻人，也不是懦夫或順服的奴隸。我覺得這種閱讀經驗多此一舉，因為評斷他人並不好受，特別是施佩爾這種人並不簡單，又是已經付出代價的罪犯。我寫信給海蒂，語氣透露出不悅：「為什麼您非得去見他？因為好奇？因為責任感？還是當成一次『任務』？」

她回信如下：

> 我希望您沒有誤解我送您那本書的意義。您問的問題也沒錯。我想親眼見到他，看看放任希特勒剽竊自己理念、把自己變成希特勒親信的這個人是怎樣一個人。他說奧許維茲集中營屠殺悲劇對他而言是一大創傷，我相信他。對他如何能夠「不想看也不想知道」，壓抑一切的種種質問，讓他一直走不出來。我不認為他在為自己辯解，因為他也想理解，然而他也

同樣無法理解。在我看來，他不是一個虛偽的人，他真的很努力，為自己的過去感到痛苦折磨。對我來說，他變成「一把鑰匙」，他是具有代表性的人物，代表誤入歧途的德國。他讀完朗貝因的書之後內心十分煎熬，他向我保證一定也會閱讀您的書。我會讓您知道他的讀後感想。

我沒有再接到任何後續感想，這讓我鬆了一口氣。我如果非得（像文明人那樣）回覆施佩爾的來信，恐怕會出問題。一九七八年，與我持續信件往返的海蒂明白我並不贊成她跟施佩爾再次碰面，但她跟我致歉後還是去了，結果令她非常失望。她覺得施佩爾老了，越來越自我中心、狂妄自大，對於自己曾是御用建築師的過往頗感驕傲。那一次之後，我們通信談的議題漸漸偏向更令人擔憂的現況，包括義大利基民黨主席莫洛綁架撕票事件、派駐羅馬的蓋世太保首領凱卜勒逃亡事件[16]，以及德國紅軍派在斯達姆海姆重刑監獄同時死亡的事件[17]：她傾向相信官方公布的自殺說法，我則抱持懷疑。施佩爾於一九八一年過世，海蒂毫無預警於一九八三年辭世。

我們的友誼幾乎完全建立在書信往返上，歷時經年，收穫良多，大多時候都是愉快的。回想我們人生際遇的巨大差異，無論在地理和語言上都相距遙遠，這段友誼得以發展很是奇怪。但是我必須承認，在所有寫信給我的德國讀者當中，她是唯一「資格符合」的一個：沒有罪惡感。她感到好奇的也是我所好奇的，我在這本書中討論的議題，同樣是她為之奮戰不懈的目標，如此說來，這段友誼也就沒那麼奇怪了。

譯注

1 哥爾多尼（Carlo Goldoni, 1707-1793），義大利劇作家，以對白與結構完整的劇本取代當時流行的即興喜劇表演模式，主題亦多著墨真實社會的家庭與階級矛盾，而非宮廷戲劇的寓言奇幻路線，凸顯市民階級崛起，追求真心優於物質形式的時代變化。著有《一僕二主》（*Il servitore di due padroni*）、《咖啡館》（*La bottega del caffè*）、《老闆娘》（*La locandiera*）等。

2 孔切托．馬爾凱斯（Concetto Marchesi, 1878-1957），義大利拉丁文學家、政治家，法西斯執政期間與義大利共產黨祕密往來，擔任帕多瓦大學校長後，該校成為抗戰時期義共地下據點之一。

3 艾吉迪歐．梅內戈提（Egidio Meneghetti, 1892-1961），義大利醫學系教授，曾加入反法西斯組織「正義與自由縱隊」，後與孔切托．馬爾凱斯共同籌組反法西斯跨黨派組織「民族解放委員會」威尼托分會。

4 歐特羅．皮格尹（Otello Pighin, 1912-1945），義大利工程師，抗戰期間加入威尼托游擊隊。

5 正義與自由縱隊（Brigate Giustizia e Libertà）於一九二九年在巴黎成立，是反法西斯專政的行動組織，曾參與西班牙內戰，一九四二年另行創建行動黨。

6 安傑羅・貝歐克（Angelo Beolco, 1496-1542），義大利喜劇作家、演員兼作家。透過農民角色盧臧特（Ruzzante）貫穿多齣戲劇，勾勒出完整的時代風貌。

7 柯洛蒂（Carlo Collodi, 1826-1890），義大利作家，著有《木偶奇遇記》。

8 嘉達（Carlo Emilio Gadda, 1893-1937），義大利作家，文字風格獨特。卡爾維諾曾說嘉達「一生都想要呈現世界的混亂、糾結、纏繞，絲毫不想掩飾它錯綜難解的複雜性」，被認為是最貼切的解讀。著有《梅魯拉納大街的極致混亂》（*Quer pasticciaccio brutto de via Merulana*）、《認識傷痛》（*La cognizione del dolore*）等。

9 達里戈（Stefano D'Arrigo, 1919-1992），義大利作家、詩人兼藝評家。耗時二十年完成的小說《虎鯨》（*Horcynus Orca*），描述一九四三年九月三日至八日，義大利簽署停戰協定前後，海軍士兵康布里亞戰敗歸國、橫渡梅希納海峽重返家鄉西西里的故事，被譽為現代版的《奧德賽》。

10 皮藍德婁（Luigi Pirandello, 1867-1936），義大利作家、劇作家，原本家境富裕，家族破產後見識人情冷暖，認為所有人際互動不過徒具形式，是終其一生脫不下來的面具。對墨索里尼的強人政治有所期待，認為可以重建社會秩序，於一九二四年加入法西斯黨，一九二五年簽署法西斯知識分子宣言。一九三四年諾貝爾文學獎得主。著有《死了兩次的男人》（*Il fu Mattia Pascal*）、《六個尋找作者的劇中人》（*Sei personaggi in cerca d'autore*）等。

11 納爾塞斯（Narses, 478-573），東羅馬帝國查士丁尼大帝麾下大將，為能在法蘭西和東羅馬帝國間建立一個緩衝區，因此征討當時以義大利半島為主要領土的東哥德王國，取得勝利。

12 由德國抵抗運動主導發動的刺殺希特勒政變行動，密謀推翻納粹政府，與西方同盟國達成和平協議。一九四四年七月二十日當天在東普魯士拉斯騰堡戰地指揮部基地按計劃引爆炸彈後，因未能在第一時間確認希特勒生死，導致接續的政變行動停擺，整個計畫失敗。後來調查發現，有近兩百名納粹高層參與此一暗殺計畫，而德國反納粹組織因多人遭逮捕入獄元氣大傷，直到大戰結束都未再有大規模組織性行動。

13 水晶之夜（Kristallnacht）是指一九三八年十一月九日至十日那個夜晚，親衛隊和納粹黨員為報復一名德國官員遭到被驅逐出境猶太人的家屬槍殺，襲擊德國境內所有猶太人事件，許多猶太人開的商店櫥窗被砸破，滿地碎玻璃在月光照耀下彷彿水晶，因此得名。被視為納粹屠殺猶太人組織化行動的開端。

14 康拉德．艾德諾（Konrad Adenauer, 1876-1967），二戰期間擔任科隆市長，拒絕與納粹合作，遭到撤職，並兩度被捕入獄。因反希特勒立場鮮明，戰後在同盟國支持下出任總理。

15 特雷津隔離區（Theresienstadt）由納粹德國於一九四一年十一月底建立，位於歸納粹管轄的波希米亞和摩拉維亞保護國西北方，兼具猶太隔離區和滅絕營中途站兩種性質。被送往滅絕營前暫時關押在此的人數總計超過八萬人，死亡人數估計約有三萬三千人。

16 凱卜勒（Herbert Kappler, 1907-1978），一九三九年至一九四五年間派駐羅馬，掌管親衛隊保安處羅馬事務，期間多次為報復游擊隊攻擊而對平民展開屠殺。戰後判處無期徒刑，一九七六年因罹患癌症，轉至軍醫院治療，為符合住院規定，宣布暫停執行刑期，將他的身分由囚犯改為戰犯。一九七七年八月十五日，凱卜勒在探訪的妻子協助下逃亡成功，德國政府以戰犯有權利逃亡為由拒絕將他遣送回義大利。這起逃亡事件有多個陰謀論版本，包括義大利為向德國借貸，暗中允諾並安排凱卜勒逃亡，其中義大利情治單位扮演重要角色。此一說詞無法獲得證實，亦未遭到否認。

17 紅軍派（Rote Armee Fraktion，簡稱ＲＡＦ）為一九七〇年五月於西德成立的極左派恐怖組織之一，一九九八年正式解散。以反帝國主義、推動無產階級革命為宗旨，一九七七年九月至十月間發動多起恐怖攻擊及綁架案件，造成社會不安，史稱「德意志之秋」（Deutscher Herbst）。同盟組織解放巴勒斯坦人民陣線於同年十月十三日挾持漢莎航空一八一號班機，要求釋放先前因搶劫殺人罪名在斯達姆海姆獄中服刑的紅軍派領袖安德烈亞斯．巴德爾（Andreas Baader）等四人。十八日凌晨德國反恐小組展開攻堅行動，解救人質同時，獄中三人被發現「自殺」身亡，一人獲救。其中二人死因是槍擊，一人死因是電線勒斃，獲救者胸口中四刀，他們如何獲得凶器，是陰謀論主要討論焦點。

結語

西方的新世代對我們這些納粹集中營倖存者的經驗無感，而且隨著時間流逝，越來越無感。對五〇、六〇年代的年輕人而言，那是屬於他們父執輩的故事，會在家裡討論，因為親眼目睹所以記憶猶新。對八〇年代的年輕人而言，那是祖父輩的故事，模糊且遙遠，屬於「歷史」。他們對發生在今天的問題比較感到憂心，那些問題很不一樣，更有急迫性，例如核彈威脅、失業、資源匱乏、人口爆炸，以及更新速度驚人、需要與時俱進的科技。這個世界的版圖已經徹底改變，歐洲不再是世界的中心。殖民帝國在亞洲和非洲人民追求獨立的聲浪壓力下節節敗退，紛紛瓦解，隨之而起的新興國家之間展開另一輪衝突和悲劇。被分成兩半、前途未卜的德國變成了「可敬」的國家，實質上主導歐洲局勢。美國和蘇聯維持二次大戰以降的兩強對峙局面，然而作為戰後唯一贏家的兩國政府所主張的意識形態可信度和精彩程度皆不如以往。即將成年的新世代多疑，他們不是沒有理想，而是缺乏信心，對顯而易見的事實抱持懷疑，卻樂於接受隨著（或有人領航或放任發展的）文化流行浪潮每個月更迭的小「確信」。

對我們而言，跟年輕人對話越來越難。我們覺得那是責任，但同時也察覺到危機：危機來自於我們讓人覺得不合時宜，無人聆聽。但是我們必須讓人聆聽：撇開我們的個人經驗不談，我們是極其重要、出人意表的那個歷史事件的集體見證，因為出人意表、無人預見，所以格外重要。超乎所有人預期的事件發生了，而且發生在歐洲。更令人覺得不可思議的是，整個德意志民族才剛走出百花齊放的威瑪文化[1]，轉眼便跟在今天只會引人發噱的那個裝腔作勢小丑身後亦步亦趨。希特勒受到他們的推崇和順從，最後造成人類浩劫。這件事既然曾經發生過，就有可能再次發生，這是我們要表達的核心意旨。

不但有可能發生，而且有可能發生在任何地方。我無意，也不能說一定會再發生，如我之前所言，引燃納粹狂熱的所有因素同時再度出現的可能性不大，但是有一些徵狀浮現。「有用」或「無用」的暴力就在我們眼前醞釀且蠢蠢欲動，可見於私下的突發事件，例如在通常被稱為第一世界的民主代議制國家；或以不具合法性的政權形式出現，例如通常被稱為第二世界的共產主義國家。至於在第三世界國家裡，暴力有可能是區域性的，也有可能是全面性的。只要有另一個裝腔作勢的小丑（候選人並不少）將暴力組織化、合法化，宣稱暴力是必要的、理所當然的，就能汙染那個世界。僅有少數國家能逃過因為排除異己，因為對權力的貪婪，因為經濟考量、宗教或政治狂熱，還有種族衝突所致的暴力浪潮侵襲。因此我們需要更有警覺性，不輕信預言家和夢想家，質疑那些辯才無礙、文字

「詞藻華麗」但空洞不實的人。

有人心懷惡意，說衝突是必要的，人類不能沒有衝突。也有人說區域性衝突，以及發生在街頭、工廠和體育競賽場上的暴力，可以視同廣義的戰爭，如同「小惡」，就像是癲癇，能防止「大惡」發生。有人觀察發現，歐洲發生戰爭的間隔時間不超過四十年，承平時期若長逾四十年就不屬於歷史常態。

這些都是強詞奪理、居心叵測的說法。撒旦不是必要的，不管什麼情況下，戰爭和暴力也都不是必要的。沒有問題不能靠坐下來協商解決，只要雙方有意願，彼此信任。或是互相忌憚，就像現在這樣，看起來強國之間似乎陷入無解僵局，面對面時或許彬彬有禮，或許眼露凶光，卻又毫不手軟地在（或放任）「保護國」之間點燃戰火，再將精良武器、間諜、傭兵和軍事顧問源源不絕送過去，而非站出來主持和平仲裁。

預防性暴力這個理論也教人難以接受。暴力只會引發暴力，像鐘擺效應，並不會隨著時間平息。事實上有許多跡象顯示，今天許多暴力行為正是從希特勒納粹德國瀰漫的暴戾風氣衍生而來。當然在那之前，不管是遙遠或不遠的過去，暴力從未缺席，然而即便是在第一次世界大戰毫無意義的殺戮中，敵對陣營仍保有一絲相互尊重，給予手無寸鐵的囚犯和市民人道照顧，基本上遵守簽署的條約內容，有宗教信仰的人大概會認為這是出於「對神的敬畏」。敵人既不是魔鬼也不是寄生蟲。但是自從納粹喊出「神與我們同在」之後，一切都變了。盟軍用「地毯式」轟炸回應時任德國國家航空部長赫爾曼・戈林（Hermann Wilhelm Göring）發動的恐怖空中攻擊。事實證明一個民族和文明確實有可能被摧毀，這件事本身固然令人渴望，其實那也是一種統治手法。希特勒仿效史達林大規模剝削奴工的勞動力，而戰爭末期蘇聯又變本加厲地壓榨德國戰俘。各界菁英從德國和義大利出走，加上擔心被納粹科學家超越，於是催生了原子彈。絕望的猶太倖存者在歷經顛沛流離後逃離歐洲，在阿拉伯世界中央建構了一座西方文明孤島，既是猶太文明重生之地，也是仇恨再起的藉口。挫敗後沉默四散的納粹勢力把迫害和施虐的技術教給分布在地中海、大西洋和太平洋十多個國家的軍方及政界人士。許多新的獨裁暴君都在抽屜裡放著一本希特勒的《我的奮鬥》，只要稍做修潤，或替換幾個名字，就很實用。

希特勒的例子說明在工業時代，即便沒有動用核子武器，戰爭照樣具有嚴重的破壞力。過去二十年間，慘絕人寰的越戰、英國和阿根廷之間的福克蘭戰爭、兩伊戰爭，以及發生在柬埔寨和阿富汗的血腥屠殺都證實了這點。但是同時也證明了（可惜不像數學家那般嚴謹）至少還有機會對歷史罪行進行局部懲罰。第三帝國的當權者不是被送上絞刑台，就是自殺。德國形同經歷了一次「長子之死」[2]，幾乎失去一整個世代的德國人，而柏林被一分為二，也將德意志民族的百年傲氣畫上句點。

我們有理由相信，如果納粹不是從一開始就展現其冷血無情的一面，與德國敵對的國家或許不會結盟，或是在戰爭結束前就會拆夥。納粹和日本人發動的第二次世界大戰無異於自殺，所有戰爭都應該被視為一種自殺行為，宜戒慎恐懼。

關於我在第七章談的「刻板印象」，我想做一點補充。隨著時間越來越久遠，年輕人更頻頻詢問、更堅持想知道的是，我們的「獄卒」是誰，他們是怎麼樣的人。這個名稱指的是那些在集中營裡監管我們的人，也就是親衛隊，但我認為這個名稱並不恰當，會讓人以為他們是心理扭曲的人，天生的壞人，或虐待狂，有先天缺陷。其實他們的本質跟我們一樣，是普通人，普通聰明，普通壞，當然有例外，但是他們不是妖魔鬼怪，外貌看起來與我們無異，只是被教導作惡。他們絕大多數是普通士兵，以及心思單純且勤奮的公務員，其中有人對納粹傳的道深信不疑，但多數人漠不關心，或是擔心受罰，或希望平步青雲，或過於順從聽話。他們全都在希特勒及其親信規劃的學校中受過教育，被強制灌輸了可怕的錯誤觀念，之後又經過親衛隊的「敲打錘鍊」。很多人加入親衛隊是為了能夠享有特權，無所不能，也或許只是為了逃避家庭問題。有些人，事實上僅有極少數人，加入親衛隊後改變主意，要求調到前線，他們曾經低調給予集中營囚犯幫助，或選擇自殺。我必須聲明，他們所有人都該負責，只是程度不一；同樣需要聲明的還有，除了他們之外，絕大多數德國人也難辭其咎，因為懶得動腦、短視近利、愚昧無知，或為了國家榮譽，這些德國人從一開始就接受了希特勒的「華麗詞藻」，在肆無忌憚的他受幸運之神眷顧時跟隨他，在他垮台時一併被擊潰，沉浸在哀傷、痛苦和悔恨中，卻又在短短幾年後就因為一場不公平的政治遊戲而翻身。

譯注

1 指一九一八年至一九三三年間，採行共和制度的德國（因在威瑪召開會議起草共和國憲法，歷史學家以威瑪共和國稱之）在文學、哲學和藝術大放異彩，表現出強烈的現代主義風格，無論是包浩斯、史詩劇場等藝術流派，或代表人物如荀伯格（Arnold Schönberg）、阿多諾、班雅明、葛羅培斯（Walter Gropius）、湯瑪斯．曼等，皆對後世影響深遠。

2 根據《聖經》〈出埃及記〉第十一章記載，天主為懲罰阻止以色列人出走的埃及法老，降下十災，第十災是所有埃及家庭的長子及頭胎牲畜皆會死亡。在猶太教和回教經典中也都有相關於敘述。

跋

歷史及其見證

瓦特．巴爾貝里斯[1]

「親愛的布魯托，錯不在我們的命運，而在我們自己，如果我們甘於做奴隸。」

——莎士比亞，《凱撒大帝》，第一幕第二場

普利摩．李維是很了不起的歷史見證，同時也是一位偉大的歷史作家。兼具這兩種身分十分難能可貴。更令人驚訝的是兼具這兩種身分的他在實際生活中，一邊投入被芳香溶劑和油漆環繞的化學工作，一邊投入充滿回憶和詩意的寫作工作。

單純、保有本心的李維擁有古代偉大史學家高度省思的特質，他用至關緊要的提問引導我們去理解這個世界，在他的字裡行間自然地融合古典史籍的傳統和二十世紀一針見血的剖析這兩種風格，而且洗鍊嫻熟。

許多人認為奧許維茲集中營是二十世紀那齣歷史悲劇的關鍵轉折，其他人則認為它不可述說、難以言喻、無法理解，或視其為已被寫入聖經的極端案例，而李維用樸實無華的文字，重新找出奧許維茲的人性面，令人膽寒的人性面。透過李維的眼睛，時常對那個深淵刻意迴避、視而不見的我們終於看見了奧許維茲，那裡的各種手勢和姿態，與我們的（手勢和姿態）並無太大不同，在我們的日常生活中無所不在。在李維筆下，迫害者和受害者是長相平凡的普通人，即使極端經驗也不具備獨一無二性，讓我們知道每個人都有可能在面對自己認定的某些威權時，養成隨波逐流、或積極或唯唯諾諾的態度，被團體的利己主義蒙蔽，試圖在集體榮耀這條不歸路上尋找庇護，終至滑落無底深淵。

如同那些古代的偉大史學家，李維的見證將回溯個人生活片段的記憶轉化成具有普世價值的歷史書寫。憑著試圖理解的強烈欲望，他不猶豫，不畏縮，也不以神祇和教條為依歸，帶著極為罕見的示範能量。

戰爭是摧毀人類和文明的浩劫，顛覆社交生活的規則，無法挽回。戰爭是歷史的大哉問之一。這個問題試圖尋求一個關於人及人類責任的解釋，與宗教無關，不是某個神祇一時興起，也不是天意使然。

把李維放入這個脈絡裡並無不妥，他向我們展示了何謂理性的力量，像一把無情的手術刀切開社會肌理，深入探索真相。他跟古希臘歷史作家希羅多德[2]一樣，藉由記錄與自己同時期的人事物，尋求那個年代發生數次戰役的緣由。西元前五世紀有諸多故事流傳，無獨有偶，說的正是戰爭故事。荷馬的名字則是更早就和那些故事畫上等號，永遠分不開。不過希羅多德跟歌詠英雄人物聽從神祇旨意、慨然赴死換得永恆美名的那些史詩作家不同，他直搗核心，想知道發動戰爭背後的真正原因。他觀察到有兩個重要時刻改變了世界：其一是波斯戰爭，他雖未親眼得見，但是清楚知道那一役導致文明斷裂；其二是伯羅奔尼撒戰爭，決定了希臘的命運，對民主理念亦有至為關鍵的影響[3]。遭到放逐、流亡異鄉的希羅多德正是議論那些「蠻族」習俗，及其君王施行之暴政和暴君個人形象的第一人；他當然也思考「政治」，那是當時希臘人與人之間關係的一種形式，是他們自由的本質。而希羅多德跟前輩詩人一樣的是，他也必須面對記憶、遺忘和死亡議題，不過自他以降的歷史學家，開始著眼於調查、**探究**，認為自己是「因為看見或理解所以懂得之人」，是**探究者**（*histor*），是見證者，也是能夠展現事件，並詮釋該事件發生之深層理由的人[4]。

記憶、遺忘和死亡也是普利摩．李維的觀察視角。當我們想要釐清納粹屠殺滅絕猶太人緣由時，這些都是會觸碰到的議題，說明了經歷過那些年的人在回想、陳述事件時的困難，也說明了讓歷史遠離神話、宗教和意識形態的必要性。

的確，即便到了二十世紀中葉，一個殘暴意念便足以讓整個西方文明備受考驗，其邪惡內涵先讓受害者傾覆，之後連迫害者也未能倖免。這段歷史如今能夠擺在我們眼前並不容易，必然經過多方政治角力，而且充滿積怨，也充滿再算一次總帳的渴望。普利摩·李維將基本組件依序排列，那是屬於科學家的井然有序，把所有必要的工具排列在工作桌上，一絲不苟，一塵不染。就這樣，《滅頂與生還》，一本見證論述文集，成為我們這個時代最重要的歷史著作。

李維很早就知道，在戰後結束後一個月就知道，「記得」是多麼不容易。他把自身被關押在集中營的經驗化為文字寫出《如果這是一個人》，時隔多年才重新引起大眾關注和肯定的時候，就證明了這一點[5]。首先必須面對的是所有經歷過戰爭、渴望遺忘的那些人。尼采曾明白表示那是自然反應：「只要活著就不可能不遺忘」[6]。他還進一步思考什麼時候該遺忘，什麼時候該記得，前者是為了緩衝記憶的暴力，後者是為了爬梳一齣悲劇的歷史淵源。尼采說「所有無關歷史和關乎歷史的一切，對於個人、民族和文明的健康都同樣必要」[7]。如今戰爭結束，輪到李維執行這個艱困的任務，他得先克服全世界渴望煥然一新的焦慮，以及因為跟自身有關，或因為懷有罪惡感，想把那些最不愉快的記憶拋諸腦後的普遍傾向，才能站出來做見證，告訴那些親眼目睹的人不要忘記，並告誡後人不要重蹈覆轍。

可惜當時情勢不利於李維和其他跟李維一樣的人。集體記憶無法闡明當時讓人飽受折磨的悲劇規模有多大，而新的政治利益已經轉向書寫不同的歷史。於是除了犯下殘暴罪行的那些人之外，又有新的凶手現身：「記憶凶手……是沉默的共犯」。這樣的人散居全世界，他們的共同意圖是阻撓可能使人動念想以某種形式尋求彌補正義的任何一個記憶浮現[8]。

有罪之人，或者那些曾經使用過暴力、跟納粹合作、事不關己袖手旁觀、因共同利益選擇閉口不言的人很多，非常多。而且，可想而知，不只在德國。未經庭審就做出判決、基於私欲便展開報復和暴力失控的日子不再，然而直接涉及集中營事件的那些國家的法庭，親眼看見猶太人被掠奪後送進集中營的那些國家的法庭，或是忍受納粹占領，看著自己的百姓受苦的那些國家的法庭，在量刑時非常節制，傾向集體自我麻醉，傾向赦免，傾向讓那個時代成為過去。紐倫堡大審後，數百萬涉嫌犯下納粹暴力罪行的被告中，被判刑的人只有寥寥數百名，而且刑罰很輕，很快就能申請減刑[9]。想要翻越由偽證、疏漏和妥協美化後的「真相」所砌成的那堵高牆，困難重重。

如何冷眼看待各國為了圖利自己的政治謀略而編造的官方說法，試圖找出充滿傷痛的真相，同時找出背後的緣由、理由和答案，並不是一件容易的事。俄國人依然不在乎真相，他們忙著宣傳社會主義打敗納粹大獲全勝，用新的詞藻掩飾屬於自己歷史的反猶太主義，俄語「大屠殺」（pogrom）一詞並未消失。美國人也不在乎真相，他們忙著把俄國人當敵人，在冷戰中塑造自己是世界民主代言人的形象。他們眼中看不見這段歷史，看不見這段歷史的醜陋真相與教誨，不但那時候看不見，後來也看不見[10]。即便位居那一場慘烈衝突戰場的邊陲地帶，在最固守歐洲文明傳統的幾個地方，情況也未必比較有利。在巴黎，反法西斯知識分子為該不該承認猶太大屠殺一事的存在感到十分為難，寧願重新翻出屈里弗斯事件[11]，討論一名猶太人的司法不當審判，也不願挖掘時間更靠近、而且就發生在他們身邊的事，審視那些把無數法國猶太人送進毒氣室的納粹共犯。沙特在《關於猶太問題的反思》[12]書中對大屠殺一事也是點到為止。更讓人詫異的是法國重要思想家雷蒙·阿隆，他是猶太人，也是戴高樂將軍[13]的戰友，戰時旅居倫敦的他宣稱自己對大屠殺一事一無所知：

> 我們人在倫敦怎麼會知道？英國報紙應該也沒報導吧？就算有，怎麼知道是假設，還是真實發生的事情？……毒氣室、大規模屠殺，沒有，坦白說，我無法想像，既然我無法想像，自然就不會知道[14]。

包括那些曾經展現十足勇氣、挺身反抗法西斯和納粹的人，遇到猶太人的悲劇也同樣冷眼旁觀。那場駭人聽聞的大屠殺就像是第二次世界大戰氣勢澎湃的總譜裡走調的音符，不和諧的旋律擾亂了民主國家和極權政體都想要的平順演出，橫生枝節。另一方面，數百萬猶太人跌入納粹深淵的方式有些令人費解，對許多人而言難以接受，或者應該說，沒有辦法概化成一個簡單公式。那麼多人死亡，卻與壯烈犧牲無關。有人指出這點，而且不止一次公開重申。那個人是皮耶．麥斯邁（Pierre Messmer），法國抗戰英雄，曾任戴高樂政府總理，一九九八年法國好不容易願意面對納粹共犯議題，以危害人類罪起訴維琪政府前巴黎行政長官祕書長莫里斯．帕蓬（Maurice Papon）的時候，麥斯邁做了以下發言：

> 我還想說，我們當然應該對所有戰爭受害者表達敬意，特別是無辜的受害者如女性、小孩和老人，但是我對那些拿起武器戰鬥而喪命的受害者懷有更崇高的敬意，因為他們，我們才能重獲自由[15]。

這番話比戴高樂將軍的發言大度許多。一九六九年，戴高樂以浮誇高傲的民族主義角度，宣稱法國不需要釐清歷史真相：「法國不需要真相，我們需要希望、凝聚力和目標」[16]。

在這些時而猶疑、時而堅定要與過去切割的喧囂聲浪中，很難讓自己的聲音被聽見。普利摩．李維個性溫和，但不脆弱，也不從眾。他的語氣平順，用字簡潔，最終聲音揚起高亢清亮。他從不停止反思，也不以字面上看到的驚人數字自滿。雖然寫在事件發生四十年後，《滅頂與生還》的最終訴求未變，他努力不懈，依然想要理解和釐清。

李維從記憶開始談起，並非巧合。這個選擇很勇敢。所有記憶都自認擁有獨一無二的光環，但他不予理會，他清楚知道見證人作為直接觀察者，只要發言都會被視為證據，但是他用簡單明瞭一句話，開啟了他的研究：「人的記憶很奇妙，但作為工具並不可靠」[17]。李維呼籲大家謹慎小心，特別是當記憶內容涉及傷痛往事時，記憶不僅受時間的流逝影響，也會受到有助於減輕心理負擔的壓抑機制影響。「承受傷害者傾向於壓抑記憶，以免再度感到苦痛」[18]。他秉持直言不諱的求實精神，認為不管是因為觀看距離太近，瞳孔持續暴露呈現放大狀態，或是拉開觀看距離，瞳孔大小看似接近正常，都同樣有可能失焦，出現誤差。即便是處在不需要忘記的適當位置，就李維的觀點而言，也可能誤入歧途：「過於頻繁回想……記憶有被僵化定型的可能」[19]。不斷添加細節或許不會影響見證的意義和重要性，但實際上會從單純紀錄角度向個人經歷傾斜，那麼陳述見證的真實性就會打折扣。另一方面，不管是以受害者或加害者的視角看過奧許維茲集中營的人，都會建構出諸多經過美化的真相，編織出可忍受的各種版本，為了自己，也為了他人，主要目的之一是減輕痛苦程度，之二是減輕責任重擔。層出不窮的假設、虛構、偽證都汙染了記憶的真實性。在悲劇發生當下就知道以後恐怕不知道該從何說起，無論是要傾訴個人遭遇，或取得共識都會有困難。受害者對此心知肚明，而且知道即便有一天他們說出口，也沒人相信，這一點更加重了他們的絕望。納粹對此同樣心知肚明，因為滔天罪行和連帶存在的可怖暴力都讓人難以置信。李維也知道，惡意無所不在，要挺身作證、據實以告，「必須真心誠意面對自己，必須持續努力不懈，無論是理性面或道德面」[20]。他甚至不得不言明這本書充滿回憶，「而且是年代久遠的回憶」。因此，從這個極其嚴謹的角度來看，《滅頂與生還》是「……難免叫人生疑，更必須面對自我質疑」[21]的一本書。

若從李維以集中營經驗出發做理性剖析這個切入點觀之，《滅頂與生還》其實並無新意，那本來就是《如果這是一個人》其中一章的標題。李維早知道，想透徹理解猶太人種族滅絕和集中營問題，最難突破的障礙是接受其中的混沌不明。在日常生活中可以看見「好人和壞人、明理的人和不講理的人、怯懦的人和勇敢的人、倒楣鬼和幸運兒」，但是在集中營裡面，所有這些人一個又一個被迫墮落退化，回到依靠本能的原始狀態，因為他們面對的是「大家都認可……公開施行的……不公平規則」。數百萬人在集中營裡沉淪，有人掙扎，但找不到任何人向自己伸出援手，因為在那個地方「試圖為活下去而抗爭絕無出路，因為每一個人都是絕望的、極度的孤獨」[22]。集中營所有作為都讓人難以忍受，充滿屈辱：包括把受害者變成牲畜，飽受攻擊者凌辱，不會有任何同類給予支持援助，無視受害者的基本需求，沒有過去和未來，只能自己一個人走完那短暫的歷程，邁向無從逃避的死亡。在狂風暴雨中，漂浮著一層淡黃色泡沫，那是因為具有某項才能，或因為狡猾，或因為健壯體力而成功換取某些實質好處，贏得「集中營有權勢者」虛無縹緲、若有似無但極其重要的青睞的一群人，他們是醫生、裁縫、鞋匠、樂師、廚師，或是「有吸引力的年輕同性戀者，集中營當權者的朋友及同鄉。還有那些特別冷血、精力充沛、不通人情的人」，他們願意追隨迫害者的足跡，走入通敵者的幽暗區域。這一小群享有特權的人除了可以活下來這個假設之外，在前景和處境上沒有任何共同點，他們將無以計數、注定快速沉淪的其他人踩在腳底下。初次描寫集中營的李維說，那是一個截然二分的世界，分別屬於「滅頂者」和「生還者」。「第三種選擇只存在於正常的人生中，在集中營裡無此可能」。[23]

有一群人受「獄卒」利誘而遭到進一步羞辱，再被拐彎抹角地屠殺，在李維的定義裡屬於「灰色地帶」。他以此為基礎，思考集中營裡莫大的仇恨心態，因為罪犯和受害者之間的慣性關係出現了這道裂縫，再次挑戰了事實。顯然，納粹應負全責和納粹受害者無能為力之間的那條界線不容懷疑，也不容許判斷上出現任何遲疑。「歷史」只能把過錯歸咎於前者，而且罪名越重越好。然而「灰色地帶」確實存在，同樣不容許過度簡化，以免扭曲真相，那是十分複雜的真相。正因為這個真相涉及數百萬人，正因為這個真相太過特殊，所以制式答案無法滿足這些問題：「怎麼有可能發生這種事？」「為什麼是猶太人？」，自然也不能用簡單的二分法說我們是「好人」，他們是「壞人」[24]。另一方面，李維跟其他倖存者也告訴大家集中營的運作並非如此。集中營若不是將不同工作分派給囚犯執行，不可能如此高效運轉。這個真相很殘酷，有讓人混淆受害者和迫害者，或是減少對迫害者進行道德及實質究責的風險。但是導致數百萬人喪命的這個複雜機制需要做精確分析，所以應該在不受任何限制的情況下做自由回憶。如果說納粹那麼做的目的是破壞受害者之間的團結，必須承認他們確實做到了。那是關鍵因素，還要加上其他因素，才能釐清背後緣由。因為在那一刻，在那裡，出現了一個空間將受害者和迫害者劃分開來，在那個空間裡「齊聚各式卑劣可憎或可悲之人」，傾向捍衛自己享有的特權。我們想要黑白分明的宣判，追求道德的善惡二元論，但那樣一個空間並不是令人不適的枝微末節，而是再平凡不過的事實，是人性姑息的結果，而我們這個世界不斷形成各種特權區域，並且奮力捍衛邊界。「那是一個灰色地帶，輪廓模糊不清難以界定，將發號施令者和聽令者隔開，同時也是兩者之間的樞紐」[25]。所有在人的世界裡正常、平凡無奇的一切，在集中營裡都被徹底顛覆。在設計駭人聽聞計畫的時候，執行大屠殺的時候，記憶混淆的時候，其實都是道德低下在作祟。

美籍猶太裔政治學者漢娜．鄂蘭在耶路撒冷旁聽阿道夫．艾希曼審判結束後，談及「平凡的邪惡」[26]。她以《紐約客》特派員身分，在現場記錄庭審辯論長達數個月之久。鄂蘭的反思在當時引起軒然大波，她對檢察署檢察長吉迪安．霍斯納（Gideon Hausner）「誇張的戲劇性」表現不以為然，跟建國不久的以色列政治兼精神領袖大衛．本—古里昂（Ben Gurion）也意見相左。鄂蘭認為猶太人滅絕應歸咎於人類令人不安的愚蠢。她試圖回答一直以來都存在的疑惑，她否認大屠殺悲劇早已被寫入聖經，不贊同以色列人把那段歷史當作猶太民族獨有的歷史去解讀。她指控歐洲許多城市的猶太委員會態度默許縱容、模稜兩可，因此難辭其咎[27]，同時毫不留情指出民族主義的風險，包括猶太民族主義，以及密謀阻撓猶太族群融入更大的國家族群的猶太復國主義。更重要的是，她揭露以色列的宣傳方向，除了那些前所未有、慘絕人寰、或許不會再現的暴行外，還把可怖的平庸野心全都歸罪於那些被判重罪的納粹分子。以艾希曼為例，他是遣送猶太人到集中營的主謀沒錯，但實際上他是小人物，軍階不高，在不安的社會氛圍下更凸顯了這個人生性固執愚鈍，在學校和職場上屢屢表現不佳，因緣巧合加入納粹黨，因為鐵石心腸、隨波逐流，也因為渴望表現而成為殺人凶手。這一起在第二次世界大戰中期上演的巨大悲劇，對猶太人的屠殺滅絕，有其古老根源。反猶太主義並不是二十世紀當代歷史的產物，但是把人送進毒氣室的種種安排，那些理念和行動、主張和棄權、閃閃發亮的眼神和閃爍迴避的眼神、下達並執行的命令、袖手旁觀、偽裝、投機取巧和沉默不言，以及軟弱和歇斯底里，與我們這個時代的思維模式息息相關。

不僅受害者是「普通人」，那些殺人凶手也是[28]。所以，真相在人身上，不在於難以捉摸的天意。數百萬死者並非神祇反覆測試祂的子民是否虔誠的祭獻品，而是人性和文明價值面臨重大危機後令人震驚的結果，是民族自尊、社會動盪，加上盲目討好人民的政府種下的惡果。有些事情會重演，在其他時間，其他地方。有些事情有可能重演，換一個形式，就在相隔短短數十年之後捲土重來。

大戰結束後，社會科學研究持續探討「平凡的邪惡」、引發集體暴力的機制、誘發犯罪態度的方式，以及讓一個正常人、普通人變成冷血凶手和虐待狂的心理條件。提奧多・阿多諾[29]、齊格蒙・包曼[30]、約翰・斯坦納[31]、艾溫・斯塔伯[32]、菲利普・津巴多[33]和史丹利・米爾格蘭[34]進行的科學研究和實驗得到令人震驚的結果：服從團體、順從的態度、服從命令的傾向、服從權威、懷抱熱忱、渴望飛黃騰達，換言之，以上這些官僚思維都有可能造成社會悲劇[35]。如此簡單的條件，在所有人類族群，在某些特定情況下（只要背離民主制度的集權政體和種族歧視意識形態占上風，或是學校教育屈服於政令宣導），每一天都會遇見，而這些條件要再一次引發種族大屠殺，並非不可能。

普利摩・李維自然知道這些討論。他沒有宗教信仰，即便向神求助是人性使然，畢竟在集中營因為絕望轉而向某些超自然力量尋求依靠無可厚非，但他認為不應該。信仰是李維不曾擁有過的祝福。在神的國度，找不到他要的答案。顯然對他而言，承受那般悲慘經歷的是人，所有人，不分受害者或加害者。問題是什麼樣的人？那些「獄卒」，和被他們迫害的受害者，還保有多少人性？這個問題始終沒有答案，也沒有解釋。但是李維清楚知道，那些倖存者，不管是出於巧合或因為特權所以未曾觸及深淵底端的那些人，對於挖掘真相沒有幫助。因為集中營雖然被解放，但並未解放良知，沉痾也未被治癒。撇開個人經歷不談，數百萬人死亡而自己依然活著的「罪」，異常沉重。對於自己曾經在孤立無援的世界裡淪落到像等待被屠宰的動物一樣，走下車廂後就從人變成驚慌失措的牲畜，身上衣物和文明外衣被剝光，道德準則在進入集中營生活後被剝奪，而且不會因為回歸原本的生活就得以修正，感到萬分羞愧。另一方面，倖存者不是英雄，也不是為自己奮戰獲勝的鬥士，沒有人會出於感恩對你伸手表達謝意，或是崇敬之意。沒有經歷過集中營的人，沒辦法理解那個傷口有多深。那個致命傷口很難癒合，只有少數人成功。從沒由來的拳打腳踢，到渾身髒污、赤身裸體、男女雜居或為一碗湯互毆羞辱無止盡，你很難從這樣的壑口爬出去。很多人跌落深淵後再也爬不出去。

個人身分不復存在，文化涵養也消失殆盡，這些損失無法彌補，也無法進行修復。在集中營活下來的人，之後往往會尋死。承受過的暴力讓恢復正常的努力也難以為繼。唯有出類拔萃之人才知道如何保持某種形式的個人尊嚴。必須守住文化涵養，讓人不至於淪為動物。

年輕的化學家李維帶著還不夠成熟的專業知識進入集中營，結果化學救了他，讓他獲得工作，讓他在惡劣天氣中有地方棲身，還能保證領到熱湯。這些特權說起來微不足道，卻已足夠，足以救他一命。這些特權不需要他做任何妥協，他沒有為此泯滅良知。相反的，這些特權讓他有時間和空間反覆重溫他記憶猶新的文化教育。在集中營令人喘不過氣的暴力凌辱下，他神奇地找到空檔，回想但丁的詩句，以他僅有的基礎德語，全心投入，以貫徹皮耶蒙特人凡事必須做到最好的精神[36]。李維以溫和但堅定的態度，守住每一個僅存的人性面絕不退讓。他不像另一位倖存者奧地利哲學家讓・埃默里選擇以牙還牙[37]，他挽救了個人尊嚴，與是否回擊欺侮他的那些集中營管理者無關。李維沒有落入親衛隊的邏輯，而是盡可能地守住了自己的思維邏輯。

那是他的救贖所在，也是促使他不斷省思的動機：集中營將數百萬人同化，又給這些經歷過集中營生活的人留下了不一樣的烙印。每一個集中營都跟另一個集中營不同。每一個經歷過集中營集體悲劇、因為個人視角和求生策略而得以倖存的人也跟另一個倖存者不同。因此，正因為如此，光靠個人記憶，李維無法找到他要的真相。那些記錄了國家五花八門藉口的官方說法更不值一提。所以李維是一個了不起的「探究者」。

李維跟所有其他人的共通點唯有那段經驗永難平復。關於這一點，他跟讓．埃默里意見一致。對李維而言，讓．埃默里這位獄友說的話不假：「凡受過酷刑的人，終其一生都走不出來。……遭受過折磨的人再也無法融入這個世界，心中對於被消滅的恨永無終日。」欺壓凌辱之所以卑劣，謀劃反人類罪行的人之所以有罪，是因為對受害者而言，即便逃過一死，也再無生之喜悅，餘生不過是漸漸死去，而且這個過程往往看不到盡頭[38]。李維清楚體會到在那個狀態下無法紓解的焦慮感。所以在《滅頂與生還》開頭引用了塞繆爾．泰勒．柯立芝的《古舟子詠》這幾句詩[39]：

從此以後，不知何時
這苦痛便會出現；
若不將這故事訴說，
我的心便熊熊燃燒。

他追求真相、見證和正義，他孜孜不倦於釋義，以凸顯所有錯誤，好讓每一個人、每一個民族在未來避免重蹈覆轍，他渴望為所有人寫出一段可作為借鏡的歷史。儘管如此，他仍持續等待從倖存者所無法擺脫的苦痛中脫身。就連如此堅強、在他人眼中看來大多時候平靜從容的普利摩·李維竟也無法自救。有一天，不知何時，那苦痛攫住了他，熊熊燃燒。

譯注

1　瓦特·巴爾貝里斯（Walter Barberis, 1950-　），義大利歷史學者，任教都靈大學歷史系，現任艾伊瑙迪出版社發行人。

2 希羅多德（Hēródotos, 484-425BC），將旅行見聞及波斯帝國歷史記錄下來，試著從歷史角度思索戰爭，寫成《歷史》一書，被譽為歷史學之父。

3 （原注）波斯戰爭發生在西元前四九九年至四四八年間，希臘被迫面對波斯帝國的擴張野心和霸權企圖。伯羅奔尼撒戰爭則發生在西元前四三一年至四〇四年間，是雅典與斯巴達領導下伯羅奔尼撒聯盟之間的戰爭，最後雖然和平落幕，卻宣告了大雅典時代的結束，雅典除了雅典城所在的阿提卡半島（Attica）外，被迫放棄所有領土。關於希羅多德的《歷史》一書，可參看法國歷史學家弗朗索瓦·阿赫托戈（François Hartog）的《從荷馬到奧古斯丁的歷史》（*L'histoire d'Homère a Augustin*），巴黎，一九九九年出版，頁九起。另，參見同作者〈希羅多德〉（*Erodoto*），收錄在《認識希臘》（*Il sapere greco*），編者J. Brunschwig 及 G. E. R. Lloyd，第二冊，都靈，二〇〇五年，頁一三四起；O. Murray，〈歷史〉（*Storia*），同前，第一冊，頁五四七起；P. Desideri，〈書寫歷史事件〉（*Scrivere gli eventi storici*），收錄在《希臘人——我們與希臘人》（*I Greci. Noi e i Greci*），編者S. Settis，第一冊，都靈，一九九六年，頁九五九至一〇一三。

4 （原注）阿赫托戈，〈希羅多德〉，同上，頁一三九。

5 （原注）《如果這是一個人》初版於一九四七年由德希瓦出版社發行，但是要等到十一年後，一九五八年由艾伊瑙迪出版社重新印行，才受到大眾矚目。這本紀錄集中營的書之所以不易推廣，原因在於普遍認為戰後不宜揭開尚未癒合的傷口。就連向來態度積極強硬的反法西斯知識分子也未能立即正視這本見證實錄的價值和意義。艾伊瑙迪出版社創辦人朱利歐·艾伊瑙迪（Giulio Einaudi）在他最後一次接受電視訪問時也明確指出這一點。關於普利摩·李維這本書，請參考厄內斯托·費雷洛主編的《普利摩·李維：評論合集》（*Primo Levi: un'antologia della critica*），都靈，一九九七年；得·朱迪契（D. Del Giudice）撰文的《普利摩·李維作品全集》（*Primo Levi. Opere complete*）導讀，馬可・貝爾波利提（Marco Belpoliti）主編，都靈，一九九七年。

6 （原注）參見尼采，《不合時宜之觀察》（*Unzeitgemässe Betrachtungen*）論述文集中〈歷史對人生的利與弊〉（*Vom Nutzen und Nachtheil der Historie für das Leben*）一文，收錄在義大利文版《尼采全集》（*Opere*），主編G. Colli及E. Montinari，第一卷第三冊，米蘭，一九八二年，頁二六四。

7 （原注）同上，頁二六六。

8 （原注）可參考任教於哥倫比亞大學的猶太史學者葉魯薩爾米（Y. H. Yerushalmi）〈談遺忘〉（*Riflessioni sull'oblio*）一文，收錄在《遺忘的種種用途》（*Usi dell'oblio*）合集，帕爾馬（Parma），一九九〇年，頁二二至二四。

9 （原注）參見G. M. Gilbert，《紐倫堡日記》（*Nuremberg Diary*），紐約，一九四七年；E. Davidson，《德國人的審判》（*The Trial of the Germans*），紐約，一九六六年；A. Tusa及J. Tusa，《紐倫堡審判》（*The Nuremberg Trial*），紐約，一九八三年；T. Taylor，《剖析紐倫堡大審》（*Anatomia dei processi di Norimberga*），米蘭，一九九三年；G. Ginsburgs及V. N. Kudriatsev（主編），《紐倫堡審判與國際法》（*The Nuremberg Trial and International Law*），多德雷赫特（Dordrecht），一九九三年。紐倫堡大審筆錄自然也印刷出版，共四十二冊，有德文、法文和英文三個版本，《國際軍事法庭主要戰犯審判》（*Trial of the Major War Criminals before the International Military Tribunal*），紐倫堡，一九四七—四九年。另外請參見納粹獵人西蒙・維森塔爾的《凶手就在我們身邊》。

10 （原注）關於德國、波蘭、以色列和美國如何處理大眾對猶太人滅絕事件的記憶，可參看J. E. Young的精闢分析，《記憶的紋理：大屠殺紀念館及其意義》（*The texture of Memory. Holocaust Memorials and Meaning*），紐哈芬及倫敦（New Haven and London），一九九三年。

11 屈里弗斯事件（Affaire Dreyfus），一八九四年九月，法國情報單位接獲情資，有深諳法國砲兵部隊軍備人員意欲攜帶相關技術機密向德國投誠，調查後鎖定猶太裔砲兵上尉阿弗列．屈里弗斯（Alfred Dreyfus），在事證不足情況下判刑，流放至惡魔島監禁。一八九六年軍情局攔截另一名法國軍官費迪南．瓦爾桑．埃斯特哈齊（Ferdinand Walsin Esterhazy）與普魯士軍方的書信往來，字跡與屈里弗斯一案事證中的通敵信函筆跡相同，消息走漏後，包括左拉、普魯斯特等青年知識分子連署向政府請願重審此案，同時在法國掀起關於反猶太主義的討論聲浪。一九〇六年最高法院終於取消判決，為屈里弗斯平反。

12 （原注）《關於猶太問題的反思》（*Réflexions sur la question juive*）是沙特於一九四六年發表的論文，一九五四年由伽里瑪出版社（Gallimard）出版。義大利譯本《反猶太主義。關於猶太問題的反思》（*L'antisemitismo. Riflessioni sulla questione ebraica*）於一九九〇年出版。

13 戴高樂（Charles de Gaulle, 1890-1970），法國軍事家、政治家，在納粹占領法國期間逃往英國，成立流亡政府「自由法國」，質疑維琪政府的合法性。戰後曾出任臨時政府主席，一九五九年至一九六九年間出任法國總統。

14 （原注）雷蒙．阿隆（Raymond Aron, 1905-1983），《雷蒙．阿隆回憶錄：五十年的政治反思》（*Mémoires. Cinquante ans de réflexion politique*），巴黎，一九八三年，頁二四二。義大利文譯本是由義大利共產主義史學家恩佐．特拉維索（Enzo Traverso）翻譯。特拉維索重建歐洲各個知識分子圈對納粹大屠殺的反應，於一九九七年發表論文〈關於納粹大屠殺的詮釋與記憶〉（*La Sho'ah tra interpretazione e memoria*），收錄在學術會議論文集（拿坡里，一九九九年出版）；後收錄在《奧許維茲集中營與知識分子。戰後文化界如何看待大屠殺》（*Auschwitz e gli intellettuali. La Shoah nella cultura del dopo guerra*），標題為〈知識分子如何看待一九四〇—五〇年猶太種族滅絕行動〉（*Gli intellettuali di fronte allo stemminio degli ebrei 1940-50*），波隆納，二〇〇四年，頁九四八。

15 （原注）參見E. Conan，《帕蓬審判日記》（*Le Procès Papon, un journal d'audience*），巴黎，一九九八年，頁三二。

16 （原注）見一九九四年出刊的第十八—十九期《影像檔案》雜誌（*Images-Documentaire*），頁二七。另參見R. Brauman及E. Sivan，《表揚不服從。談特殊分子阿道夫・艾希曼》（*Elogio della disobbedienza. A proposito di uno "specialista": Adolf Eichmann*），都靈，二〇〇三，頁四八。

17 （原注）《滅頂與生還》，頁四〇。

18 （原注）同上，頁四一。

19 （原注）同上。

20 （原注）同上，頁四五。

21 （原注）同上，頁五一。

22 （原注）參見《如果這是一個人》，收錄在《普利摩・李維作品全集》，第一冊，頁八三—八五。

23 （原注）同上，頁八五—八六。

24 （原注）《滅頂與生還》，頁五五。

25 （原注）同上，頁五九。

26 （原注）參見漢娜・鄂蘭，《平凡的邪惡：艾希曼耶路撒冷大審紀實》。一九六二年秋天，在美國衛斯理安大學（Wesleyan University）擔任客座教授的鄂蘭整理庭審筆記後，於一九六三年出版。義大利文版於一九六四年出版。

27 （原注）另可參考R. Hilberg，《消滅歐洲猶太人》（*La distruzione degli ebrei d'Europa*），都靈，一九九五年（以及索引中以下詞條「猶太人，猶太族群的委員會與組織」〔Ebrei, Consigli e organizzazioni della Comunità〕、「猶太人及猶太委員會」〔Ebrei, Consigli〕，以及「重要猶太人士」〔Ebrei importanti〕）。還可以參考詞條「猶太委員會」（Judenrat），《猶太大屠殺辭典》（*Dizionario dell'Olocausto*），W. Laqueur主編（義大利文版主編A. Cavaglion），都靈，二〇〇四年，頁四一五—四二二。

28 （原注）參見Ch. Browning，《普通人。德國警察與波蘭的「最終解決方案」》（*Uomini comuni. Polizia tedesca e "soluzione finale" in Polonia*）都靈，一九九五年。

29 提奧多·阿多諾（Theodor Adorno, 1903-1969），德國社會學家、哲學家及美學家，法蘭克福學派成員，與馬克·霍克海默（Max Horkheimer）合著的《啟蒙的辯證》是批判理論最重要的著作。

30 齊格蒙·包曼（Zygmunt Bauman, 1925-2017），波蘭社會學家，認為現代性的特質如工業化、工具理性、複雜分工等，都是發生猶太人大屠殺的成因。著有《現代性與大屠殺》、《液態現代性》、《重返烏托邦》等。

31 約翰·斯坦納（John M. Steiner, 1925-2014），美國捷克裔社會學家、心理學家。納粹集中營的倖存者，畢生致力於研究大屠殺。

32 艾溫·斯塔伯（Ervin Staub, 1938-），匈牙利心理學家，研究利他主義、集體暴力和種族滅絕等議題。

33 菲利普·津巴多（Philip George Zimbardo, 1933-），美國心理學家。一九七一年在史丹佛大學任教期間進行一項「史丹佛監獄實驗」，將二十四名志願者分成兩組，一組扮演監獄警衛，一組扮演囚犯，模擬監獄情境，以研究被囚禁的心理反應，以及囚禁對監獄中權威者和被監管者的行為有何影響。期間警衛強迫囚犯脫光衣服、不准進食、搬空床鋪，因遭到質疑實驗有道德瑕疵，在第六天便停止實驗。

34 史丹利・米爾格蘭（Stanley Milgram, 1933-1984），美國社會心理學家，一九六一年在耶魯大學任教期間進行一項「米爾格蘭實驗」，又稱「權威服從研究」（Obedience to Authority Study），可作為判斷參與猶太大屠殺的納粹分子受審時宣稱自己只是服從命令真偽的參考依據。應徵參與者扮演出題考試的老師角色，隔壁房間是實驗人員假扮的應試學生，參與者事先被告知學生患有心臟疾病。當學生答題錯誤，老師須對學生施以電擊，而且電擊伏特數會持續升高。以此測試面對受害者不適時，加害人對於服從的反應。

35 （原注）阿多諾是研究法西斯心理條件的先驅（《權威人格》〔*The Authoritarian Personality*〕，紐約，一九五〇年），相關評論及修訂，可參考：J. M. 斯坦納，〈從社會心理學觀點剖析昨日與今日的親衛隊〉（*The SS Yesterday and Today: A Sociopsychological View*），收錄在J. E. Dimsdale，《倖存者、受害者與犯罪者：論納粹大屠殺》（*Survivors, Victims and Perpetrators: Essay on the Nazi Holocaust*），華盛頓，一九八〇年；艾溫・斯塔伯《邪惡之源：種族滅絕與其他集體暴力》（*The Roots of Evil: the Origins of Genocide and Other Group Violence*），劍橋，一九八二年；齊格蒙・包曼，《現代性與大屠殺》，紐約伊薩卡，一九八九年。而史丹利・米爾格蘭邀請「普通人」參與的一項關於權威的科學實驗（參見《服從權威：有多少罪惡，假服從之名而行？》），以及菲利普・津巴多的模擬監獄中管理者與囚犯間關係的實驗（參見〈模擬監獄的人際動態〉〔*Interpersonal Dymamics in a Simulated Prison*〕，發表在《犯罪學與刑法學國際學報》〔*International Journal of Criminology and Penology*〕，一九八三年第一期）證明了服從上級指令和服從團體的心理機制確實會讓「普通人」變成犯罪者。

36　（原注）所謂皮耶蒙特精神，是指把事情做好、有條不紊、實事求是的自我要求和行事風格，李維的《星型扳手》書內種種描述便是佐證。得・朱迪契為《普利摩・李維作品全集》寫的導讀中也對此有所觀察。李維在一九八三年一月二十七日與Anna Bravo和Federico Cereja對談時，提到這一點（這篇訪談刊登在一九八九年《每月猶太評論》〔*La Rassegna mensile di Israel*〕上，後翻譯成法文出版，書名為《回憶錄》〔*Le devoir de memoire*〕，巴黎，一九九五，頁四九）。一九八七年，李維最後一次接受訪問，跟Roberto Di Caro再次提及此事（都靈儲蓄銀行新發行期刊《皮耶蒙特生活》〔*Piemonte vivo*〕，一九八七年，第一期）。此外，義大利的猶太文化幾乎完全融入當地社會，跟絕大多數歐洲其他國家的猶太族群非常不同，關於這一點，可參考阿納多・摩米亞諾，〈義大利猶太人〉（*Gli Ebrei d'Italia*），收錄在《猶太生活》（*Pagine ebraiche*），貝提（S. Berti）主編，都靈，一九八七年，頁一二九起，及塞西爾・羅斯（C. Roth）的評論〈威尼斯猶太人〉（*Gli Ebrei in Venezia*），同前，頁二三七。

37　（原注）參見讓・埃默里，《奧許維茲集中營的知識分子》，都靈，一九八七年。李維對讓・埃默里談到的議題所做相關回應見本書頁一六三至頁一六五。另外一篇有趣的論文，作者恩佐・特拉維索，〈奧許維茲集中營的知識分子：讓・埃默里和普利摩・李維〉（*Intellettuali ad Auschwitz: Jean Amery e Primo Levi*），收錄在前述《奧許維茲集中營與知識分子：戰後文化界如何看待大屠殺》論文集，頁一六九至二〇一。

38　（原注）參見《滅頂與生還》，頁四一。

39　（原注）普利摩・李維不止一次提及他為何引用柯立芝這幾句詩：「我引用柯立芝詩中老水手的話是有原因的。老水手向參加婚禮的人訴說自己的故事，沒有人理他。」（朱瑟培・葛拉薩諾〔Giuseppe Grassano〕與普利摩・李維對談，《對話與採訪，一九六三—一九八七年》〔*Conversazioni e interviste 1963-1987*〕，收錄在《普利摩・李維作品全集》，馬可・貝爾波利提主編，都靈，一九九七年，頁一七八）；「……老水手在婚禮上頻頻攔住賓客，沒有人理他……，他強迫大家聽他說話。我剛從集中營回來的時候，跟他一模一樣。」（同前，頁二二四）。普利摩・李維出版的一本詩集書名便是《不知何時》（*Ad ora incerta*）。

附錄

普利摩・李維作品簡歷及相關評論

厄內斯托・費雷洛[1]

一九一九年七月三十一日，普利摩・李維在都靈翁貝托國王大道（Corso Re Umberto）上的家中出生，這裡也是他度過餘生的地方。他的父母雙親都是義大利北部皮耶蒙特省猶太人，家族分別來自西班牙和法國普羅旺斯。爺爺是土木工程師，外公是布商。父親伽薩雷（Cesare Levi, 1878-1942）取得大學電機工程學位後在國外工作多年，一九一七年與艾絲特・盧札提（Ester Luzzati, 1895-1991）結婚。伽薩雷個性開朗，熱愛閱讀，對家裡的事不大用心。

李維就讀阿澤猷中學（Ginnasio-Liceo D'Azeglio）期間，帕維瑟[2]曾在該校任教數個月，當過他的義大利文老師。那幾年，因為校內幾位反法西斯立場的老師（特別是奧古斯托・孟提[3]）都是重量級人文科學教育家，阿澤猷中學的氣象煥然一新。不過，李維的高中畢業考義大利文那一科到十月才補考通過。同一時間他開始大量閱讀當年的科普讀物，一九三七年註冊都靈大學理工學院化學系。隔年義大利頒布反猶太法（後來李維對此做了評論：「荒謬地證明了法西斯的愚蠢」），不過他照常跟朋友往來，其中大多都是反法西斯，一九四一年以滿分取得學位。李維拼命找工作，因為他父親生病，家庭經濟陷入困境。他先後在北義蘭佐谷（Val di Lanzo）和米蘭找到基層職員工作，認識了一群同樣來自都靈的朋友，其中包括後來加入游擊隊的建築師艾烏哲尼歐・甄提利・特德斯科（Eugenio Gentili Tedeschi），大家都對李維的豐富想像力印象深刻，預見他將來在科學專業上前途燦爛。

一九四二年他加入祕密運作的行動黨，在反法西斯跨黨派組織民族解放委員會[4]的聯繫網絡中十分活躍。一九四三年九月八日，義大利宣布與盟國簽訂停戰協議後，他加入一群游擊隊，以介於法、瑞、義之間的阿歐斯塔谷自治區（Val d'Aosta）為活動範圍。同年十二月十三日凌晨，因為有人告密，李維及另外兩個同伴在法國阿亞斯谷（Val d'Ayas）和聖樊尚鎮（St. Vincent）之間的茹丘（Col di Joux）山腳下被捕。具有猶太裔身分的李維被送往義大利境內的佛索利集中營。一九四四年二月，該集中營由德國人接管，他們將集中營裡的猶太人送上火車，載往奧許維茲集中營。李維被分發到鄰近莫諾維茨工廠的營區，屬於奧許維茲三十九個營區之一。他加入負責砌牆的勞動小隊，受到被調派來支援奧許維茲擴建工程的義大利泥水匠羅倫佐・裴洛內（Lorenzo Perrone）諸多照顧。之後李維因具有化學專業背景，被派去實驗室工作。他始終很注意自己的身體健康，卻在一九四五年一月染上猩紅熱，那時候由於蘇聯軍隊逼近，德國人放棄奧許維茲集中營，帶走大批囚犯（隨後遭到屠殺），棄患病倒臥醫療所的囚犯於不顧。李維卻因此逃過一劫。

蘇聯軍隊解放集中營後，李維在臨時設置的蘇聯集中營擔任醫護人員數個月，於六月展開返鄉之旅，路線蜿蜒曲折，穿越了白俄、烏克蘭、羅馬尼亞、匈牙利、奧地利才踏上義大利土地。這段經歷日後會寫進《休戰》一書中。李維於一九四五年十月重新返回都靈。一九四六年在阿維亞納市（Avigliana）的一間油漆工廠任職，情緒激昂地寫了幾首「簡短但血淋淋的」詩，以及《如果這是一個人》。《如果這是一個人》原書名為《滅頂與生還》，被艾伊瑙迪出版社以籠統理由拒絕後，由法蘭克·安東尼伽利（Franco Antonicelli）的德希瓦出版社發行，印量兩千五百本。安東尼伽利作主將書名改為《如果這是一個人》，取自李維在書開頭寫的那首詩（不過李維不大喜歡這個書名，覺得太像艾利歐·維多里尼的《人與非人》[5]）。

《如果這是一個人》主要在皮耶蒙特省、猶太讀者和左派讀者群中受到矚目，售出約一千五百本，評價甚高。以評論法國文學為主的阿里戈·卡瑜米（Arrigo Cajumi）在《新聞報》上撰文將該書與伊塔羅·卡爾維諾的《蛛巢小徑》[6]相提並論。卡爾維諾因為好奇讀了《如果這是一個人》，在他擔任編輯的《團結報》都靈地方版寫了一篇短評，認為李維某些文字具有「很真實的敘事力量」。一九四八年，年輕的日耳曼文學學者伽薩雷·卡瑟斯（Cesare Cases）在《米蘭猶太通訊期刊》（*Bollettino della Comunità israelitica di Milano*）五、六月號撰文，說「跟其他陳述同類經驗的書籍相比，這本實為藝術之作」，他日後成為普利摩·李維作品最精闢的評論家之一。

一九四七年九月，李維與盧琪亞・摩爾普戈（Lucia Morpurgo）結婚，十二月開始在位於都靈近郊瑟提摩市（Settimo）的希瓦油漆工廠化學實驗室工作，數年後他升任廠長。隔年女兒麗莎・羅倫札（Lisa Lorenza Levi）出生，一九五七年兒子倫佐（Renzo Levi）出生。李維沒打算放任《如果這是一個人》自生自滅，他再度向艾伊瑙迪出版社提案，這次遇到了認真聆聽的盧奇亞諾・佛亞（Luciano Foà）。佛亞時任艾伊瑙迪出版社執行長，日後創辦了艾德菲出版社（Adelphi）。

一九五五年七月，李維與艾伊瑙迪出版社簽訂合約，預計由「科學與文學小圖書館」（Piccola Biblioteca Scientifico-Letteraria）平裝版系列叢書出版《如果這是一個人》。但是艾伊瑙迪出版社那幾年面臨財務困難，不得不調整出版計畫，故而延至一九五八年才改由「論述」（Saggi）叢書發行，印刷兩千本，封面由知名藝術家布魯諾・穆納利（Bruno Munari）設計，他用沉重的暗色線條隱喻集中營的抑鬱壓迫感。

之後幾年，這本書分別在英國、美國、法國和德國翻譯出版。由於大眾重新關注，促使李維（多年來對寫作缺乏信心的他熱情不減，在早期短篇作品中嘗試了科技虛構題材）繼續從蘇聯紅軍抵達奧許維茲集中營開始中斷的自述寫作。李維自己後來回憶，在他把返鄉過程說給家人、朋友和學生聽之後收到的回饋讓這段故事去蕪存菁，而積極鼓勵李維將這段故事在一九六一年十二月寫下來的是他的朋友，義大利歷史學家亞利桑德洛・卡朗特・噶羅內（Alessandro Galante Garrone）。

《休戰》於一九六三年四月由艾伊瑙迪出版社發行，好評不斷，入圍當年的義大利斯特雷加文學獎（Premio Strega）決選，九月贏得第一屆康皮耶羅文學獎（Premio Campiello）首獎。這本書的成功重新帶動了《如果這是一個人》的銷量，不斷再刷，成為戰後廣為流傳的好書。

數年後，在卡爾維諾鼓勵下，李維重新開始寫短篇小說，大多發表在《日報》（*Il Giorno*）及《世界》週刊（*Il Mondo*），一九六六年以筆名達米亞諾・馬拉拜拉（Damiano Malabaila）出版短篇合集，不過折頁簡介讓人輕易認出作者真實身分。李維跟皮耶拉貝托・馬克（Pieralberto Marché）合作將《如果這是一個人》改編為舞台劇本，一九六三年又改寫成廣播劇本，並在都靈的固定劇場（Teatro Stabile）演出。

一九七一年，艾伊瑙迪出版社為李維出版第二本短篇小說集《性本惡》（*Vizio di forma*），這一次未再使用筆名。他因工作需要，常常去蘇聯出差，便動念想要描寫全世界到處跑的技術人員的專業和人生經驗，於是有了《星形扳手》（*La chiave a stella*）一書。一九七五年李維決定退休，離開希瓦公司後，全職投入寫作。之後出版的《週期表》是帶有自傳色彩的短篇故事集，每一篇都以一個化學元素暗喻他人生的不同際遇。謝維勒出版社（Scheiwiller）則為他出版了一本詩集《不來梅小餐館》（*L'Osteria di Brema*）。

一九七八年出版的《星形扳手》於該年七月贏得斯特雷加文學獎，兩年後翻譯成法文出版。法國人類學大師李維史陀寫道：「我看得津津有味，因為我本來就喜歡聽人聊工作的事。就這個角度而言，李維也稱得上是一位了不起的人類學家。更何況這本書真的很有趣。」

一九八一年，在義大利出版人朱利歐·波拉提（Giulio Bollati）的建議下，李維完成了個人選集《尋根》[7]一書。他在文獻資料中看到有一群蘇俄猶太人成立游擊隊，自備武器穿越整個歐洲在義大利落腳的事蹟，決定為這個故事寫一本小說，試著以純文學手法來處理，花了整整一年時間整理資料。一九八一年出版他的第三本短篇小說集《莉莉斯》。

一九八二年出版小說《若非此時是何時？》，立刻獲得好評，六月贏得義大利維亞雷久文學獎（Premio Viareggio），九月贏得康皮耶羅文學獎。同年李維參觀奧許維茲集中營，情緒十分激動；以色列於秋天入侵黎巴嫩，李維表明立場，譴責貝魯特難民營大屠殺：「不該用戰爭當作血腥屠殺的藉口，而那正是以色列總理梅納罕·比金陣營所做的事情」[8]。應艾伊瑙迪出版社發行人朱利歐·艾伊瑙迪之邀，李維為「作家翻譯作家」系列叢書翻譯卡夫卡的《審判》，一九八三年四月出版。這是李維和他覺得跟自己截然不同的作家之間的一次交會，交集是一本「殘酷」的書，是「病原體」，不過他也認為能夠完成那項艱鉅任務收穫頗豐。

一九八四年六月，李維在都靈跟物理學家圖利歐·雷傑碰面，他們的對談於十二月由族群出版社發行，書名為《對話》[9]。同年十月，噶爾臧提出版社發行李維的詩集《不知何時》，其中包括幾首翻譯詩：「我是一個不大相信詩，比較相信實務的人……。阿多諾寫道，在奧許維茲集中營後再也不能寫詩了，但我的經驗正好相反。那時候（一九四五至四六年間），我覺得詩比散文更適合表達我內心的沉痛。我說的詩，跟抒情一點關係都沒有。那幾年的情況是，如果可以，我想把阿多諾那句話改一下：在奧許維茲集中營後再也不能寫詩，除非寫的是奧許維茲。」

十一月，《週期表》在美國翻譯出版，獲得熱烈回響。比較特別的是美國作家索爾．貝婁的評語：「我們一直在找一本非看不可的書。閱讀數頁後，我就完全沉浸在《週期表》中，既開心又感謝。整本書字字珠璣，沒有一個冗詞。」貝婁和其他美國評論家的認可，讓李維的著作持續在不同國家翻譯出版。

一九八五年，收錄李維五十多篇散文的《各行各業》（*L'altrui mestiere*）合集出版。卡爾維諾於三月六日在《共和報》（*la Repubblica*）上發表評論：「呼應了他本性中屬於百科全書派的敏銳細微好奇心，屬於道德主義者永遠從觀察出發的道德觀」。四月，李維前往美國旅行，藉由《若非此時是何時？》翻譯出版的機會，安排了不同會面和演講。

一九八六年《滅頂與生還》出版，總結他對集中營經驗的省思，觸及人類道德責任最重要的關鍵議題，不再談遣送過程和滅絕經驗，談的是記憶如何運作，權力的「微物理變化」，以及如何定義通敵這個「灰色地帶」。九月，李維在都靈與美國作家菲利普．羅斯會面，他同意對方進行採訪，之後發表在《紐約書評》雜誌上，之後由義大利《新聞報》轉載。

一九八七年初，李維介入試圖粉飾納粹罪行的「歷史修正主義」爭論。他開刀住院期間，《週期表》法文版和德文版陸續出版。同年四月十一日，普利摩·李維在都靈住家自殺身亡。

《普利摩·李維作品全集》共兩冊，由艾伊瑙迪出版社「新世界」叢書出版，馬可·貝爾波利提主編，得·朱迪契導讀，另附厄內斯托·費雷洛整理的年表。難能可貴的是這套全集首度收錄了李維（近五百頁）原本散見各處的文章。此外，有李維與物理學家圖利歐·雷傑的《對話》，其他在李維過世後出版的著作包括：《對話與採訪，一九六三—一九八七年》、《戰時最後一個聖誕節》[10]、《不對稱性與人生文集1955-1987》[11]。另外有義大利作家斐迪南多·卡蒙的《與普利摩·李維對談》[12]（最早以《普利摩·李維自畫像》為書名出版）；米維亞·斯帕達的《人言。與普利摩·李維面對面》[13]。

目前坊間有四本普利摩·李維的傳記，分別是蜜莉安·阿尼西莫夫的《普利摩·李維，樂觀主義者的悲劇》，拉戴出版社，巴黎，一九九六年[14]；迪尼與耶素倫合著、可信度偏低的《普利摩·李維，作品與人生》，李佐利出版社，一九九二年[15]；C·安吉爾的《雙鍵》，維京出版社，倫敦，二〇〇二年（義大利文版由蒙達多利出版社發行，二〇〇四年）[16]；及I·湯普森輕薄簡短的《普利摩・李維的一生》，騎馬鬥牛士出版社，倫敦，二〇〇二年（無義大利文版）[17]。另有波利和卡爾卡紐合著的《消逝聲音的回音》（穆西亞出版社）[18]，穿插李維的訪談、聲明和文章，也提供了十分完整的資料。

專題論述的著作則有朱瑟培・葛拉薩諾的《普利摩・李維》；馬可・貝爾波利提的《普利摩・李維》，這本書獨特之處在於採用字典詞條方式書寫；艾多亞多・畢揚科尼的《閱讀普利摩・李維》[19]。另可參考導讀式人物側寫《普利摩李維，人生與作品》，作者是厄內斯托・費雷洛[20]。除此之外，可參考喬凡尼・特西歐的〈當代文人肖像：普利摩・李維〉，《貝爾芬格》文學期刊，第三十四冊，一九七九年，第六期[21]；皮耶・維琴佐・蒙卡多，〈我們對普利摩・李維的虧欠〉，《論二十世紀傳統》，第三冊，艾伊瑙迪出版社，一九九一年[22]。

一九九七年，由厄內斯托・費雷洛主編，將評論李維作品的重要文章集結出版，是《普利摩・李維作品評論選集》[23]，艾伊瑙迪出版社。收錄了研究李維作品最經典的幾篇評論文章，作者包括卡瑟斯、蒙卡多和伽薩雷・瑟葛雷（Cesare Segre）。該書分為四大部分，分別是「秩序與混亂」（L'ordine e il caos，作者有伽薩雷・卡瑟斯、F. Sanvitale, G. Tesio, C. Magris）、「著作」（I libri，作者有伽薩雷・瑟葛雷、伽薩雷・卡瑟斯、A. Cavaglion, G. Grassano, C. Ozick, F. Fortini）、「語言」（La lingua，作者有P. V.

Mengaldo）和「猶太遺產」（L'eredita ebraica，作者有S. Levi Della Torre, P. Valabrega, D. Meghnagi）。附錄有厄內斯托·費雷洛整理的李維作品翻譯出版及相關評論紀錄，以及N. Bobbio, M. Mila和朱利歐·艾伊瑙迪現身說法。

另一篇重要文章是得·朱迪契為馬可·貝爾波利提於一九九七年主編出版的《普利摩·李維作品全集》所寫的導讀。同年出版的《如果這是一個人》學校讀物版由特西歐主編，除了李維原本的序和註釋外，另外新增了導讀和註解說明。以及伊塔羅·羅薩托的〈普利摩·李維的互文性探討〉[24]，以互文角度解讀李維。

讓李維研究向前邁進一大步十分重要的是一九九七年《直線》雜誌（*Riga*）的「普利摩·李維」專輯，由馬可·貝爾波利提主編，收錄了李維未出版文章、多篇評論（作者包括伊塔羅·卡爾維諾、B. Fonzi, L. D'Eramo, B. Delmay, N. Ginzburg, G. Raboni, D. Starnone, C. Magris, P. V. Mengaldo, M. Mila, F. Fortini, M. Rigoni Stern, G. Steiner）、一篇學者Daniela Amsallem作的訪談（後收錄在《對話與採訪，一九六三—一九八七年》）及一系列的深入專題分析。

J. Nystedt用電腦研究李維的詞彙及風格，其中一篇文章〈用電腦閱讀普利摩·李維的作品：語言風格觀察〉[25]十分有趣，發表在《斯德哥爾摩大學學報》，斯德哥爾摩，一九九三年；由S. Bartezzaghi撰文的〈化學世界〉（*Cosmichimiche*，《直線》，第十三期），將李維獨創的詞條做了總整理，同樣不容錯過。

關於工作這個議題，建議閱讀G. Varchetta的《聆聽普利摩．李維：組織、敘事與倫理》[26]，以及《星形扳手》學校讀物版由G. L. Beccaria撰寫的導讀[27]。

針對特定作品寫的評論有G. Tesio的〈談《如果這是一個人》的補充和變動〉，《皮耶蒙特研究》（*Studi Piemontesi*），一九七七年，第六期，第二冊；C. Toscani的《如何閱讀「如果這是一個人」》[28]，穆西亞出版社，一九九〇年；A. Cavaglion的《普利摩．李維的如果這是一個人》，Loescher出版社，一九九三年。Cavaglio還在《關於氬》[29]一書中還原皮耶蒙特在普利摩．李維的長輩那個年代的猶太圈氛圍。V. De Luca的《從約伯到黑洞》[30]研究的是李維作品中的猶太傳統。此外，還有〈普利摩．李維紀念文選〉[31]，S. Levi Della Torre彙整，發表在《每月猶太評論》，一九八九年五月至十二月，第五十六期第二—三號；A. Cavaglion的〈基甸的抉擇：談普利摩．李維、記憶與猶太教〉[32]，收錄在《遺送》，P. Momigliano Levi主編，Giuntina出版社，一九九六年；A. Minisci的《普利摩．李維與大屠殺的記憶》[33]，Alpha Test出版社，二〇〇六年。

以下國際研討會的論文集，也收錄了許多深入的研究成果：《普利摩．李維，往事再現》論文集[34]，國際學術日，一九八九年三月二十八、二十九日，都靈，主辦單位皮耶蒙特省政府及義大利納粹倖存者協會，Franco Angeli出版社，一九九一年（論文發表人有F. Fortini, R. Pierantoni等，以及J. Samuel, H. Langbein, E. Bruck, B. Vasari等倖存者見證）；《普利摩·李維的見證》論文集（*Primo Levi as Witness*），普林斯頓大學研討會，一九八九年四月三十日至五月二日，P. Frassica主編，Canalini Libri出版社，一九九〇年（論文發表人有伽薩雷·卡瑟斯、伽薩雷·瑟葛雷、F. Ferrucci, G. P. Biasin, L. Fontanella, G. Lagorio）；《普利摩·李維——記憶與虛構》[35]，國際研討會論文集，聖薩爾瓦托·雷蒙費拉托，一九九一年九月二十六至二十八日，G. Ioli主編，「皮耶蒙特與文學」雙年展出版，一九九五年（論文發表人有G. Bàrberi Squarotti, M. Verdinelli, G. Davico Bonino, G. Borri, V. De Luca, C. Marabini, L. Mondo, C. Greppi, G. L. Beccaria, G. Grassano, G. Santagostino, G. Bertone, M. Guglielminetti, G. Tesio）；《普利摩·李維——人性尊嚴》（*Primo Levi. La dignita dell'uomo*），Pro Civitate Cristiana圖書館，阿西西（Assisi），一九九四年十一月二十至二十三日，R. Brambilla及G. Cacciatore主編，Cittadella Editrice出版社，一九九五年；《見證人和歷史作家：普利摩·李維》（*Primo Levi: testimone e scrittore di storia*），聖樊尚，一九九七年十月十五、十六日，P. Momigliano及R. Gorris主編，Giuntina出版社，一九九九年；《普利摩·李維。雙鍵：科學與文學》（*Primo Levi. Le double lien. Science et littérature*），斯特拉斯堡，一九九九年十一月十八、十九日，W. Geerts及J. Samuel主編，Ramsay出版社，巴黎，二〇〇二年；《關於善惡：普利摩·李維的世界觀》（*Al di qua del bene e del male: la visioni del mondo di Primo Levi*），都靈，一九九九年十二月十五、十六日，E. Mattioda主編，Franco Angeli出版社，二〇〇〇年；《全世

界為普利摩・李維發聲》（*Voci dal mondo per Primo Levi*），L. Dei主編，翡冷翠大學出版社，二〇〇七年。

關於倖存者的見證與研究，有《義大利納粹倖存者協會與普利摩・李維》（*Primo Levi per l'Aned, l'Aned per Primo Levi*），A. Cavaglion主編，Franco Angeli出版社，一九九七年。

國外近十年來對李維的研究有增無減，特別值得一提的成果有：R. Sodi的*A Dante of our Time. Primo Levi and Auschwitz*，Peter Lang出版社，紐約，一九九〇年；M. Ciconi的*Primo Levi. Bridge of Knowledge*, Berg出版社，Oxford-Washington，一九九五年；F. Carasso的*Primo Levi. Le parti pris de la clarté*, Berlin出版社，巴黎，一九九七年；D. Amsallem的*Primo Levi*，Ellipses出版社，巴黎，二〇〇〇年；D. Amsallem的*Primo Levi au miroir de son ceuvre. Le témoin, l'écrivain, le chimiste*, Editions du Cosmogone出版社，里昂，二〇〇一年；R. Gordon的*Primo Levi's Ordinary Virtues*，牛津大學出版社，牛津，二〇〇一年（義大利文版《普利摩・李維：普通人之善》〔*Primo Levi: le virtù dell'uomo normale*〕，Carocci出版社，二〇〇三年）。

譯注

1 厄內斯托·費雷洛（Ernesto Ferrero, 1936- ），義大利作家、文學評論家。曾任艾伊瑙迪出版社、噶爾臧提出版社總編輯及都靈國際書展主席（1998-2006）。

2 帕維瑟（Cesare Pavese, 1908-1950），義大利作家、詩人、翻譯家，是二次大戰後的義大利文學代表人物。曾任義大利艾伊瑙迪出版社系列叢書主編，發掘了知名作家卡爾維諾的文學潛力。感情路上多波折，亦為自己未參加抗德游擊戰而屢屢自責，最後自殺身亡。著有《美麗的夏天》（*La bella estate*，贏得斯特雷加文學獎）、《月亮和篝火》（*La luna e i falò*）等。

3 奧古斯托·孟提（Augusto Monti, 1881-1966），義大利教育家、作家、政治家。反法西斯立場鮮明，戰時參與行動黨及共產黨的地下抗戰行動，並長期為反法西斯報紙、期刊撰稿，曾被捕入獄。

4 民族解放委員會（Comitato di Liberazione Nazionale）成立於一九四三年九月九日，義大利與同盟國簽署停戰協議隔天，是跨黨派的地下武裝組織，旨在對抗法西斯政權及占領義大利的納粹勢力。一九四七年解散。

5 艾利歐·維多里尼（Elio Vittorini, 1908-1966），義大利作家、翻譯家、文學評論家及出版人。曾任艾伊瑙迪及蒙達多利出版社叢書主編，與卡爾維諾共同創辦文學雜誌*Il Menabò*。《人與非人》（*Uomini e no*）以一九四四年冬天被納粹占領的米蘭為背景，描述一群游擊隊員如何在北義展開地下抗戰行動，其中一名年輕人不斷質問自己生在這個世界上、生而為人的意義。

6 伊塔羅·卡爾維諾（Italo Calvino, 1923-1985），義大利當代文學代表人物，善於用輕盈文字呈現人生沉重面貌，積極嘗試結合其他領域的創作實驗，從不同角度實踐透過文學認識世界的目標。一九四七年出版的《蛛巢小徑》描述少年平在二次大戰期間加入游擊隊的經驗，不同於當時的新寫實文學風格，以平的視角看見的山林世界與人際互動，多了獨特的幻想色彩。

7 《尋根》（*La ricerca delle radici*）不同於一般選集收錄的作家個人創作，而是摘錄並分析影響他人格養成的作品，透過閱讀的選擇一窺作家的個性或命運。

8 因巴勒斯坦解放組織在黎巴嫩勢力不斷擴張，導致以、黎邊境情勢緊張。一九八二年六月，由梅納罕．比金（Menachem Begin, 1913-1992）領導的以色列政府以駐英大使遭巴解組織槍手暗殺重傷為由，出動軍隊對黎巴嫩境內的巴解組織進行攻擊，在貝魯特展開數個月的圍城戰，迫使巴解組織撤離黎巴嫩。同年九月，甫贏得選舉的黎巴嫩總統候選人傑馬耶勒遭殺害身亡，貝魯特難民營內的巴解組織被指控為幕後主使，以色列軍隊再度進入貝魯特，包圍兩個難民營，默許傑馬耶勒所屬政黨武裝人員進入營地展開屠殺。

9 *Tullio Regge, Dialogo*，厄內斯托．費雷洛主編，族群出版社；新版，艾伊瑙迪出版社，2005。

10 *L'ultimo Natale di guerra*，馬可．貝爾波利提主編，艾伊瑙迪出版社，2002。

11 *L'asimmetria e la vita. Articoli e saggi 1955-1987*，馬可．貝爾波利提主編，艾伊瑙迪出版社，2002。

12 Ferdinando Camon, *Conversazione con Primo Levi*，嘎爾藏提出版社，1991；新版，關達出版社 (Guanda, 2006); *Autoritratto di Primo Levi*, Nord-Est, 1987.

13 Milvia Spada, *Le parole di un uomo. Incontro con Primo Levi*, Di Renzo, 2003.

14 Myriam Anissimov, *Primo Levi ou la tragédie d'un optimiste,* Lattès, 1996.（義大利文版由巴爾迪尼&卡斯托爾迪出版社（Baldini & Castoldi）於一九九九年發行）

15 M. Dini, S. Jesurum, *Primo Levi. Le opere i giorni,* Rizzoli, 1992.

16 C. Angier, Viking Press, 2002.

17 I. Thompson, *Primo Levi. A Life*, Picador, 2002.

18 G. Poli, G. Calcagno, *Echi di una voce perduta*, Mursia, 1992. 2007.

19 *Primo Levi*, 新義大利出版社 (La Nuova Italia), 1981; *Primo Levi*, 布魯諾·夢達多利出版社 (Bruno Mondadori),1998; Edoardo Bianchini, *Invito alla lettura di Primo Levi*, 穆西亞出版社, 2002.

20 *Primo Levi. La vita, le opera*, 艾伊瑙迪出版社, 2007.

21 *Ritratti critici di contemporanei: Primo Levi*. Belfagor, 34(6), 1979.

22 Pier Vincenzo Mengaldo, *La tradizione del Novecento*, 3, *Cio' che dobbiamo a Primo Levi*, 艾伊瑙迪出版社, 1991.

23 *Primo Levi: un'antologia della critica*.

24 Italo Rosato, "*Primo Levi, sondaggi intertestuali:*"《簽名》(*Autografo*), Jun.1989.

25 "Le opere di Primo Levi viste al computer. *Osservazioni stilolinguistiche*." *Acta Universitatis Stocholmiensis*, 1993.

26 *Ascoltando Primo Levi. Organizzazione, narrazione, etica*. Guerini e Associati, 1991.

27 艾伊瑙迪出版社，1983。

28 C. Toscani, *Come leggere* (*Se questo è un uomo*)，穆西亞出版社，1990.

29 *Notizie su Argon*. Instar Libri, 2006.

30 V. De Luca, *Da Giobbe ai buchi neri*. Istituto Grafico Editoriale Italiano, 1991.

31 "*Scritti in memoria di Primo Levi*." *La Rassegna mensile di Israel*, May.-Dec. 1989:56(2-3).

32 A. Cavaglion, "La scelta di Gedeone. Appunti su Primo Levi, memoria e Lebraismo." *Storia e memoria della deportazione*.

Ed. P. Momigliano Levi. Giuntina, 1996.

33 A. Minisci, *Primo Levi e la memoria della Shoah*. Alpha Test, 2006.

34 *Primo Levi. Il presente del passato.* Associazione nazionale ex deportati nei campi nazisti. Franco Angeli, 1991.

35 *Primo Levi. Memoria e invenzione*. San Salvatore Monferrato, Ed. G. Ioli. Edizioni della Biennale. <Piemonte e letteratura>, 1991.

大師名作坊178

滅頂與生還

作　者—普利摩・李維
譯　者—倪安宇
編　輯—張瑋庭
美術設計—黃子欽
內頁排版—極翔企業有限公司
總編輯—嘉世強
董事長—趙政岷
出版者—時報文化出版企業股份有限公司
108019臺北市和平西路三段二四〇號三樓
發行專線—（〇二）二三〇六—六八四二
讀者服務專線—〇八〇〇—二三一—七〇五・（〇二）二三〇四—七一〇三
讀者服務傳真—（〇二）二三〇四—六八五八
郵撥—一九三四四七二四時報文化出版公司
信箱—（一〇八九九）臺北華江橋郵局第九九信箱
時報悅讀網—http://www.readingtimes.com.tw
電子郵件信箱—liter@readingtimes.com.tw
法律顧問—理律法律事務所　陳長文律師、李念祖律師
印　刷—家佑印刷有限公司
二版一刷—二〇二〇年十一月二十七日
二版四刷—二〇二四年三月八日
定　價—新臺幣三八〇元
（缺頁或破損的書，請寄回更換）

時報文化出版公司成立於一九七五年，
並於一九九九年股票上櫃公開發行，於二〇〇八年脫離中時集團非屬旺中，
以「尊重智慧與創意的文化事業」為信念。

滅頂與生還 / 普利摩・李維（Primo Levi）著；倪安宇譯 . – 二版 . –
臺北市：時報文化, 2020.11
面；　公分 . –（大師名作坊；178）
譯自：I sommersi e i salvati
ISBN 978-957-13-8459-7
1. 李維（Levi, Primo.）2. 第二次世界大戰 3. 猶太民族
4. 集中營 5. 納粹

712.847　　109017866

I sommersi e i salvati by Primo Levi

ISBN 978-957-13-8459-7
Printed in Taiwan